Aus dem Französischen, Original-Titel „En roues libres"
Übersetzung von Ingrid und Dieter Hohenadl
mit Unterstützung von Antonia Truc-Vallet

Bildnachweis:
Die Bilder des Textteils: Elie Truc-Vallet
Außer Seite 162: Guillaume Pellissier
und Seite 271: Loïsyann Prost
Coverfoto: Elie Truc-Vallet
Karte: © Elie Truc-Vallet
Kartenicon: © Stepmap GmbH, Berlin

Bibliografische Information der Deutschen Bibliothek:
Die Deutsche Bibliothek verzeichnet diese Publikation in der deutschen Nationalbibliografie. Detaillierte bibliografische Daten sind im Internet über http://dnb.ddb.de abrufbar.

© 2018 traveldiary Verlag
www.reiseliteratur-verlag.de
www.traveldiary.de

Der Inhalt wurde sorgfältig recherchiert, ist jedoch teilweise der Subjektivität unterworfen und bleibt ohne Gewähr für Richtigkeit, Vollständigkeit und Aktualität. Nachdruck, auch auszugsweise, nur mit schriftlicher Genehmigung des Verlages. Bei Interesse an Zusatzinformationen, Lesungen o.ä. nehmen Sie gerne Kontakt zu uns auf.

traveldiary Verlag, Mady Host und Cornelia Reinhold GbR
Brauereistraße 4, 39104 Magdeburg

Umschlagentwurf und Layout: Jürgen Bold, Jens Freyler
Hintergrundfoto © Carola Vahldiek / Fotolia
Satz: traveldiary Verlag, Mady Host und Cornelia Reinhold GbR
Druck: „Standartu Spaustuve" www.standart.lt, Tel. 37052167527

ISBN 978-3-942617-44-4

Elie Truc-Vallet

Mit dem Fahrrad in die Freiheit

Eine Aktivreise durch Europa, Asien und Amerika

An alle die,
welche während dieser Reise,
durch ihre Großzügigkeit und Gastfreundschaft,
oder einfach nur durch ein Lächeln oder ein Handzeichnen,
Sonne in unser Herz gezaubert haben.

Zur Erinnerung an unseren Freund Manu,
der im Februar 2014 in einer Lawine in Italien tödlich verunglückt ist.

Inhalt

An den Leser	6
Vorwort	7
Fertig zum Aufbruch	8
Die Reise durch Italien	11
Balkan, Länder in Krieg und Armut?	15
Griechischer Winter	30
Erste Schritte in der Türkei	40
Die türkischen Berge	44
Das Leben zu zweit	54
Frühling auf Zypern	57
Der Weg nach Osten	60
Großartige Skitouren	73
Die Zeit des Umherirrens	77
Im Reich des schwarzen Goldes	85
Aus dem Backofen in den ewigen Schnee	102
Biafo-Hispar, jenseits aller Träume	121
Auf und ab nach Zentralasien	131
Tibet	138
Klettern in Thailand	160
Der Südosten Asiens	167
Die neue Welt	183
Tausend und ein Kaktus	189
Bei den Mayas	196
Viva Cuba!	204
Ecuador	224
Kordilleren im strahlenden Licht	234
Der Altiplano	244
Der Salar de Uyuni und die Sud Lípez	252
Skitouren in den Anden	259
Der Hielo Sur, das Ende eines Traumes	270
Der Heimweg	277
Epilog	281
Danksagung	283
Karte	284
Über den Reisenden … Elie Truc-Vallet	285

An den Leser

Dieses Buch ist entstanden aus Erinnerungen meiner Reise. Über die gefahrenen Kilometer hinaus, ist es ein Zeugnis all der Menschlichkeit, die ich überall auf der Welt erfahren habe. Auch wenn meine Abenteuer und jene von Toni die Grundlage der Erzählung sind, findet sich das Wesentliche anderweitig: Ich habe so viel wie möglich versucht, die Leute, welche wir kennengelernt haben, zu Wort kommen zu lassen, um die unterschiedlichen Anschauungen einer Welt, die uns umgibt, darzustellen. Das ist die schönste Würdigung, die ich diesen Menschen geben kann, selbst wenn diese bescheiden ist im Vergleich zu allem, was sie mir entgegengebracht haben.

Die Begegnung mit dem Anderen ist der erste Schritt gegen die Gleichgültigkeit und Unkenntnis, gegen Vorurteile und Misstrauen, der erste Schritt in Richtung Brüderlichkeit und Miteinander. Ich würde gerne im Verlauf dieser Aufzeichnungen den Beweis dafür erbringen.

Ich bin weder Journalist noch Schriftsteller, aber ich hoffe, dass das Buch, das Sie in Händen halten, es Ihnen erlauben wird, durch eine Welt zu reisen, welche diejenige dieser Menschen ist, eine Welt, deren Reichtum und Verschiedenheit ich nicht vermuten konnte, bevor ich diese Reise antrat.

Ich wünsche Ihnen viel Freude beim Lesen. Möge das Buch Sie träumen lassen und Sie inspirieren.

Vorwort

Als ich dreizehn Jahre alt war, brachen mein Vater und ich zu einer viertägigen Fahrradtour vom Mittelmeer bis zu den Gorges du Verdon auf. Mein Vater hätte sich damals nie vorstellen können, dass ich mich zehn Jahre später zu einer Radtour um die Welt aufmachen würde. Ich hatte auf diesen einigen hundert Kilometern eine neue Leidenschaft in mir entdeckt und ich begann im Stillen von einer Weltreise mit dem Fahrrad zu träumen. Aber dieser Traum erschien mir unerreichbar, ein wenig verrückt und vor allem nicht realisierbar.

Dennoch fuhr ich fort, während meiner Jugend mit dem Fahrrad die Straßen Frankreichs zu erkunden. Wertvoller als der sportliche Aspekt waren mir die permanente Entdeckung und das Gefühl der Freiheit, die meine Neugier schärften und mit jedem Tritt in die Pedale meine Leidenschaft verstärkten.

Nachdem ich ein erfahrener Radsportler geworden war, hatte ich den Ehrgeiz, mit meinen achtzehn Jahren eine Radtour in den Alpen zu machen. Diese Anfangstour von der Dauer eines Monats war eine wahre Offenbarung. Nachdem ich mit meinem Zelt und meinem Enthusiasmus im Gepäck aufgebrochen war, überquerte ich mit Staunen die alpinen Pässe und indem ich bei den Einheimischen schlief, erschloss sich mir ein neues, herausforderndes und gleichzeitig mitreißendes Leben, reich an Begegnungen und Entdeckungen. Nach dieser Reise fühlte ich mich bereit, allen Herausforderungen zu trotzen und es kam mein alter Kindheitstraum wieder hervor: eine Weltumrundung mit dem Fahrrad zu machen. Fünf Jahre lang hat dieser Traum meinen Geist beherrscht, bis er nach und nach Gestalt annahm. Nach dieser Reise in den Alpen folgten fünf weitere, die quer durch Europa und Südamerika führten und mich in diesem großen Projekt bestärkten.

Parallel zum Fahrradfahren entwickelte sich in mir eine andere Leidenschaft, die fürs Gebirge. Sommer wie Winter, zu Fuß oder auf Skiern durchlief ich mit Begeisterung diese einzigartige Welt, hart und wild, fasziniert durch diese unberührten und geschützten Räume, in denen der Mensch sich so klein fühlt, so demütig in den Händen dieser mächtigen und ewigen Natur.

Es waren diese zwei Leidenschaften, die mir den vorgeschriebenen Verlauf meiner Weltreise aufdrängten: von Bergkette zu Bergkette mit dem Rad zu fahren, dort zu halten, um Skitouren zu gehen, zu klettern oder zu wandern.

Mit Ungeduld wartete ich auf das Ende meines Ingenieurstudiums, um mich in dieses schöne Abenteuer zu stürzen, aber ich hatte nicht damit gerechnet, dass einige Monate vor dem Start mein Weg sich mit dem von Toni, meiner deutschen Brieffreundin aus der Zeit, als ich im Gymnasium war, kreuzen würde. Meine ganze Entschlossenheit, die ich während der vorangegangenen Jahre bewiesen hatte, schien dahin zu schmelzen wie Schnee, welcher der Sonne unserer wachsenden Liebe ausgesetzt war. Gefangen zwischen zwei Feuern, konnte ich mich weder von Toni noch von der Reise lösen. So entschieden wir, dass ich zum vorgesehenen Datum aufbrechen würde, und dass sie sich mir anschließen würde, so oft es möglich sei.

Und so begab ich mich von Zweifeln geplagt und voller Erwartungen auf die Reise.

Fertig zum Aufbruch

La Boutière ist ein kleines Dorf, eingeklemmt am Grunde eines Tales der Bergkette Belledonne in den französischen Alpen. Dort lebe ich seit meiner Kindheit. Aus einer Bauernfamilie stammend, habe ich seit jungen Jahren zusammen mit meiner Familie auf dem Feld gearbeitet, wie es meine Vorfahren seit Jahrhunderten machten. Ich habe diese Ecke der Welt lieben gelernt, die Rauheit ihres Klimas im Winter, die Stille dieses „Ende der Erde": In der alten dortigen Mundart ist dies die Bedeutung von „la Boutière". Ich bin tief verwurzelt in diesem Talgrund, in dem ich jeden Baum, jeden Bach, jedes Haus, jede Weide und jeden Berg kenne.

Deswegen ist es für mich zugleich etwas Besonderes und aber auch sehr schwer, mich zu überwinden, mein Dorf zu verlassen. Heute, umgeben von meinen Freunden und meiner Familie, breche ich nach Osten auf, um mit dem Fahrrad die Erde zu umrunden. Kein geringeres Vorhaben als das! Ich umarme zum letzten Mal meinen Großvater und betrachte mit ungläubigem Staunen, darüber, dass ich wirklich aufbreche, mein Haus, eingerahmt von den Bergen, die mir so vertraut sind. Die ersten Tritte in die Pedale sind gemacht, und ich verlasse langsam mein Dorf, das hinter den Bäumen verschwindet.

Eine Radfahrer-Karawane hat sich gebildet, um mich auf dieser ersten Etappe zu begleiten, und wir radeln, an diesem kalten und klaren Novembernachmittag, gemütlich über die „balcons" von Belledonne. Die Berge funkeln und es tut gut, sich durch die anderen unterstützt zu fühlen, für all diese Herausforderungen, die sich ankündigen.

Nach einer eisigen Abfahrt ins Tal kommt der Augenblick des Abschieds. Meine Kehle ist wie zugeschnürt, als ich meine Eltern und meine große Schwester umarme. „Sei vorsichtig", sagt meine Mutter, „Sei stark!", ruft mein Vater.

Ich habe Mühe, meine Tränen zurückzuhalten, mein Herz ist schwer, als die kleine Truppe sich zerstreut, während ich Alain folge. Ich fahre – aber welch innerer Schmerz ist es, seine Heimat und seine Nächsten zu verlassen.

Aber das ist vielleicht der Grund, warum ich immer die nötige Energie finde um schwierige Situationen zu meistern, da ich mir so sehr wünsche irgendwann zurückzukommen.

Wie so oft im Verlauf dieser ersten Woche, habe ich eine Anlaufstelle an diesem Abend, im vorliegenden Falle Alain, ein Jugendfreund meines Vaters. Am folgenden Tag fahren wir das Romanche-Tal hoch und keine zehn Kilometer nachdem Alain mich verlassen hat, reißt mich ein plötzlicher Stoß eines Nebelhorns aus meinen Gedanken - es ist Andrés. Andrés begleitet mich noch während der ersten Steigungen auf den „Col du Lautaret", danach überlässt er mich meinem Schicksal.

Mit seinen fünfundvierzig Kilogramm scheint sich mein Rad förmlich in den Boden einzugraben, so schwer ist es. Als ich mich in Villard d'Arène in meinen Schlafsack lege, schlafe ich augenblicklich ein, so erschöpft bin ich durch die Hektik der letzten Vorbereitungen und den Emotionen der zwei vorangegangenen Tage.

Landschaft in „Hautes-Alpes"

Das Erwachen im Zelt in der Kälte des Novembers und das Verlassen des Schlafsacks dauern lange und sind schmerzlich, aber das ist nicht wirklich eine Überraschung, wenn man das Datum meiner Abreise bedenkt. Seit langer Zeit fürchte ich mich davor, einen kalten Winter entlang des Mittelmeeres verbringen zu müssen. An diesem Morgen habe ich viel Zeit, also öffne ich zum ersten Mal mein Tagebuch. Beim Anblick der jungfräulichen Seiten bin ich ratlos. Wie soll ich beginnen? Würde ich die Motivation und die Inspiration haben, Tag für Tag zu schreiben? Irgendwie beginne ich zu schreiben, die Worte kommen ganz von alleine. Offensichtlich wegen all dieser Fragen, die meinen Geist durchqueren, zweifele ich in diesem Moment, dabei wünsche ich mir so sehr Entschlossenheit. Die Atmosphäre in meinem Zelt ist psychedelisch. Das Licht des Morgens gibt ihm einen düsteren bläulich-lila Schein, es ist besser, bei guter seelischer Verfassung zu sein, um in einem solchen Haus zu wohnen.

Schließlich fahre ich mehr schlecht als recht los und erreiche die Passhöhe. Die Berge sind imposant, gerade mit Schnee überzuckert, und der strahlende Glanz der Gletscher ergibt einen herrlichen Kontrast gegen die Kargheit der Felsen und die warmen Farben der Täler. Ich lasse mich bei der Abfahrt nach Briançon treiben, dreißig Kilometer entspannt genießend.

Zu Beginn des Nachmittags komme ich bei Greg und Estelle an. Greg begleitet mich tags darauf nach Italien. Er hat einen großen Rucksack auf dem Rücken für eine Überraschung, erklärt er mir. Wir fahren das wundervolle Clarée-Tal hinauf, in das Greg buchstäblich verliebt ist.

Nach allen Seiten von Bergen begrenzt, plätschert ein Wildbach ruhig abwärts inmitten von Lärchen, die in ihre schönsten Farben gekleidet sind: von honiggelb übergehend in goldfarben. Die Alpen sind wirklich das Juwel Europas, sein letztes natürliches Heiligtum. Am "Col de l'Echelle" holt Greg eine Trompete aus seinem großen Rucksack und spielt mir ein Abschiedslied. Ich lausche verblüfft der Musik und deren Echo, welches von den Bergen zurückhallt. Welch wunderbares Geschenk. Eine letzte Umarmung und ich biege in Richtung Italien ab.

Die Reise durch Italien

Ich komme nach Italien, ohne es zu bemerken. In Wirklichkeit gibt es keine Grenzposten mehr, nicht einmal ein Schild, und erst als ich in Bardonecchia ankomme und sehe, dass alles auf Italienisch geschrieben ist, fällt es mir auf. In Wahrheit habe ich nicht das Gefühl, von einem Land in ein anderes gewechselt zu haben, denn mein großes Land ist die Europäische Union. Aber die Sprache hat gewechselt und ich liebe Italienisch. Die kleinste Unterhaltung erfreut mich, ich spreche sogar zwei Polizisten an, nur um des Vergnügens willen, mich mit ihnen zu unterhalten.

In aller Ruhe überquere ich die Alpen, die überall wunderschön sind – wo man hinsieht diese flammenden Lärchen. In Sestrière angekommen, erwartet mich eine lange Abfahrt: fünfzig Kilometer, wo man die Schwerkraft spielen lassen kann. Langsam schwinden die Berge dahin und erlöschen gänzlich im Nebel der Poebene.

Die Poebene ist eine der flachsten Gegenden Europas, nur die Kirchtürme bringen ein wenig Vertikales in diesen zweidimensionalen Raum. Sie ist ebenso eine der dichtest besiedelten Gegenden Europas, und sie zu durchqueren, ist nicht wirklich ein Vergnügen. Ich befinde mich ständig in dichtem Verkehr. Glücklicherweise ziehen die Kilometer rasch an mir vorbei und ich plane mehrere Bekannte auf dieser sonst eher langweiligen Strecke zu besuchen.

Zuerst besuche ich meine kleine Schwester Marie, die ein Praktikum in Cavour macht, in einer großen und bewundernswerten Farm, von der sich viele Landwirte inspirieren lassen sollten. Marie arbeitet dort zusammen mit mehreren Mitgliedern der Familie Camusso. Sie sprechen unter sich piemontesisch. Ihr Dialekt ist so ausgeprägt, dass ich ihre Unterhaltung nie verstehe. Ich, der glaubte, dass die italienischen Dialekte einer sterbenden und altmodischen „Folklore" angehören, stelle im Gegenteil fest, dass sie lebendige Wirklichkeit sind!

Die Wahrnehmung dieser vor mir liegenden Monate der Trennung ist noch wenig in meinem Geist verankert; es scheint mir ein Besuch zu sein, als ob wir uns in der nächsten Woche wieder sehen würden.

Wir verbringen einige sorglose Stunden, um uns über das eine und andere zu unterhalten, bevor ich schon wieder ein mir liebes Wesen in Rührung und Betrübnis verlasse.

Aber die Hektik auf der Straße lässt mir nicht zu viel Zeit zum Grübeln und bald befinde ich mich in Turin, wo ich Ilaria, eine Studienfreundin, besuche. Ich komme genau zum richtigen Zeitpunkt, nämlich in dem Moment, als Ilaria eine Allergieattacke hat. Kaum hat sie mir ihre Wohnung gezeigt, da musste sie schon mit Lucia, ihrer Mutter, ins Krankenhaus.

Am nächsten Tag geht es ihr bereits deutlich besser und ich nutze den Tag, um Turin zu besichtigen. Diese Stadt hat viel Ähnlichkeit mit Lyon: zwei Flüsse, Hügel, zahlreiche Parks und die Alpen sind ganz nahe. In ihrer Gastfreundlichkeit begleiten mich Ilaria und Lucia mit dem Fahrrad bis zum Stadtrand von Turin.

Die Straße, die nach Mailand führt, ist nicht sehr interessant. Ich treffe dort mehrere Prostituierte, von denen mich eine anspricht: „Bellissimo, …" ich höre das Folgende nicht und ich frage mich, welches tragische Schicksal alle diese Frauen in eine solch düstere Existenz tauchen konnte.

Ich fahre nach Mailand hinein, indem ich einem ruhigen Radweg entlang eines schönen Kanals folge. Letztlich erscheint mir Mailand als eine laute und hektische Stadt, mit ausferndem Urbanismus. Ich erreiche den mit Touristen überfüllten Domplatz. Man muss sagen, dass der Dom, ein wahrlich architektonisches Meisterwerk ist und die ihm entgegengebrachte Begeisterung wirklich verdient. Ich besuche auch Ambro, den ich in Valparaiso zwei Jahre vorher zufällig auf einem Fest getroffen habe. Es ist eine wahre Freude, sich über die gemeinsamen Erinnerungen auszutauschen. Wir sprechen miteinander in einer lustigen Mischung aus Italienisch und chilenischem und argentinischem Spanisch bei einem „aperitivo milanese".

Ich verlasse Mailand mit mehr Motivation als je zuvor, da ich drei Tage später ein Rendezvous mit Toni in Venedig habe. Ich befinde mich auf den gefährlichen Ringstraßen von Brescia, ich fahre am Gardasee entlang, ich bewundere das prächtige Verona und schließlich radle ich entlang der Kanäle, an diesem besonderen Morgen, der eingehüllt ist in Nebel, den eine fahle Sonne versucht zu durchdringen. Ich erreiche die lange geradlinige Straße, die nach Venedig führt.

Die Gondeln von Venedig

„Elie", ruft jemand hinter meinem Rücken. Ich drehe mich um. Es ist Toni, die mich ruft, ein großes Glücksgefühl überwältigt mich. Ich drücke sie an mein Herz, ich umarme sie zärtlich, welche Freude, sich wieder zu sehen.

Schnell verwandeln wir uns in perfekte deutsche Camper: ein VW-Bus, ein Tisch, Stühle, Kerzen, weil sie romantisch sind, Weißbier, Weißbiergläser, welch ein Glücksgefühl!

Wir durchstreifen kreuz und quer Venedig und seine Lagune, was ein mehr als bewundernswerter und einzigartiger Ort ist – perfekt für zwei Verliebte wie wir es sind. Alles ist ruhig, schön, poetisch: Eine Stadt ohne Autos, das ist ein Luxus, kaum hört man das Tuckern der Vaporettos.

Venedig, auf Pfählen gebaut, ist dem Untergang geweiht, versinkend in den Fluten der Lagune. Zeugnis dieses langsamen Verfalls ist, dass die meisten Türme schon geneigt sind - der vom Markusplatz ist im Übrigen zu Beginn des zwanzigsten Jahrhunderts eingestürzt und bei dem von Murano wird es nicht mehr lange dauern.

Nach diesen neun Tagen des süßen Nichtstuns naht die Stunde der Trennung, das ist wirklich das Schlimmste von allem, aber „ c'est la vie!"

Ich begebe mich wieder auf die Straße in sehr gemischter Stimmung, und der unaufhörliche Verkehr macht es nicht besser.

Auf dem Weg treffe ich Franco. Er ist Fischhändler und erklärt mir, dass die Adria gegenwärtig leer gefischt ist. Es gab ein kleines Bergmassiv unter der Wasseroberfläche im Veneto, welches den Wohlstand der Fischerei in dieser Gegend sicherte. Man exportierte sogar „pesce azzuro" (eine Art Sardinen) für die großen Restaurants in Paris. Aber in den achtziger Jahren haben die großen Fischerboote begonnen, diese Fischgründe zu durchkämmen und zerstörten das Bergmassiv, die Heimat vieler Fischarten. Heute kommen die „pesce azzuro", die verkauft werden, aus dem Atlantik. Die Fischtrawler des Veneto kreisen leer im fischlosen Wasser. Es ist alarmierend zu sehen, wie man das Meer im Verlauf einiger Jahrzehnte auf eine quasi nie wieder gutzumachende Art ausbeuten konnte.

Kurz vor Triest läuft mir Rob über den Weg. Rob zu treffen, bedeutet Antworten auf viele Fragen, denn Rob kommt mit dem Fahrrad aus Tibet zurück. Er gibt mir zahlreiche Informationen über die Route, die er genommen hat. Daraufhin vertraut er mir an, dass er nicht wirklich glücklich darüber ist heimzukehren, denn er hat weder Arbeit noch ein Auto, weder eine Unterkunft noch eine Familie in Wales, also nichts, was ihn zuhause erwartet. Er denkt schon über seine nächste Reise nach: Lima, Alaska.

An einem Abend befinde ich mich einige Kilometer vor der slowenischen Grenze. Zweimal erlaubt man mir nicht, mein Zelt aufzuschlagen. Schließlich lande ich bei Branco und seiner Familie. Branco ist in Jugoslawien geboren, später ist er mit seinen Eltern heimlich auf die andere Seite des Eisernen Vorhangs geflohen. Obwohl er in einem kleinen Dorf in Istrien geboren ist, verleugnet er komplett seine Wurzeln und ich bin betroffen über das Bild, das er mir von den Kroaten beschreibt: gefährliche Leute, sogar bewaffnet bis an die Zähne. Wenn ich dann in Kroatien sein werde, wird man mir sagen, ich soll den Albanern misstrauen und ebenso im nächsten Land ... Aber ich weiß, dass es überall gute und schlechte Menschen gibt, und ich will nicht auf Branco hören, der, wie so oft, mehr durch Unwissenheit als durch Rassismus beeinflusst, solche Aussagen trifft.

Balkan, Länder in Krieg und Armut?

Als ich am slowenischen Zoll ankomme, fragt mich der Zöllner, wohin ich fahre. „Nach Singapur!" – dem rechtsschaffenden Mann verschlägt es die Sprache. Nun bin ich in der Ex-Republik von Jugoslawien. Nach vier Jahren Bürgerkrieg ist Jugoslawien in eine Vielfalt von Ländern zerbrochen (sieben heutzutage). Im Brennpunkt des Problems: der ethnische Pluralismus innerhalb jeder Republik und der nationalistische Hass.

Im Laufe des Tages durchquere ich den slowenischen Korridor und erreiche Kroatien. Die Küste von Istrien ist sehr fortschrittlich und sehr touristisch. Auf der Suche nach Ruhe verlasse ich schnell die Küste, um ins Innere des Landes zu kommen, und endlich bin ich nach annähernd tausend Kilometern im dichten Verkehr allein auf der Straße.

Ein typisches Haus in Istrien

Einige Tage später fahre ich mit dem Schiff auf die Insel Cres, eine der viertausend kroatischen Inseln und genieße endlich die perfekten Radkilometer. An- und absteigend führt die Straße von den mit Steineichen bedeckten Bergen zu den schönsten Stränden der Insel. Ich fahre an Olivenhainen vorbei, die Bauern sammeln die Oliven und schneiden die Bäume zu, deren Zweige sie den Schafen vorwerfen, damit diese die Blätter fressen können. Meine Mahlzeiten werden durch die verschiedensten Früchte, die ich entlang der Straße stibitze ergänzt. Das beiläufige „Sammeln" ist eine meiner bevorzugten Vergnügungen auf dieser Reise. Immer wenn ich einen verlassenen Obstgarten oder einen Baum, dessen Äste zu großzügig auf die Straße herunter reichen, sehe, halte ich an und erlaube mir ein paar Früchte zu nehmen. Trotz der Jahreszeit haben mir die Küsten am Mittelmeer Kaktusfeigen, Kakis, Mandeln, Zitronen, Granatäpfel, Feigen, Nüsse, Mandarinen und sogar Trauben in der Spätlese geschenkt.

Ich fahre an einer Frau im fortgeschrittenen Alter mit wulstigen Fingern, eben einer Bauersfrau, vorbei. Sie steht neben einem alten Traktor und mir fällt auf, dass sie in ihren Händen ein Handy hält.

Vollkommen konzentriert auf das Display des Telefons blickt sie nicht einmal auf, als ich vor ihr stehe. Welcher Anachronismus! Das, was mich ebenso erstaunt, ist, dass alle an der Nordküste Kroatiens italienisch zu sprechen scheinen, die Jungen, die Alten, sogar der Alkoholiker des Dorfes spricht mich mit gutem Italienisch an.

Ich erreiche die Südspitze der Insel, den kleinen Hafen von Losinj. Bei dem Versuch, auf den Kontinent zurückzukommen, erfahre ich, dass es nur eine einzige Fähre pro Woche nach Zadar gibt, nämlich am Donnerstag. Zum Glück ist Donnerstag. In der Bar der Fähre trinken und rauchen die Männer unglaubliche Mengen an Bier und Zigaretten und sie hören immer wieder die gleiche kitschige Musik.

Ich komme mitten in der Nacht nach Zadar und versuche mein Glück, aus dieser Stadt wieder hinauszukommen, indem ich planlos in den Straßen der Stadt umherfahre – vergeblich. Ich klingele dann doch bei einem Haus, und drei Jugendliche heißen mich willkommen. Sie bieten mir einige Gläser Wein an, während sie einen Joint rauchen. Karl dient als Übersetzer für Paolo und Anna. Ich frage sie, wie sie dem zukünftigen Eintritt Kroatiens in die Europäische Union gegenüberstehen. Sie sind nicht sehr enthusiastisch. Kroatien hat seit dem Ende des jugoslawischen Bürgerkriegs nur einige Jahre der Unabhängigkeit gekannt, und sie haben Angst davor, aufs Neue die Kontrolle über ihr Schicksal zu verlieren, indem sie von einem anderen übernationalen System verschlungen werden. Sie würden es vorziehen, unabhängig zu bleiben. Ihrer Meinung nach haben die Politiker jedoch ihre Entscheidung zugunsten des Beitritts zur EU bereits getroffen. Über den Krieg zu sprechen, haben sie keine Lust. Karl erklärt mir, dass die Frontlinie zwei Kilometer entfernt von Zadar war und dass eine Bombe auf sein Haus gefallen ist.

Im Süden von Zadar ist die Küste umwerfend schön, da sie noch sehr wild ist: keine rießigen, lärmenden Häfen und keine sich nach allen Seiten ausbreitenden Feriendörfer. Ich staune über die Schönheit der kroatischen Gewässer mit einsamen und unberührten Küstenstreifen, die in ein Wasser mit unglaublicher Transparenz getaucht sind. Ich widerstehe im Übrigen nicht der Einladung einer wunderbaren Felsenbucht und gönne mir ein erfrischendes (eisiges!) Bad Anfang Dezember.

Der Hafen von Losinj

Die Meeresküste wird oft von hohen Kalkfelsen dominiert. In der Nähe von Split sehe ich zwei junge Leute, die in einer prächtigen Felswand klettern. Ich spreche sie an und frage sie, ob ich einige Routen mit ihnen machen kann. Sie akzeptieren es sofort. Der Fels ist rau, verschiedenst geformt, voll von Tritten und Griffen. Nach diesem angenehmen Nachmittag fahre ich in einer schönen Schlucht, in der sich die Straße entlang schlängelt. Ich komme am Abend bei der Großfamilie Tomasovic an, zu der acht Brüder und Schwestern gehören.

Die Geschwister erlebten verschiedene und erstaunliche Schicksale, wie zum Beispiel Paul, der nachdem er zwanzig Jahre in New York verbracht hatte, in sein Heimatland zurückkehrte, um seine Kinder mit dem Land, indem er geboren wurde und welches er noch nicht vergessen hatte, bekannt zu machen. Er und seine Schwester spaßen: „Wir könnten dir beide eine unserer Töchter vorstellen!" Ihr Neffe Kasimir und ihre Nichte Marie sind jünger, wir haben beinahe das gleiche Alter. Sie zeigen mir ein Buch. Beim Durchblättern entdecke ich tausende Fotos katholischer Kirchen aus Herzegowina, verwüstet durch die Serben während des Bürgerkrieges. Mit anklagendem Ton drücken sie ihre ganze Verbitterung gegen die Serben aus, gegen diesen Krieg, der ihre Kindheit zerstört hat. Dennoch sind die Kroaten nicht unschuldig in diesem Krieg, aber Marie fragt sich, warum einer der kroatischen Generäle, Mirko Norac, der von vielen für den Helden der Unabhängigkeit Kroatiens gehalten wird, wegen Kriegsverbrechen zu zwölf Jahren Gefängnis verurteilt wurde.

Als ich am nächsten Tag meine Sachen für die Weiterreise zusammenpacke, ist gerade Pause in der benachbarten Schule. Die Mädchen winken mir zu und lachen albern, die Buben tummeln sich um das Zelt und drängeln sich darum, mir zu helfen, die Zeltstangen abzubauen. Kasimir erklärt mir, dass er jugoslawischen Rock spielt. „Jugoslawischen?" Ich staune über den Ausdruck, der die Ambiguität und die Widersprüche der Beziehung zwischen Serben und Kroaten ausdrückt. Auch wenn der Krieg sie zerfleischt hat, bleiben sie nichts desto trotz untereinander verbunden durch Sprache und Kultur, jene der Südslawen.

Ich lande kurz vor der Grenze zu Herzegowina in einem kleinen Dorf. Als ich leise an die Tür eines Hauses klopfe, erscheint eine alte Frau. Eine, wie man sie typischerweise auf dem Balkan findet: klein und schmächtig, schwarz gekleidet, mit einem Schal um den Kopf. Sie heißt Pavica. Unsere Unterhaltung bahnt sich als schwierig an, bis die Nachbarin Rosemarie, eine deutsche Rentnerin erscheint. Mit Rosemarie als Übersetzerin erzählt Pavica mir ihr Leben, erklärt mir die außerordentliche Armut in ihrer Jugend. Sie berichtet mir über all diese Jahre ohne Elektrizität und fließendes Wasser, in denen jeden Tag des Jahres Kartoffeln und Zwiebel gegessen wurden und über die Kilometer, die sie zu Fuß zurücklegen musste, um zur Arbeit zu kommen. Sie schließt, indem sie mir sagt, dass nun alles gut sei, dann lächelt sie mich an, auf ihrem Heizkörper sitzend. Ich bin bestürzt über die Art, wie ihr Geist durch die bittere Armut der ersten Jahrzehnte ihrer Existenz gekennzeichnet ist. Pavia findet mich sehr mager und fragt mich, ob ich genügend esse. Ich lächle und antworte ihr: „Ja!"

Vicko, ein anderer Nachbar, kommt mit einem Teller voll Linsen und einer Wurst. Er hat eine große Narbe am Kopf, ein Andenken an den Krieg, sagt er mir.

„Haben Sie am Krieg teilgenommen?"

„Ja, das ist normal hier, ich bin Kroate, ich musste am Krieg teilnehmen."

Am Tag darauf bemühen sich Rosemarie und Pavica, mir ein Frühstück zu machen. Unmittelbar nach dem Zweiten Weltkrieg, als sie vierzehn Jahre alt war, hatte Rosemarie mit ihren Freundinnen eine Reise auf dem Fahrrad nach Holland unternommen. Sie vertraut mir an, dass sie als Deutsche damals viele Schikanen erdulden mussten, manchmal wurden sie sogar angespuckt. Solche Situationen scheinen mir augenblicklich absolut undenkbar. Sie sind dennoch immer in der alten jugoslawischen Republiken Wirklichkeit, wo Serben und Kroaten oft viel Hass und Groll gegen die andere Gemeinschaft nähren. Als ich Pavica verlasse, sehe ich, dass ihr Gesicht traurig wird. Sie hat Tränen in den Augen. Das erschüttert mich.

Ich verlasse Kroatien, um eine kleine Rundreise in Bosnien-Herzegowina zu unternehmen. Mein erster Eindruck ist, dass dies ein Land ist im vollen Wiederaufbau nach all diesen Zerstörungen, die der Krieg verursacht hat. Überall wird gebaut, in einer Art chaotischem Rausch, der aber dennoch Freude macht zuzusehen. Ich hatte nämlich Angst, ein Land in andauerndem Elend, das in den Kriegsjahren zerstört wurde, vorzufinden.

Aber, als ich von der Höhe eines Passes die Wohnblöcke von Mostar sehe, kann ich noch nicht ahnen, was mich erwartet. Mostar ist eine Märtyrerstadt des jugoslawischen Bürgerkriegs. Die Frontlinie verlief hauptsächlich durch Bosnien-Herzegowina. Dies ist ein Land mit drei Konfessionen: Die Kroaten sind katholisch, die Serben orthodox und die Bosnier muslimisch. Diese drei Glaubensgemeinschaften standen sich während der vier Jahre feindlich gegenüber.

Bei der Ankunft in Mostar läuft es mir eiskalt über den Rücken hinunter: Alle Gebäude sind durchlöchert von Einschlägen durch Kugeln und Granaten. Einige sind total zerstört und zerfallen zu Ruinen, aber viele sind noch bewohnt, die Bewohner haben die größten Löcher wieder verschlossen. Das alte muslimische Viertel, heute rekonstruiert, ist sehr interessant und enthüllt die Hasstiraden, die das Land nicht zur Ruhe kommen lassen. Einige Kroaten aus Mostar haben noch niemals die alte Brücke des muslimischen Viertels gesehen, die die Ufer verbindet, denn die unterschiedlichen Glaubensgemeinschaften verkehren nicht an denselben Orten, außer unter großen Schwierigkeiten.

"Pavica"

Ziemlich geschockt verlasse ich Mostar und versuche diese Nacht in einer der vielen grauen Betonhohlblockstein-Wohnsiedlungen zu zelten, die vor kurzem neu konstruiert wurden, um alle Flüchtlinge aufzunehmen. Ich nehme einen Anlauf um hier zu campieren. Der Alte spricht nur kroatisch, aber scheint nichts dagegen zu haben, dass ich auf diesem weitläufigen Terrain campiere. Aber die Nachbarinnen sind nicht dieser Meinung, und eine von ihnen gibt mir zu verstehen, immer noch auf Kroatisch, dass ich abhauen soll. Ich packe meine Sachen zusammen und finde einen Kilometer weiter die Gastfreundschaft einer Frau, die allein mit ihren drei Kindern lebt. Ihr Mann ist Lastwagenfahrer und im Augenblick in irgendeinem Teil Europas unterwegs. Sie haben mehrere Jahre in Rostock gelebt, als Flüchtlinge, sie hat daran keine gute Erinnerung. Gegen 22:30 Uhr, als ich schon mein Tagebuch schreibe, kommen zwei Nachbarn, der eine ist sehr feindselig, der andere scheint eher ein Spassvogel zu sein (oder verspottet er mich!?). Ich stelle in der Tat sehr schnell fest, dass es sich um zwei Nervensägen handelt. Sie hatten die Polizei angerufen, die im Übrigen kurze Zeit später aufkreuzt. Die Polizisten gehen wieder, nachdem sie alle Daten meines Passes aufgeschrieben haben, wenig interessiert daran, mit einem Radreisenden Streit zu suchen. Aber meine Gastgeberin ist sehr gedemütigt durch das Ereignis, befürchtet weitere Probleme und bittet mich aufzubrechen. Aber wie ich so oft sage „Wer verliert, der gewinnt!" – und diesen Abend werde ich wieder gewinnen.

Ich fahre bis zu einer Tankstelle, betrete dort die Bar und werde mit offenen Armen empfangen. An diesem Abend spielt Alen dort jugoslawische Volksmusik auf dem elektrischen Klavier, ich vermutete keine derartige Kreativität auf dem Balkan. Man lädt mich ein, ein Bier zu trinken. An meinem Tisch sitzen der Patron der Bar, der beste „Schweinetöter vor Ort", der Don Giovanni des Kaffs, der mehrsprachige Linksintellektuelle, und die schöne San, die an der Bar serviert. Nachdem ich mit der ganzen Bande viel gelacht habe, lege ich mich schließlich angeheitert von zwei Gläsern Lasko Pivo in mein Zelt, das vor der Tankstelle steht.

Ich unterhalte mich am Tag darauf mit San. San ist Serbin, sie hat ihre Kindheit damit verbracht, dem Krieg zu entfliehen. Jedesmal wenn sie in einer neuen Stadt angekommen war, folgte ihr der Krieg. Sie erklärt mir sehr anschaulich die Absurdität des jugoslawischen Bürgerkriegs: „Sie haben Krieg geführt für nichts und wieder nichts. Vorher lebten sie zusammen, nun sind sie immer noch verpflichtet, zusammen zu leben, aber sie hassen sich gegenseitig – und unser Land ist zerstört."

Die Frontlinie durchquerte das Tal, und alle diese Leute, die Nachbarn und Freunde waren, beobachteten sich über Monate hinweg mit dem Fernrohr, ohne jemals den geringsten Schuss abgefeuert zu haben, bis die Befehle von oben gekommen sind und sie gezwungen wurden zu schießen. Aber wenige Leute haben verstanden, dass der Krieg einzig das Spiel und das Instrument einiger unverantwortlicher und blutrünstiger Politiker war. Sie schloss mit einer ironischen Bemerkung: „Alle jungen Kroaten hören gerne serbische Musik!"

Sie studiert Jura und erklärt mir, dass einer der einfältigen Studenten ihres Jahrgangs seinen Professor dermaßen bestochen hat und ohne Zweifel ebenso die Politiker und die Entscheidungsträger bestechen wird, dass er eines Tages ihr Chef sein wird, obwohl er einer der größten Versager ist. Deshalb verlassen alle talentierten jungen Leute das Land; was soll man sich von einem solchen System erhoffen?

Nach dieser Durchreise durch Bosnien-Herzegowina befinde ich mich wieder in Kroatien und halte bei zwei älteren Herschafften an, die ein wenig Italienisch sprechen. Sie bieten mir Quittenbrot an und erklären mir mit Tränen in den Augen, dass die Serben und die Montenegriner alle Häuser des Dorfes niedergebrannt hätten, trauriges Land ...

Ich mache Station in Dubrovnik und steige in einer Jugendherberge ab. Diese ist geheizt, das Licht geht an, wenn man auf den Schalter drückt und das Wasser der Dusche ist warm. Banal, würden Sie sagen, aber wenn man diese Dinge über längere Zeit entbehren muss, schätzt man sie erst in ihrem richtigen Wert. Ich liebe zwar das Leben in der freien Natur und im Allgemeinen, passe ich mich gut an diese spartanische Lebensart an. Nichts desto weniger entdecke ich jedesmal wieder mit Glücksgefühl die Freuden von Heizung, Elektrizität und fließendem Wasser. Außerdem profitiere ich davon, lange mit Toni telefonieren zu können. Wir sind beide traurig darüber, getrennt zu sein. Und es sind bisher nur zwei Wochen vergangen! Am Telefon miteinander zu sprechen, tut uns beiden gut, macht Toni glücklich, wie sie mir sagt, und bringt uns näher. Alle diese kleinen Nichtigkeiten sind Balsam für meine Seele, in diesem etwas elenden oder sagen wir besser, bescheidenen Leben, welches ich im Moment führe.

Dubrovnik, eine alte venezianische Siedlung, ist eine erstaunliche Stadt aus Stein, einzig allein aus Stein, ohne jegliches Grün. Die alte Innenstadt ist in der Nacht prächtig erleuchtet, und die verwandte Architektur mit Venedig ist augenscheinlich.

Noch einige Kilometer und ich verlasse Kroatien, ein Kroatien, das sich stark von dem unterscheidet, von welchem, das ich vor drei Jahre kennengelernt habe. Das Geld des Tourismus hat das Land verwandelt und ihm nach den Kriegsjahren einen Neuanfang ermöglicht.

Nun bin ich an der Grenze zu Montenegro. Einmal mehr werde ich beim Übertritt zwischen den alten Republiken von Ex-Jugoslawien einer Zollkontrolle unterzogen. Obwohl man überall in Europa die Grenzposten abbaut, baut man sie hier wieder auf, das ist der totale Anachronismus!!! Der Zöllner langweilt sich in seinem Grenzhäuschen zu Tode. Er neckt mich: „Nennen Sie mir zwei gute Gründe, die Sie bewegen, mit dem Fahrrad zu reisen? Haben Sie Waffen oder Drogen dabei?" Er stempelt meinen Pass und meint gelangweilt: „Und noch einer mehr!"

Montenegro ist seit kurzem unabhängig (es ist erst einige Monate her), viele Fahrzeuge tragen noch die Farben von Serbien oder einen Aufkleber von Jugoslawien. Es ist erstaunlich, dass sie keine eigene Währung haben. Sie benutzen den Euro, und das, obwohl sie nicht zur Eurozone gehören.

Kurz hinter der Grenze bitte ich, wie jeden Abend, jemanden, um die Erlaubnis, mein Zelt neben seinem Haus aufstellen zu dürfen. Ich erzähle immer die gleiche kleine Geschichte: „Ich bin ein junger Franzose, der Montenegro mit dem Fahrrad durchquert, und, da die Nacht hereinbricht, suche ich einen Ort, um mein Zelt aufzustellen. Könnte ich das neben Ihrem Haus tun?" Im Allgemeinen ahne ich im Voraus, wie die Leute reagieren werden, je nachdem was sie für ein Gesicht machen, wenn ich ihnen meine kleine Geschichte erzähle. Einige beginnen mit einem Lächeln, dieses erlischt langsam, ihr

Gesicht erstarrt und drückt nichts mehr als Misstrauen und Verachtung aus. Ich weiß, dass sie nein sagen werden, noch bevor sie ihren Mund öffnen.

Andere haben ein Gesicht, das sich zunehmend durch ein immer größer werdendes Lächeln aufhellt und sie warten nur das Ende meines Satzes ab, um mir zu bedeuten, dass ich bei ihnen willkommen bin. Wieder andere betrachten mich mit Verlegenheit, Überraschung und Zögerlichkeit und ich muss sie freundlich anlächeln, ihnen das Mistrauen nehmen, um sie letztlich zu überzeugen.

Diesen Abend zeigt mir mein Gesprächspartner mit seinem Gesichtsausdruck, dass er ja sagen würde, dennoch verneint er!? Ich weiß nicht mehr, in welcher Sprache wir uns verständigten, aber letztlich verstehe ich, dass es vor seinem Haus unmöglich ist zu zelten, da es dort eine Kläranlage gibt, die extrem stinke.

Er schlägt mir also vor, auf seinem Feld, das sich auf der anderen Seite der Straße befindet, zu campieren und schenkt mir einige Orangen. Sein Gesicht sagte ja!

Es hat in dieser Nacht geregnet, aber am Morgen strahlt die Sonne und der Himmel scheint klarer als gewohnt, so als ob der Regen ihn gewaschen hätte. Montenegro erscheint mir wie ein Gebirgsland an der Meeresküste, und die Berge stürzen hinab zur Küste, wo sie große Buchten bilden. Es erlebt mit ein wenig Zeitverzögerung nach Kroatien seine „touristische Revolution", die nagelneuen Villen stehen neben den alten kommunistischen Klötzen. Ich verlasse die Küste und muss einen Pass erklimmen, um eine Bergkette zu überqueren, damit ich schließlich in das Landesinnere gelange. Die Nacht erreicht mich auf der Passhöhe.

Am nächsten Morgen erwache ich bei starkem kaltem Dezemberregen. Ich schiebe den Zeitpunkt des Aufbruches maximal hinaus, aber irgendwann muss ich das Zelt verlassen. Ich erinnere mich an die Regenepisoden meiner vorangegangenen Reisen und ich habe das Gefühl, dass ich heute ein ziemliches Weichei bin, ich werde alt, sage ich mir … In Wirklichkeit glaube ich, dass ich meine früheren Momente der Schwäche vergessen habe: Ich bin zwar noch niemals einem Tag mit Regen enthusiastisch entgegengetreten, aber, das was mir wirklich Angst macht, ist die Abfahrt von diesem verfluchten

Olivenhaine - Meine ständigen Begleiter

Pass. Diese ist kein Vergnügen und ich verbringe einen unangenehmen Tag damit, die Lastwagen in meinem Rückspiegel zu beobachten.

Die Nacht fällt herein, als ich an der Grenze zu Albanien ankomme; nicht gerade optimal, um das Land zu wechseln ... Ich verabschiede mich also aus Ex-Jugoslawien, kein „hvala" (Danke), auch kein „dober dan" (Guten Tag) mehr. Ich hoffe vor allem, dass aus den Herzen der Völker dieser Region eines Tages die Gefühle der Verbitterung und des Hasses verschwinden werden.

Wie so oft, komme ich in ein Land, das mit bösen Vorurteilen behaftet ist. Ich habe ein wenig Angst, und der albanische Zöllner unterstützt mich nicht gerade im Kampf gegen meine Befürchtungen. Nach den Visaformalitäten und nachdem er mir einige Wörter und Sätze ins Albanische übersetzt hat, sagt er mir, dass ich sofort bis zur nächsten Stadt in dreißig Kilometern fahren soll, ohne anzuhalten, um dort direkt in ein Hotel zu gehen, denn hier sei es viel zu gefährlich. Wenn er so weiter macht bekomme ich wirklich noch Schiss!

Es wird Nacht und es regnet immer noch, das Land ist schwarz, ohne irgendeine Beleuchtung. Ich versuche so gut wie möglich, meine gute Stimmung zu bewahren, indem ich mir sage, dass es überall auf der Welt liebenswerte und gastfreundliche Leute gibt. Ich halte am ersten Haus an, zwei Frauen kommen heraus, die nur Albanisch sprechen. Endlich verstehe ich, dass ich auf die Rückkehr des Ehemanns warten muss. Er kommt bald (im Mercedes natürlich) und lädt mich sofort ein, mit ihm zu essen und in seinem Haus zu schlafen. Gewonnen!

Der Abend ist erzählenswert. Nachdem die Frauen alle meine Sachen zum Trocknen aufgehängt und meine Strümpfe gewaschen haben, versuchen wir, uns zu unterhalten. Die Situation könnte grotesk erscheinen, denn wir sprechen nicht eine einzige gemeinsame Sprache, deshalb reden wir mit Händen und Füßen. Aber nach vielen Anstrengungen gelingt es uns immer, uns zu verständigen. Um sich auszutauschen, ist es wichtiger, guten Willen zu zeigen und die Lust, ein Gespräch zu führen, als die gleiche Sprache zu sprechen.

Petrosh und Lena haben vier Kinder, die alle im Ausland sind, das ist das Schicksal beinahe aller jungen Albaner. Valentina ist in London, Domenica in Griechenland, Salvatore und Roberto sind in Italien. Insgesamt gibt es vier Millionen Albaner, eine Million davon lebt außerhalb Albaniens. Lena beklagt meine arme Mutter, man muss sagen, dass sie sich in Sachen Trennung auskennt: Ihr jüngster Sohn lebt ilegal in Italien und ist seit fünf Jahren nicht mehr zu seinen Eltern zurückgekehrt. Sie bestehen darauf, dass ich zu Hause anrufe. Ich gebe nach und sie sind wirklich glücklich, dass sie mir diese Freude bereiten konnten. Die Stromversorgung bricht gut ein dutzendmal im Lauf dieses Abends zusammen und schließlich gehen wir zu Bett. Petrosh schläft in demselben Zimmer wie ich, ohne Zweifel, um mir seine Ehre zu erweisen. Tags darauf, nach dem ortsüblichen Frühstück, das heißt, eine kleine Tasse sehr starken Kaffee und zwei Gläser Raki (ein albanischer Schnaps), breche ich auf.

Was für eine Reise! Ich habe keine Karte von Albanien, folglich nehme ich die Straße, welche das Land von Norden nach Süden durchquert, eine der wenigen befahrbaren Straßen des Landes. Sie befindet sich in den unterschiedlichsten Zuständen: Manchmal ist die Straße eine gute „Autobahn", welche die Kühe, die Vierzigtonner, die Pferde, die Karren, die Hühner, die Mercedes, die Fußgänger oder die

Radfahrer, wie ich einer bin benutzen, manchmal eine Nationalstraße mit einer Spur für „langsame Fahrzeuge", von mir bevorzugt; oder aber eine Straße mit Schlaglöchern und Schlamm, der mir bis hinter die Ohren spritzt.

Albanien bleibt für mich ein verblüffendes Land. Obwohl ich noch nie nach Indien gekommen bin, würde ich sagen, dass das das Indien Europas ist, Mafia und Schwarzhandel noch dazu. Alles dort ist schmutzig, chaotisch, unorganisiert. Ich habe weder eine Post, noch ein Krankenhaus, noch eine Mülltonne gesehen. Die Straßenränder sind weitläufige Müllhalden, eine Art ausgebreitete Mülldeponie unter freiem Himmel über Hunderte von Kilometern. In Albanien fahren beinahe nur Mercedes, vom neuesten bis zum baufälligsten, aber auf jeden Fall Marke Benz.

Das Land Albanien befindet sich in einem jämmerlichen Zustand, die Brombeersträucher und die Abfälle überwuchern alles. Die Landwirtschaft ist am ertraglosesten, die Schäfer hüten Truthahnherden. Es scheint so, als ob die Leute hier nicht arbeiteten, um ihre Bedürfnisse zu befriedigen, sondern um sich zu beschäftigen. Die Alten warten auf das Geld der Diaspora und die Jungen hoffen darauf, dieses verfluchte Land verlassen zu können.

Es gibt keine wirklichen Dörfer, sondern nur einige verstreut gelegene Häuser am Rande der Straße. Kein Bauwerk ist fertig gestellt, die Eisenstangen des Stahlbetons ragen aus den Gebäuden heraus, in der Erwartung der Wiederaufnahme der Arbeiten. In den Städten gibt es oft keine Markierungen auf dem Boden, um die zwei Seiten der Fahrbahn abzugrenzen, keine Ampeln, um den Verkehr zu regeln, man verständigt sich mit der Hupe. Industrie ist nicht vorhanden, kurz gesagt, der Umgebungswechsel ist eindrucksvoll, Ex-Jugoslawien daneben scheint ein Paradies zu sein. Einzig die Berge, wo keine Menschenseele zu finden ist, scheinen dem allgegenwärtigen Chaos entkommen zu sein. Aber wenn ich ein so schwarzes Portrait der albanischen Wirklichkeit zeichne, muss ich ebenso sagen, dass es mit Abstand das Land ist, wo ich europaweit am freundlichsten empfangen wurde.

Ich verlasse die „Autobahn" als es dunkel wird und finde mich in einer matschigen Wohnsiedlung wieder. Ich spreche drei junge Leute an, einer von ihnen spricht ein bisschen Italienisch. Es sei kein Problem hier zu campen, aber er schlägt mir vor, bevor ich mein Zelt aufbaue, noch mit ihm in die Kneipe zu gehen. Gut, dass Arturo vorbei kommt, der sehr gut Italienisch spricht und für die sieben, acht jungen Leute, die da sind, übersetzt. Sie rauchen alle eine unfassbare Menge an Zigaretten, vielleicht zehn in der Stunde! Alle wollen hier weg, um anderswo zu arbeiten, im übrigen sind alle ihre großen Brüder schon weggezogen, der Inhaber der Bar hat sechs Brüder in Italien, Arturo hat drei in England. Arturo erzählt mir vom schlechten Ruf seines Landes, den inkompetenten Politikern, die ultra-korrupt sind, so sehr, dass sie alle Multimillionäre sind. Ich frage ihn, ob nur die jungen Männer emigrieren, er zuckt zusammen und antwortet mir, dass auch die Mädchen gehen, aber oft um Prostituierte zu werden. „Und man mag das gar nicht hier!" Auch an diesem Abend schlafe ich nicht draußen, Albert lädt mich zu sich ein. Ich frage ihn, warum es diese Tausende von Bunkern auf dem albanischen Land gibt. Er erklärt mir mit bitterem Lächeln, dass Enver Hoxha, der ehemalige kommunistische Diktator, gepackt von Wahnsinn und Paranoia, diese Tausende von Bunkern errichten ließ. Er fügt hinzu, dass, wenn all dieser Beton für die Straßen von Tirana benutzt worden wäre, diese schöner wären, als jene von Paris. Das glaube ich gerne!

Ich setze meinen Weg fort, der mich langsam auf die Berge des Südens hinaufführt. Es gibt ein wenig Erdöl in dieser Ecke, deswegen sieht man immer wieder Ölpumpen, die meistens außer Betrieb sind. Aber einige fördern weiterhin schwärzlichen Teer, der schlecht aufgefangen wird und somit in die Flüsse und Seen fließt. Ich halte in einem kleinen Dorf an. Die Einwohner bringen mir Holz, um ein Feuer zu machen, und die Jugendlichen kommen, um sich rund um das Feuer mit mir aufzuwärmen. Zwei von ihnen sprechen mit mir unbeholfen in Französisch, Englisch und Italienisch, welches sie in der Schule gelernt haben. Danach zerstreuen sie sich wieder einer nach dem anderen, genauso wie sie gekommen sind.

Ich fahre den Drino aufwärts, der seine Quelle in Griechenland hat. Es ist ein ungestümer und ungezähmter Fluss, dessen Hochwasser sich manchmal auf die Breite eines Kilometers ausdehnt. Am letzten Abend halte ich bei Sophia. Sie spricht Griechisch und Albanisch und ich immer noch nicht mehr als „falemenderit" (danke), aber dennoch gelingt es uns, sich zu verständigen. Sie hält mich für einen Bekloppten, ist aber gut zu mir und bringt mir Holz, Kakis, Krapfen, Kaffee und Schnaps.

Albanien ist bei weitem das interessanteste Land, das ich bisher gesehen habe. Ich hätte nie mit solchen Unterschieden innerhalb Europas gerechnet. Trotz dieser Tage, die ich in Albanien verbracht habe, schüchtern mich die Albaner ein, denn jedesmal, wenn ich ein Kaff durchquere, scheint das normale Leben still zustehen und alle Blicke richten sich auf mich. Aber ich wurde hier so gut aufgenommen, dass dieses Land trotz all seiner Fehler sehr fesselnd ist.

Die Durchquerung Albaniens hat mich neunzehn Euro gekostet, zehn Euro für ein Visum und neun Euro für Nahrungsmittel. Für alle die, die sich fragen, wie Toni und ich, für zwei Jahre herumreisen konnten, liegt hier die Antwort. Das Geld, welches wir durch unsere Nebenjobs verdient hatten, und die von unseren Familien und Freunden aufgebrachte Unterstützung, war ausreichend, um dieses Dasein für einige Euro pro Tag zu führen.

Griechischer Winter

Meine Ankunft in Griechenland klingt wie eine Rückkehr in die „Normalität", obwohl der Ausdruck Normalität während einer solchen Reise täuschen kann. Diese ist so subjektiv, denn alles wird aus dem Blickwinkel unserer Kultur und unserer Erziehung gesehen. Aber es ist wahr, dass Griechenland mehr dem ähnelt, was ich kenne. Es gibt keinen Schlamm auf den Straßen, es gibt fertig gestellte Gebäude, Müllcontainer, kleine Autos (und nicht nur Mercedes), Picknickplätze am Ufer von Seen, kurz gesagt, es ist Schluss mit dem albanischen Durcheinander.

Im Gegenzug wurde das Alphabet getauscht, und ich amüsiere mich damit, die Namen der Städte und Dörfer und jedes Buchstabens zu entziffern. Φ η ψ erinnern mich eher an physikalische Größen oder mathematische Begriffe.

Entgegen jeglicher Erwartung ist Griechenland sehr gebirgig, und ich überquere einen Pass von eintausendsiebenhundert Metern Höhe, mit Schnee am Straßenrand. Wieder einmal kann ich mich extrem glücklich schätzen, einen derart milden Winter vorzufinden, denn der Pass ist oft geschlossen. Ich steuere anschließend auf die Meteora zu. Immer wieder passiert es mir, dass ich mich frage, warum ich all diese Kilometer fahre, warum ich mich dieser Trennung von Toni, von meiner Familie, von meinen Freunden aussetze. Hier angekommen, verstehe ich warum. Ich habe alle diese Kilometer auf mich genommen, um die Meteora zu sehen.

Dieser Ort ist ein Mythos in der Welt der Kletterer, er ist in der Tat einzigartig: Unzählbar viele Türme in wahnsinnigen Formen von mehreren dutzend bis mehreren hundert Metern Höhe, richten sich bunt durcheinander auf. Auf einigen von ihnen wurden Klöster errichtet, deren Konstruktion die Vernunft herausfordert. Die Mönche haben ihre Mauern bis an die Grenze des Abgrunds errichtet. Wie es sich für eine orthodoxe Kirche gehört, unterscheiden sich die Kapellen der Klöster sehr stark von den religiösen Bauwerken Westeuropas. Hier befindet man sich vollkommen in byzantinischer Kunst und Tradition, und die Wände sind mit großen schlanken Männern mit langen Spitzbärten bemalt.

Andere Hinweise auf Besiedelung offenbaren sich mir nach und nach während meines Spaziergangs an vielen Türmen. Obwohl sie schon vor mehreren Jahrhunderten verlassen wurden, sind viele Relikte der Dörfer der Höhlenbewohner, oft sogar in dutzenden Metern Höhe, erhalten geblieben.

Ich schlendere drei Tage inmitten dieser wunderbaren, surrealen Welt herum. Oft weiß ich gar nicht wohin ich schauen soll. Eines Tages, als Nebel die Meteora überzieht, nimmt mein Ausflug eine geisterhafte Dimension an. Ich habe das Gefühl, mich in der Kulisse eines Science-Fiction-Films mit dem Titel „Willkommen in der Welt der Gnome" zu befinden: Das Massiv der Meteora ist ziemlich klein (es nimmt nicht mehr als fünfzehn Kilometer in seiner größten Ausdehnung ein) und dennoch kommt es mir so gewaltig vor, mit all seinen Türmen, die unerreichbar erscheinen. Dennoch weiß ich, dass ich mit einem Seilgefährten, hundert Metern Seil und einigen Karabinerhaken auf einen dieser Gipfel hinaufklettern könnte. Unglücklicherweise treffe ich niemanden, es ist ja auch nicht wirklich die passende Jahreszeit. Das ist frustrierend, aber das Leben ist lang und die Berge haben den Vorteil, dass sie sich niemals vom Platz bewegen.

Ich verlasse die Meteora bei feinem kaltem Nieselregen und verschlinge die monotonen Kilometer der Nationalstraße in Richtung Athen. Es macht nicht immer Freude, aber es ist besser, in der Ebene als im Gebirge zu sein, denn oben schneit es.

Als ich eines Morgens zum Frühstück eingeladen bin, diskutiere ich mit Helen und Eva, während ich ein Omelett mit Zwiebel und Paprika, Honigschnitten und gezuckerte Karotten esse, begleitet von einem Glas Milch. Meine Gastgeberinnen sind sehr sympathisch, aber der Gesprächsinhalt ist absolut uninteressant. Mir kommt folgende Überlegung: Helen und Eva sind nicht die Hellsten, die ich auf dieser Reise getroffen habe, dennoch führen sie ein komfortables Leben. Ich habe so viele brillante Leute kennengelernt, die durch ihren Geburtsort in eine elende Existenz gezogen wurden. Das ist eine furchtbare Ungerechtigkeit!

Natürlich ist es nicht alles, am richtigen Ort in die richtige Familie geboren zu werden, aber es macht sehr viel aus, denn es ist einer der Hauptgründe für materiellen Reichtum in unserer Gesellschaft. Glücklicherweise ist der materielle Aufstieg nicht das, was am meisten zählt auf der Suche nach dem Glück. Dafür hat meine Reise mir viele Beispiele in diesem Sinne geliefert.

An den folgenden Tagen ist es genauso kalt, aber es regnet nicht mehr. Ich erreiche steileres Gelände und muss einige verschneite Pässe überqueren, Griechenland ist wirklich ein gebirgiges Land. Die Olivenhaine gehen zunehmend in Heidelandschaft über, hier und da als Opfer großer Brände.

Ich bitte einen alten Mann um seine Gastfreundschaft. Er nimmt mich mit in die Kneipe an der Ecke. Die Wirtin bedeutet mir, dass ich diese Nacht in der Bar schlafen könne. Man bringt mir Brot, Oliven, Feta, einige sehr fette Pommes Frites mit einem Spiegelei und man serviert mir Retsina, eine sehr spezielle Weinsorte, die in Pinienfässern reift und die mich zu dem Ausspruch verleitet: „Das ist Wein aus der Klärgrube!" In dieser Bar sind außer dem Wirt, der Wirtin und dem Mann, der mich hierher gebracht hat, drei andere Alte. Einer von ihnen trägt eine Patronentasche um die Taille. Er ist wahrscheinlich von der Jagd zurückgekehrt, sein Gewehr thront auf einem Tisch im hinteren Bereich der Bar. Sie haben alle ein verrunzeltes Gesicht, das sich durch ein zahnloses Lächeln erhellt. Sie scheinen zum x-ten Mal, ihre immerwährenden Geschichten zu erzählen. Für sie ist die Welt in der Gegenwart stehen geblieben, ihr Leben und ihre Erinnerungen spielen in der Vergangenheit.

Als sie sich zurückziehen, befinde ich mich allein in dieser antiquierten Kulisse. Ich entdecke in der Ecke eine alte abgeschaltete Tiefkühltruhe, einige Stühle, die es nötig hätten, neu bespannt zu werden, Tische, die in die Jahre gekommen sind. An den Wänden und an der Decke gibt es ein antikes Portrait eines Verwandten, der vor Jahrzehnten gestorben ist, ein Bild ohne Charme, das einen verschneiten Wald zeigt, einen Schwarz-Weiß-Fernseher und einen Fliegenfänger. Ich schreibe mein Tagebuch in dieser staubigen Ruhe, die sich in diesem Bistrosaal hernieder senkt. Schließlich strecke ich mich auf dem alten

Meteora, ein großartiger Ort!

durchlöcherten Linoleum aus, und ich schlafe an diesem Ort ein, wo die Zeit gefangen zu sein scheint.

Als ich am Morgen des 24. Dezember erwache, frage ich mich, was ich in dieser grotesken und zeitlosen Umgebung mache. Aber was auf dieser Reise macht eigentlich Sinn?

Ich fahre am Morgen an der Meeresküste weiter, um mich am Abend wieder am Gipfel eines sehr verschneiten Passes zu finden, mit klappernden Zähnen unter den eisigen Windböen. Ich beginne mit der Abfahrt, als die Nacht hereinbricht – und plötzlich platzt der Vorderreifen, hervorgerufen durch die Überhitzung der Felge. Ich bin verdrossen und stelle mit Entsetzen fest, dass ich keinen Schlauch zum Auswechseln habe. In der Aufregung der Vorbereitungen und der Abreise, habe ich eines der notwendigsten Ersatzteile, das jeder gewissenhafte Radfahrer automatisch mit sich führt, vergessen ...

Der Schlauch ist weit aufgerissen, ich fürchte, ihn nicht reparieren zu können. Mit unendlicher Vorsicht schmirgle ich den Schlauch, streiche den Kleber auf, lasse ihn trocknen. Darauf bringe ich den größten Flicken an, den ich besitze. Ich pumpe vorsichtig den Reifen auf ... und er hält. Ich halte am ersten Haus unterhalb des Passes. Augenscheinlich sind die Bewohner kaum begeistert, als sie sich am Weihnachtsabend gestört sehen. Sie schicken mich sofort zu einem Haus, das gerade gebaut wird und nach allen vier Seiten offen ist. Die Betonplatte, auf der ich mich niederlasse, ist eisig und mit Bauschutt bedeckt ...

An diesem Abend, allein in meinem Zelt, fällt es mir schwer, meine Enttäuschung zu verbergen. Ich hatte mir Besseres für Weihnachten erhofft. Ich träumte von einer liebenswerten Familie, die mich die Traditionen und Spezialitäten des orthodoxen Weihnachtsfestes entdecken lassen würden. Seit Tagen radle ich im Regen gegen den Wind, in der Kälte, aber darüber hinaus regiert auch in meinem Herzen, in das Einsamkeit und Depressionen strömen, der Winter. Ich fühle mich einsam und die Meinen fehlen mir. Ist das wirklich das, was ich suche? Ist es für diese armselige und enttäuschende Existenz, dass ich mir und auch Toni diese harten Monate der Trennung auferlege? Warum habe ich meine Familie und Freunde verlassen? Ich hätte mir nie vorgestellt, dass es so viele enttäuschende Momente geben wird, ich wollte nur für die positiven, mitreißenden Erlebnisse reisen. Seitdem ich die Meteora verlassen habe, ist alles sehr eintönig. Aber ich möchte mich nicht beklagen, es gibt weit tragischere Schicksale. Ich bin frei in meiner Entscheidung umzukehren, wenn ich keinen Sinn mehr in dieser Reise sehe.

Ich arbeite die Kilometer, die mir bleiben, um die griechische Hauptstadt zu erreichen, ohne Enthusiasmus ab. Ich bin in den letzten Tagen schlecht drauf, ich sehe nur schwarz, wie diese streunenden Hunde, die mich unaufhörlich belästigen. Der Gedanke an die Ankunft in Athen stößt mich bereits seit mehreren Tagen ab, sie wird von der üblichen Brutalität sein. Nach der Ruhe der Berge befinde ich mich hektisch agierend bei Regen inmitten der Umgehungsstraßen, dann in dem riesigen Vorort, folge ohne Ende den kleinen, weißen, gedrungenen Häusern.

Nach langem Suchen bin ich erleichtert, endlich die Jugendherberge zu finden. Ich hatte mir schon vorgestellt, eine feuchte Nacht auf der Bank einer Grünanlage verbringen zu müssen. Am Tag darauf besichtige ich die Stadt und verfolge die Spuren der alten hellenischen Zivilisation.

Ich bestaune die Säulen des Zeustempels, welche fünfundzwanzig Jahrhunderte alt sind. Ich finde sie höchst anmutig, ohne Zweifel wegen ihrer Proportionen. Das Parthenon ist etwas wuchtiger und das Museum der Akropolis ist äußerst interessant. Wie viele talentierte Künstler muss diese Zivilisation gehabt haben.

Ich verlaufe mich und gelange an den Bazar von Plaka. Dort gibt es eine Straße voller menschlicher Statuen und ich erkenne den römischen Kaiser wieder, den Toni und ich in Venedig einige Wochen vorher gesehen haben. Diese Zeichen des Schicksals haben mich immer schon fasziniert, sie vermitteln mir den Eindruck, als ob irgendjemand die Fäden ziehen würde, als ob wir Marionetten wären.

Vergeblich versuche ich an das kleine türkische Lehrbuch zu kommen, das meine Mutter mir postlagernd geschickt hat. Weil das Paket noch nicht angekommen ist und ich in Athen nichts anderes mehr zu tun habe, entschließe ich mich, die Stadt zu verlassen, völlig niedergeschlagen. Ohne Zweifel mache ich gerade eine Krise durch, ich möchte nicht noch weitere Monate so wie die letzten Wochen durchmachen müssen. Ich gebe mir eine letzte Chance, meine Reise wieder in Schwung zu bringen, indem ich zur Insel Kalymnos übersetze.

Die Strecke zwischen Athen und Piräus ist schrecklich. Ich habe mich selten so gequält wie in diesem Verkehr. Ich fühle mich wirklich erleichtert, als ich im Hafen ankomme, denn nach diesen düsteren Tagen erscheint ein Funken Hoffnung am Horizont. Dieser Schimmer, ist die Insel von Kalymnos.

Kalymnos ... eine der dreitausend griechischen Inseln in der Ägäis. Unbekannt in der Kletterwelt vor 1998, ist sie in weniger als zehn Jahren der verpflichtende Wallfahrtsort für alle Kletterer auf diesem Planeten geworden; und ich war weit davon entfernt, mir vorzustellen, wie dieser Ruf gerechtfertigt sein könnte. Anfangs kam ich für einen fünfzehntägigen Aufenthalt, und bin letztendlich aber über einen Monat auf der Insel geblieben.

Zwei Fahrten mit der Fähre und schon bin ich auf Kalymnos. Ich verbringe eine Nacht unter dem schönen Sternenhimmel, oberhalb von Pothia, dem wichtigsten und einzigen Stadtzentrum der Insel. Von meinem Aussichtspunkt aus betrachte ich das Meer. Es ist ein ruhiger und aufbauender Ort nach meiner „Misère" in dem geschäftigen, emsigen Treiben Athens.

Am Morgen nehme ich den Weg entlang der Felsklippen und bald erscheint die Grande Grotta einige hundert Meter über der Straße. Der Anblick ist verblüffend: Es ist eine riesige Höhle, in der Tausende von Stalaktiten herabhängen.

Ich frühstücke entspannt in der Sonne. Gerade bin ich dabei, eine Mandarine abzuschälen, als drei junge Spanier vorbei gehen. Ich spreche sie an, es sind natürlich Kletterer. Jorge, Chencho und Inaki, in drei Worten: muy buenas ondas. Ohne zu zögern akzeptieren sie, dass ich mich ihnen für heute anschließe, sie gehen gerade zur Gande Grotta. Wir steigen auf in den Steinhängen, die von Pflanzen der Garrigue bedeckt sind, und befinden uns bald am Einstieg. Ich rüste mich aus und klettere meine erste Seillänge. Das Klettern ist dort einfach sinnesberauschend. Ich habe niemals einen solchen Überhang mit so großen Griffen gesehen. Die Seillängen reihen sich aneinander bis zum Einbruch der Dunkelheit. Die drei Spanier fahren morgen ab und laden mich ein, den Abend mit ihnen zu verbringen. Mein Herz taut auf, es gelingt mir, aus dem Tunnel der Niedergeschlagenheit herauszukommen.

Am nächsten Tag, es ist der letzte Tag des Jahres, habe ich andere Kletterer kennengelernt, und alle haben sich verabredet, um im Restaurant an der Ecke Silvester zu feiern. Es sind Kletterer aus ganz Europa und um Mitternacht werfen die Griechen, gemäß der Tradition, ihre Gläser auf den Boden, feuern einen Schuss ab und anschließend gibt es ein kleines Feuerwerk. Kalymnos war definitiv der richtige Ort, um wieder Vertrauen in meine Reise zu bekommen.

Ich verbringe einen ruhigen Monat in Kalymnos – wie wirkliche Ferien an der Meeresküste und am Fuße der Felswände. Einen Monat, um diese wunderbaren Klippen auf- und abzuklettern mit einer sympathischen Truppe von Kletterern aus verschiedenen Herkunftsländern; in der Kakophonie dieses spaßigen Turmbaus zu Babel, scheint das Klettern unsere gemeinsame Sprache zu sein. Es ist wirklich außergewöhnlich, dass obwohl die Insel eine begrenzte Größe hat, man dort alle Klettervarianten findet: Platten wie in Verdon, steile Wände mit Löchern, Überhänge mit geriffelten langen Säulen und monströse Dächer voller Stalaktiten. Jede Kletterroute erscheint schöner als die vorhergehende. Es gibt dort einfach alles und noch viel mehr. Man findet hier auch Grotten, in denen sich in einer stattlichen Anzahl von Metern unter der Erde große Säle befinden, die mit unglaublichen Stalaktiten, Stalagmiten, Säulen und anderen Konkretionen geschmückt sind. Sebastian, ein anderen Radfahrer, der auf dem Weg nach Asien ist, und ich spielen Lehrlinge der Höhlenforschung, die in diesen wunderbaren steinernen Tiefen eine Reise zum Mittelpunkt der Erde unternehmen.

Wir fahren regelmäßig per Autostop nach Pothia, um einzukaufen, eine Gelegenheit, mit den Ortsansässigen zu diskutieren. Die Geschichte dieser kleinen Insel ist einzigartig.

Früher drehte sich die Wirtschaft der Insel ausschließlich um die Gewinnung des Naturschwamms. Eine ziemlich gefährliche Tätigkeit, aufgrund derer viele Menschen den Tod gefunden haben oder infolge von Dekompressionsunfällen gelähmt wurden. Aber in den achtziger Jahren hat eine Krankheit die Schwämme erfasst und die Versorgungsquelle ist praktisch verschwunden. Dies hat einen großen Teil der Bevölkerung dazu gezwungen, nach Westeuropa oder Australien auszuwandern. Die Kalymnier haben sogar eine Stadt in Australien gegründet. Danach, infolge des touristischen Aufschwungs der Insel, sind viele wieder nach Kalymnos zurückgekehrt, in ihr Land, reich an Legenden und Aberglaube, wie so oft in Griechenland.

Ich hatte unglücklicherweise während dieser Zeit die Betrübnis, vom Tod meines Großvaters zu erfahren. Da ich zu spät davon erfuhr, konnte ich nicht zu seiner Beerdigung. Das Ableben eines Nahestehenden, gehört zu den Momenten des größten Kummers in unserer Existenz und ich war sehr vom Tod des „Pépé" betroffen. Am Tag der Beerdigung, zur Stunde als das Begräbnis beginnt, setze ich mich mit Blick auf das Meer und schaue nach Westen. Ich halte ein Foto von uns beiden, das bei meiner Abfahrt gemacht wurde, in der Hand und summe Pépés Lieder. Er ist noch so lebendig in meinem Gedächtnis, dass ich es augenblicklich nicht fassen kann, dass er schon tot ist. Es ist sehr schwierig, den Tod von jemand zu verarbeiten, wenn man dreitausend Kilometer von zuhause entfernt ist. Aber ich fühle mich beglückt, dass ich eine solche Verbundenheit mit meinem Großvater aufrechterhalten konnte. Dieser betagte Mann, der eine so andere Zeit durchlebt hat wie ich, und der, indem er Episoden aus seinem langen Leben erzählt hat, uns ein wertvolles Zeugnis hinterlassen hat.

Zunehmend entleert sich die Insel ihrer Kletterer und es ist nur noch eine kleine Handvoll da. Ich miete zusammen mit Sebastian und zwei anderen Kumpanen ein kleines Appartement für die letzten zwei Januarwochen. Der Januar ist bekanntlich die Regensaison, aber es ist eine stets gleichbleibende Sonne, die uns jeden Morgen empfängt, und die uns, indem sie jeden Abend über dem Meer untergeht, prächtige Farbenspiele schenkt.

Wir freunden uns mit Daniell und Kalotina an, einem australischgriechischen Paar, die gerade beim Bau einer Stützmauer aus Steinen sind. Daniell ist ein Riese mit bewundernswerter Kraft, er schleppt Steine von immenser Größe. Außerdem ist da noch Adonis, der Steinmetz, welcher die Steine aufeinander schichtet und tailliert. Adonis ist ein ehemaliger Matrose und er erzählt uns lachend, dass verglichen mit allen Frauen in den Häfen dieser Welt, immer noch die Französinnen am Besten im Bett sind.

Wir helfen ihnen, die Mauer fertigzustellen. Es ist amüsant und sehr aufschlußreich, einen Australier, einen Griechen, einen Deutschen und einen Franzosen gemeinsam arbeiten zu sehen. Jeder hat in der Tat seine eigene Art, die Dinge zu sehen und anzupacken: Anfangs ist Daniell sehr chaotisch, dann gelingt es ihm aber, die Mannschaft zu organisieren, Adonis arbeitet still und sicher, aber verabschiedet sich manchmal in dem Moment, wo man ihn bräuchte, Sebastian und ich versuchen ständig, aktiv zu sein, aber machen manchmal unnütze Sachen, um nicht im Nichtstun zu verbleiben.

Mit einem kleinen Stich im Herzen verlasse ich meine kleine Wohngemeinschaft und Kalymnos, dieses Paradies des sportlichen Kletterns. Ich nehme die Fähre zur Nachbarinsel Kos. Das Leben auf diesen kleinen Mittelmeerinseln außerhalb der Saison ist sehr gemächlich. Nur wenn eine Fähre ankommt, wird ihre Ruhe gestört. Passagiere und Fahrzeuge verlassen das Boot, danach schiffen sich andere ein, dies verursacht ein wenig Geschäftigkeit auf der Mole. Sobald das Schiff sich entfernt, fällt der kleine Hafen in seine Lethargie zurück. Von Kos aus bringt mich eine kleine Nussschale nach Bodrum in der Türkei.

Klettern bei Sonnenuntergang

Erste Schritte in der Türkei

Ich erreiche Bodrum, den Kopf voller naiver klischeeartiger Vorstellungen der Türkei. Ich stelle mir Bodrum sehr orientalisch vor mit seinen Basaren, voller Gewürzständen, seinen staubigen Straßen, die voller Leben sind, mit den schreienden Leuten und dem gackerndem Federvieh, und den jungen Buben, die überall herumlaufen.

Bodrum ist in Wirklichkeit wegen seiner architektonischen Vergangenheit und seinem Seebad eine sehr touristische Stadt. An Stelle der Basare und den staubigen Gassen gibt es vielmehr schnurgerade sehr saubere Straßen mit Luxusgeschäften und Geldautomaten, und ruhigen Leuten, die augenscheinlich mehr als einen Touristen in ihrem Leben gesehen haben. Kurz gesagt, es ist nicht Beirut, obwohl auch Beirut sich ohne Zweifel sehr unterscheidet von der Vorstellung, die ich davon habe. Meine Unwissenheit ist groß, und es ist wirklich wahr: Je mehr Sachen man sieht und kennenlernt, desto öfter hat man den Eindruck nichts zu wissen. Das betrifft insbesondere die Geografie, die Geschichte, die Lebensarten und die Traditionen der Völker dieser Welt. Kennen Sie zum Beispiel die angrenzenden Länder der Türkei? Beruhigen Sie sich, ich wußte es auch nicht, bevor ich mich für diese Frage interessierte.

Ich verlasse schnell das Zentrum und finde die Landstraße, die mich nach Antalya führen soll. Mein Leben als Radreisender geht weiter. Wie im ganzen Mittelmeerraum gibt es hier viele Olivenhaine. Dutzende von Bauern beschäftigen sich mit der Ernte, und ich höre die harten Schläge ihrer Stangen, mit denen sie die Zweige abklopfen.

Eine Frage bohrt sich in mein Hirn. Wie werden die Leute hier auf mich reagieren, wie werden sie mich aufnehmen? Ich halte zufällig in einem Dorf und klopfe an die Türe eines Hauses. Es kommen mehrere Leute mit einem breiten Lächeln heraus. Schnell und ohne eine Sekunde zu überlegen, werde ich zum Essen, Schlafen und Duschen eingeladen, als ob ich ein langjähriger Freund sei.

Man wäscht sogar meine Kleidung. Die ganze Familie scheint über meine Ankunft informiert worden zu sein, und ich treffe eine Menge Cousins, Tanten und Schwäger.

Wir sitzen direkt auf dem Boden auf großen Teppichen, man beginnt den Tee zu servieren. Das Familienoberhaupt, in diesem Fall Sabri, schenkt mir ein Glas ein. Anschließend lässt er sich von seiner jüngsten Tochter bedienen. Diese serviert, beginnend bei den Ältesten, nach und nach der ganzen Runde. Als mein Glas leer ist, füllt man es aufs Neue. Nachdem ich genügend Tee getrunken habe, um meinen Gastgeber zu ehren (man muss ungefähr fünf Gläser trinken), deute ich ihm, dass ich nun genug habe und man hört auf, mir nachzuschenken. Darauf folgt die Mahlzeit. Nachdem ein großes Tuch auf dem Boden ausgebreitet wurde, schneidet die Mutter der Familie ein großes Brot auf. Dann bringt sie verschiedene Gerichte auf einem großen versilberten Tablett. Jeder nimmt sich Brot und isst direkt von den Tellern, welche auf dem Tablett stehen. Schließlich trinken wir nochmals Tee, wieder gemäß derselben Zeremonie, wie vor dem Essen. Zum Nachtisch gibt es Früchte. Es sind immer die Männer, die ihr Wort an mich richten und die sich neben mich setzen. Die Frauen verhalten sich distanzierter.

Alle diese Verhaltensarten haben mich anfangs sehr überrascht. Danach habe ich mich daran gewöhnt und schließlich, nach all diesen Monaten, die ich in den muslimischen Ländern verbracht habe, habe ich mich komplett integriert. In ihrem Verhalten erkennt man die grundlegendsten Traditionen ihrer Gesellschaft: die muslimische Gastfreundschaft, die Familienzusammengehörigkeit, den Respekt gegenüber den Älteren und den Greisen, die Notwendigkeit für die Frauen, ihre Ehre zu bewahren, um sich und ihre Familie nicht zu blamieren. Angesichts dieses Wertesystems, das diametral dem von Westeuropa gegenüber steht, geht es nicht darum, darüber zu urteilen, ob das Eine oder das Andere besser ist, sondern darum, die Verschiedenartigkeit zu würdigen.

Ich entfalte meine Karte von der Türkei auf dem Teppich des Esszimmers und Sabri zeigt mir alle bedeutenden Orte seines großartigen Landes. Er zeigt ebenso mit dem Finger auf die „Zonen des Terrors", diese Städte im Osten mit ihrem dämonischen Ruf. Ich staune über diesen Argwohn, aber im Nachhinein wird sich herausstellen, dass es in der Tat nur die erste Warnung gegen das türkische Kurdistan war und noch viele andere folgen werden.

Spontan spricht er mich auf Armenien an. Ein Thema, das ich fürchte, denn die Anerkennung des armenischen Genozides durch Frankreich ist in der Türkei sehr schlecht angekommen. Ich sehe schwarz, wie sollte ich den pro-türkischen Argumenten beipflichten? Aber das ist auch nicht Sabris Ziel. Er meint nur: „Die Armenier und die Türken haben kein Problem untereinander, es ist einzig und allein ein Problem der Politik." Während meiner Zeit in der Türkei werde ich noch öfter über dieses Thema sprechen und andere Meinungen kennenlernen. Aber was ich hier unterstreichen möchte, ist, dass in der Türkei die Verschiedenheit der Meinungen, angefangen vom Bericht über den Islam bishin zur Wirtschaft der Regionen, ebenso groß ist wie die Diversität der Landschaften. Die Türkei ist ein Land mit vielen Facetten, daher fällt es schwer eine allgemein gültige Charakteristik abzugeben.

Ich setze meine Reise entlang der türkischen Küste fort, die manchmal sehr touristisch, meistens aber naturbelassen ist. Auf jeden Fall ist die Landschaft wunderschön. Hier gibt es einfach viel mehr Platz, verglichen mit der hohen Bevölkerungsdichte Europas. Das Wetter ist launisch, Regen, Tiefsttemperaturen, alle Bäche führen Hochwasser und die Zitrusfrucht-Plantagen sind überschwemmt.

Bei Einbruch der Nacht überquere ich einen Pass und fahre in der Dämmerung vorsichtig die Straße hinab bis die ersten Lichter kommen. Ich erreiche eine verlassene Ferienkolonie, deren Fertighäuser schon langsam zerfallen. Durch eines der zerbrochenen Fenster schimmert ein wenig Licht. Ich klopfe an der Tür dieses Hauses, zwei Männer öffnen mir. Die Unterhaltung ist rudimentär, ich kenne nur etwa ein Dutzend türkische Wörter und sie nur einige wenige Wörter Englisch. Aber sie laden mich sofort in ihre Unterkunft ein, wo wir gemeinsam essen. Evo und Jumo stammen aus einem kleinen Dorf im Osten der Türkei und arbeiten hier als Elektriker.

Sie haben behelfsmäßig die zerbrochenen Fenster mit Zeitungen ausgestopft. Die Möbel bestehen aus einigen Metallbetten mit durchgedrückten Lattenrosten und aufgeschlitzten Matratzen. Außerdem besitzen sie eine elektrische Herdplatte zum Kochen und einen kleinen Fernseher über einem DVD-Spieler. Sie unterhalten sich miteinander, ohne dass ich irgendetwas verstehen kann. Daraufhin betrachtet mich einer von ihnen und macht eine weltweit verbreitete Geste: Der Zeigefinger der einen Hand gleitet hinein und dann wieder hinaus aus einem Loch, das durch den Daumen und den Zeigefinger seiner anderen Hand geformt wird. Bin ich etwa in einen schlechten Film geraten?

Wachsam folge ich ihren Taten und Gesten. Der Ältere zieht einen Sack unter seinem Bett hervor, aus welchem er eine CD nimmt, die er in den DVD-Spieler einlegt. Auf dem Bildschirm erscheint eine Szene eines Pornofilms. Ich verstehe ihr zweideutiges Zeichen und kann aufatmen, da ich wohl nichts von meinen Gastgebern zu befürchten habe.

Mein Weg führt mich bis nach Ölüdeniz, und ich gelange schließlich zu einem kleinen Mittelmeerparadies wegen (oder dank!) eines Fehlers auf meiner Karte. Eine Schotterpiste schlängelt sich inmitten von Oliven- und Pinienwäldern entlang der verschneiten Berge, die die Küste überragen. Das Meer leuchtet türkis und die Sonne scheint. Eine alte Frau spricht mich auf Englisch an, um mir zu sagen, dass dieser Weg eine Sackgasse sei, aber ich weigere mich hartnäckig ihr zu glauben, weil aus meiner Karte klar hervorgeht, dass es doch weitergehe! Diese Straße stellt sich später in der Tat als Sackgasse heraus, aber ich bedaure diesen Tag nicht, den ich in dieser zauberhaften Landschaft verbracht habe. Als ich zurückkehre, lacht mich die Oma an: „Hab' ich es Ihnen nicht gesagt! Ihr Fahrrad ist übrigens wirklich überladen." Ich erwidere: „Ja, Sie hatten recht. Aber das ist nicht so schlimm, es ist so schön hier. Und ich bin nur ein wenig beladen, denn alles, was Sie hier sehen auf diesem Rad, ist mein Haus. Es ist sehr klein im Gegensatz zu Ihrem."

Nach all diesen Kilometern, die ich seit Istrien in der Nähe des Mittelmeeres zurückgelegt habe, entscheide ich mich nun, die Küste zu verlassen, um die Berge im Landesinneren zu entdecken. Eine schlechte Idee zu dieser Jahreszeit, denn es beginnt zu schneien als ich ein großes Bergplateau überquere. Zwei Tage lang habe ich das Gefühl Sibirien zu durchqueren; welch ein Kontrast zu den vorhergehenden Tagen! Ich kämpfe gegen die beißende Kälte, umtost von Schneegestöber, aber welch märchenhaftes Schauspiel, inmitten der verschneiten Ebenen dahinzurollen. Ich finde schließlich sogar Gefallen am Kampf gegen die Elemente. Mein Fahrrad hingegen ist nicht begeistert von meinem Abenteuer. Es erregt Mitleid wenn man es so sieht vollkommen mit schlammigem Schnee bedeckt.

Eine lange, ziemlich gefährliche Abfahrt führt mich an das Meer zurück. Ich komme in Antalya an, wo ich wieder das milde Klima der Küste vorfinde. Nach langem Suchen finde ich endlich das Appartement von Ulrich, ein Freund von Freunden, der für neun Monate im Rahmen eines europäischen Volontariats in der Türkei ist. Er wohnt dort mit zwei anderen Mitbewohnern, Kemal, der etwas reserviert ist, und Evrim, der hilfsbereit und äußerst freundlich ist.

Nach diesem kurzen Radfahr-Intermezzo zwischen Kalymnos und Antalya bleibe ich nun den ganzen Februar bei Ulrich, um mit ihm Ski- und Klettertouren zu unternehmen.

Die türkischen Berge

Die Türkei ist vor allem bekannt für ihre Strände, aber es ist auch ein sehr gebirgiges Land. Wir wollen die Berge unsicher machen, aber dafür braucht man auch die entsprechende Ausrüstung. Es ist unmöglich, im Slip auf die Gipfel zu steigen! Ich transportiere auf meinem Fahrrad, außer dem Campingmaterial noch Kleidung und einen Schlafsack, welche warm genug sind, um der Rauheit des Bergklimas Stand zu halten, aber all die übrige Ausrüstung fehlt mir. Deshalb müssen wir zuerst das fehlende Material beschaffen. Wir leihen uns einen Teil davon bei Todosk dem Bergsportverein, wo Ulrich arbeitet, aus. Ulrich hat seine Skier aus Frankreich mitgebracht, es bleibt also das Problem, eine Skitouren-Ausrüstung für mich zu organisieren.

Dank meiner Mutter und zweier Freunde, Dav und Nath, erhalte ich per Post einen Lawinenpiepser, alte Bindungsteile, Felle und Skischuhe, von denen ich mir geschworen hatte, sie niemals mehr anzuziehen. Es fehlen also nur noch die Skier: Ulrich gabelt für mich ein altes Paar Atomic-Ski auf, dieselben, mit denen ich vor zwanzig Jahren Skifahren gelernt habe, aber sie sind natürlich etwas länger. Nach einer legendären „Bindungsmontage-Session", sind wir nun gerüstet, um die Berge der Gegend zu durchstreifen.

Ulrich vor dem Massiv des Davraz

Obwohl die Türkei ein sehr schneereiches Land ist, ist Skitouren gehen quasi unbekannt. Wir brechen daher oft auf ohne jegliche Information über die Gipfel, Schneemenge, Aufstiegsrouten und Wettervorhersage. Wir schleppen uns mit unseren großen Rucksäcken, vollgestopft mit der Camping- und Skiausrüstung und mit unseren Skiern durch die ganze Westtürkei. Mit dem Bus von Todosk, per Anhalter, mit einem Leihwagen, mit dem öffentlichen Bus, mit dem Traktor oder einer „Dolmuş" (kleine Stadtbusse), all diese Mittel sind uns recht, um zu dem ersehnten Schnee zu kommen. Obwohl der westliche Teil der Türkei nicht zu den besten Skitourenregionen der Welt gehört, finden wir trotzdem schöne unberührte Berge vor. Sie überraschen uns mit idyllischen Wäldern, pulvrigem, aber manchmal auch schlecht fahrbarem Schnee, mit Tagen von Traumwetter, aber auch Sauwetter und vielen wilden Winkeln.

Vor allem aber machen wir viele Entdeckungen und erleben Abenteuer. Auf allen Bergen der Welt scheinen die Vibrationen gleich zu sein, und entzückt wie kleine Kinder erklimmen wir einige Berge, zwischen der Ungewissheit ob wir den Gipfel erreichen werden und dem Reiz der Abfahrt.

Hier der Bericht von einigen ausgewählten Touren:

Nachdem wir den Aufstieg zum Gipfel geschafft haben, der über der kleinen Skistation von Saklikent thront, schlagen wir unser Lager im Schnee auf, um den unberührtesten Teil des Massivs zu erkunden. Die Nacht ist eisig, ohne Zweifel minus zehn Grad, aber wir spüren die Kälte nicht, da wir durch eine Luftmatratze vom Schnee abgeschottet und in unseren Daunenschlafsäcken warm eingehüllt sind. Am Morgen scheint die Sonne, trotzdem bleiben die Temperaturen ziemlich kalt. Wir brechen in ein kleines Tal auf, welches uns zu einem Pass führt. Von hier aus muss man eine Flanke überqueren um den höchsten Gipfel des Massivs zu erreichen.

Aber Nebel zieht auf, als wir auf den Kamm kommen, wir bewegen uns nur noch tastend voran. Es ist sehr schwer, sich an so einem nebligen Tag in einer Gegend, die einem unbekannt ist, zu orientieren. Wir gelangen mit ein wenig Glück auf den Gipfel, den wir tags zuvor vom gegenüberliegenden Berg ausfindig gemacht haben. Auf seiner Nordseite befindet sich ein großes Kar. Wir fahren durch das Kar ab und kommen unter die Wolken. Die Abfahrt durch den tiefen Pulverschnee ist einzigartig. Es führt zu einem kleinen Dorf, welches Schäfer während des Sommers bewohnen und das während dieser Jahreszeit verlassen ist.

Die Wolken reißen auf und das launenhafte Wetter des Morgens, scheint sich bessern zu wollen. Vor uns erhebt sich ein großer herrlicher Südhang, wir entschließen uns über diesen wieder aufzusteigen. Am Gipfel angekommen, zieht uns die Westseite mit ihrer Pulverschneeflanke, am meisten an. Wir stürzen uns in diesen Hang mit jungfräulichem Pulverschnee, ohne jede Spur. Was für eine atemberaubende Abfahrt! Eine lange Rückkehr über Dolinen erwartet uns, um zu unserem Zelt zurückzukehren. Wir bauen es ab und machen uns auf den Weg zurück zur Skistation.

Auf dem Parkplatz stehen nur noch drei Autos. Wir lauern ihren Eigentümern auf und sprechen das erste Paar an, welches ankommt. Wir fragen sie, ob sie uns in das Tal mit hinunter nehmen könnten. Nach einem kleinen Moment des Zögerns sagen sie uns, dass sie ebenso nach Antalya fahren und dass sie uns dorthin mitnehmen könnten!

Nach einigen Ausflügen rund um Antalya planen wir nun einen Besuch der Gebirge in Richtung Istanbul und Schwarzem Meer. Alles beginnt mit einer Busfahrt über Nacht zwischen Antalya und Bursa. Dann folgt eine Dolmus-Fahrt, eine Fahrt mit dem Minibus und schließlich kommen wir bei schönstem Sonnenschein in Uludag (übersetzt „der große Berg") an. Wir finden eine Lichtung in einem Wald, der ein bisschen abgelegen von der Skistation ist, um unser Lager aufzuschlagen. Anschließend brechen wir mit unseren Skiern zum ersten Berg, der sich uns bietet auf. Schnell verlassen wir die Pisten und folgen einer breiten Schulter, welche uns zum Gipfel führt.

Der Nebel steigt aus dem Tal herauf, und wir haben einen Moment Angst, von dem Meer der Wolken erfasst zu werden, welches letztlich aber nur unsere Schuhe umkriechen wird. Vom Gipfel aus sehen wir ein großes Plateau, das zur höchsten Spitze der Bergkette von Uludag zu führen scheint. Die Überquerung des Plateaus ist lang und ermüdend. Schließlich sind wir froh den Gipfel zu erreichen, der einfach nicht näher kommen wollte. Wir bewundern die märchenhafte Aussicht auf den Rest des Massivs, das aus dem Wolkenmeer auftaucht. Der Rückweg führt uns erneut über das große Plateau, dann fahren wir zur Station hinab, gerade als die Sonne vom Wolkenmeer verschlungen wird. Es gibt keine andere lohnende Skitour mehr in dieser Gegend, außer der, die wir heute schon gemacht haben. Nichts desto trotz entscheiden wir uns, hier zu übernachten, da das Zelt schon errichtet ist und die Lichtung einfach zu hübsch ist, um anderswo die Nacht zu verbringen.

Als die Nacht hereinbricht, reißen wir einige alte, vermoderte Baumstümpfe aus, die wir auf die dicke Schneedecke legen, darauf sammeln wir dürres Holz und zünden ein großes Feuer über den Baumstümpfen an. Der Schein der Flammen erleuchtet die Lichtung und jedesmal, wenn wir ein Holzscheit in das Feuer werfen, erhebt sich ein Konzert von Prasseln und Funkeln in den nächtlichen Himmel.

Am Tag darauf haben wir mehr Schwierigkeiten als vorhergesehen, um mit irgendwelchen motorisierten Transportmitteln nach Bursa zu kommen. Von dort nehmen wir einen Bus nach Bolu. Der Fahrer lässt uns dort, wo die Straße nach Kartalkaya (das Adlergebirge) abzweigt, aussteigen. Nachdem uns die Erlaubnis zum Campen neben einem Haus verweigert wurde (absolute Seltenheit in der Türkei), werden wir von einer Familie aufgenommen, die sich in voller Aufregung befindet. Heute war nämlich der Tag, an dem sie der Familie, des zukünftigen Gatten ihrer Tochter vorgestellt wurden. Alle Onkel und Tanten des zukünftigen Paares waren eingeladen.

Eine gewisse Anzahl von Hochzeiten in der Türkei ist arrangiert, ohne dass ich eine genaue Anzahl nennen könnte. Der andere Teil der Vermählungen sind Liebeshochzeiten, die aber dennoch fast immer die Zustimmung der jeweiligen Eltern benötigen. In dem einen wie in dem anderen Fall scheint mir diese Art der Vereinigung, ein Synonym für glückliche Ehen zu sein. Dies ist zumindest der Eindruck den ich gewonnen habe, in den wenigen Monaten, in denen ich in Ländern gelebt habe, wo unter anderem arrangierte Hochzeiten üblich sind.

Obwohl unsere Gastgeber sich tagsüber schon große Mühe gegeben haben, um die ganze Verwandtschaft zu empfangen, kümmern sie sich nun mit ganz besonderer Aufmerksamkeit um uns.

Am folgenden Tag erreichen wir ohne Probleme per Anhalter die Skistation. Dieses Mal erwartet uns ein dunkelgrauer Himmel. Wir steigen schnell zum höchsten Gipfel dieses alten Granitmassivs empor, das während Millionen von Jahren durch die Erosion geformt wurde. Oben angekommen biegen wir in ein wilderes Tal, abseits von der Skistation gelegen, ein. Da ich ahne, dass sich das Wetter verschlechtern könnte, präge ich mir häufig die Höhen und die Richtungen ein, damit wir im Falle von Schneefall oder Nebel unseren Weg zurückfinden können. Wir fahren entlang eines in den Pinienwäldern fröhlich dahinplätschernden Gebirgsbachs hinunter und kommen in ein Dorf, das im Winter verlassen ist. Es ist immer wieder spannend, an solche Orte zu kommen. Die Atmosphäre ist einzigartig, ein bisschen beunruhigend, so, als ob sich hier ein Drama abgespielt oder ein Fluch den Ort getroffen hätte.

Wir steigen wieder zum Skigebiet auf und plötzlich verschlechtert sich das Wetter. Bald finden wir uns eingehüllt im Nebel wieder und Schneeflöckchen beginnen vom Himmel zu tanzen. Wir gehen intuitiv weiter, bevor uns endlich bewusst wird, dass wir direkt nach Südwesten laufen, obwohl wir nach Nordosten gehen müssten. Verblüffend, wie schnell man sich im Nebel verirren kann und sich im Kreis bewegt, ohne es selbst wahrzunehmen. Wir drehen hastig um und gehen unserer Spur bis dahin zurück, wo uns der Nebel eingehüllt hat. Dieses Mal gehen wir die Sache an, wie es sich gehört: Wir gehen Richtung Nordosten bis zur Höhe von zweitausendeinhundertachtzig Metern, dann müssen wir uns Richtung Osten orientieren, um zu der Skistation zurückzukehren. Indem wir diesen Plan rigoros verfolgen, erreichen wir unfehlbar den höchsten Punkt der Pisten, von wo aus wir ohne Mühe zur Talstation abfahren können.

Im Augenblick schneit es in großen Flocken und wir müssen so schnell wie möglich nach Bolu zurück, wenn wir nicht eingeschneit werden wollen. Unglücklicherweise sind viele Autos schon voll, letztlich ist es ein Hotelbus, der uns kostenlos mit hinunter nimmt. Die Rückkehr nach Antalya ist weniger problematisch. Wir erwischen den Nachtbus über Ankara und schon sind wir wieder, zwar mit brummenden Schädeln wegen der schlechten Nacht im überhitzten Bus, an unserem Ausgangspunkt, Antalya.

Am Busbahnhof von Antalya treffen wir zufällig einen Freund von Ulrich, der gerade mit dem „türkischen Bergsportverein" für das Wochenende zur Besteigung des Kizlar Sivrisi (das Gebirge der Mädchen) aufbricht. Wir sitzen schon im Bus, zu unserer Wohnung, als ich Ulrich frage, ob wir sie nicht begleiten könnten. Ulrich ist nicht sehr motiviert, aber ich bestehe so sehr darauf, dass er schließlich nachgibt und zu seinem Freund geht, um ihn zu fragen, ob unsere Teilnahme möglich sei, während ich schon unsere Sachen aus dem Bus räume, bevor dieser davonfährt.

Ulrich kommt fünf Minuten später, wir können sie begleiten, ich freue mich riesig! Mit ungefähr siebzig anderen Bergbegeisterten, die aus der ganzen Türkei zu einer Art „Alpenvereins-Treffen" zusammengekommen sind, brechen wir zu diesem neuen Abenteuer auf. Sie stöhnen unter der Last ihrer überladenen Rucksäcke, obwohl wir nur für zwei Tage aufbrechen. Es scheint aber, als hätten sie die Ausrüstung dabei, um an einer Expedition teilnehmen zu können. Außerdem transportieren sie unvorstellbare Mengen an Nahrungsmitteln für gigantische Fressgelage. Einer von ihnen wiegt seinen Rucksack, zweiunddreißig Kilogramm!? Die unseren wiegen kaum mehr als sechzehn Kilogramm ...

Nach einer Fahrt mit dem Bus bis zu einem kleinen Dorf, bringen uns drei Traktoren mit Anhängern bis zur Schneegrenze. Sie können es sich bestimmt vorstellen, mit welcher Trägheit sich eine Gruppe von derartiger Dimension fortbewegt. Trotzdem kommen wir irgendwann an und errichten unser Lager am Fuß dieses wunderschönen Gebirges. Ein kleines vielfarbiges Dorf aus Zelten entsteht. Jeder bereitet sein Abendessen zu und bietet seinen Nachbarn etwas von den selbstgemachten Köstlichkeiten zum probieren an.

Morgens um drei Uhr hören wir Akan, der die Zeltwände schüttelt, um alle aufzuwecken. Ulrich und ich stehen erst zwei Stunden später auf, weil wir mit den Skiern schneller sind als die anderen zu Fuß. Bald überholen wir die diversen Gruppen, die sich gebildet haben und steigen eine schneebedeckte Rampe empor, die uns den Zugang zu einer nördlich orientierten Rinne ermöglicht. Wir folgen dieser bis zum Gipfel.

Unglücklicherweise befindet sich der Gipfel in den Wolken. Längere Zeit warten wir geduldig bis wir letztendlich davon überzeugt sind, dass sich die Wolken heute wohl nicht mehr auflösen würden. Anschließend fahren wir durch die Rinne und danach über die gemütlichen Hänge bis zu den Zelten ab.

Nach langem Warten sehen wir nach und nach die anderen, bis zum Knie im tiefen Schnee eingesunken, von allen Seiten des Berges herunterkommen. Gut organisiert beim Aufstieg, als sie einander im Gänsemarsch folgten, sind sie nun beim Abstieg total verstreut, jeder geht seinen eigenen Weg, um zum Lager zurückzukehren.

Die Ankunft der Nachzügler und der Abbau des Lagers dauern eine Ewigkeit, aber die Bauern haben geduldig, dort wo sie uns am Vorabend abgesetzt haben, ebenso wie die Busfahrer im Dorf, auf uns gewartet. Mit sechs Stunden Verspätung erreichen wir nach zehn Uhr abends Antalya. Einige müssen noch in der Nacht nach Ankara oder Istanbul zurückfahren um am folgenden Tag zu arbeiten. Aber niemand, absolut niemand, von den Bauern über die Busfahrer bis hin zu den Bergsteigern selbst, beschwert sich wegen der kolossalen Verspätung. Alle haben das Lächeln und die Erinnerung an einen Tag voller geselliger Gemütlichkeit bewahrt.

Im Orient hat Zeit wirklich einen anderen Stellenwert; sie ist relativ, dies beschwichtigt und vereinfacht viele Dinge. Wenn man in diesen Ländern reist, muss man den Beweis für Anpassungsfähigkeit erbringen und bedenken, dass ein Zeitplan in keiner Weise eine verlassliche Auskunft bedeutet. Vielmehr muss man mit allen möglichen, uns unvorstellbaren und unvorhersehbaren Umständen rechnen, die den Zeitplan umwerfen können.

Die restliche Zeit verbringen wir damit, in den sehr schönen Felswänden in der Umgebung Antalyas zu klettern. Es ist schade, dass ich nicht mehr die Form von Kalymnos habe. Klettern ist wirklich ein sehr fordernder Sport. Sebastian, der Freund aus Kalymnos, ist gekommen, um einige Tage in Antalya zu verbringen, bevor er nach Zypern aufbricht.

Ende Februar kommt Toni mit Skiern und ihrem Fahrrad in Antalya an. Mit außerordentlicher Freude hole ich sie am Flughafen ab. Wir verbringen hier sechs gemeinsame Wochen nach zweieinhalb Monaten schmerzhafter Trennung. Bevor wir unsere Route in Richtung des Vansees, der ganz im Osten der Türkei liegt, fortsetzen, unternehmen wir noch, mehr oder weniger erfolgreich, einige Skitouren.

Unsere schönste Tour ist der Aufstieg zum Mount Olympos (Tahatali auf Türkisch), der das Meer überragt.

Wir mieten für dieses Vorhaben ein kleines Auto. Um den Ausgangspunkt der Tour zu eruieren, haben wir nichts anderes als eine Karte der gesamten Türkei mit dem Maßstab 1:7.000.000, das heißt ein Zentimeter gleich sieben Kilometer. Zum Vergleich: In den Alpen benutzt man Karten mit 1:25.000, ein Zentimeter gleich zweihundertfünfzig Meter, das heißt sie sind achtundzwanzigmal genauer. Nach mehreren erfolglosen Versuchen, glauben wir bereits, dass alles umsonst war. Ulrich schlägt vor, es noch ein letztes Mal über ein anderes Tal zu versuchen. Dort fragen wir einen Einwohner, der ausnahmsweise den Weg, dem wir folgen müssen, gut kennt. Nach einigen Kilometern mit dem Auto, gelangen wir endlich zu einem kleinen Dorf, dem Ausgangspunkt der Skitour.

Es ist schon spät, hastig ziehen wir unsere Ausrüstung an und steigen anschließend unserer Intuition folgend inmitten der Forstwege in einem herrlichen Zedernwald auf. Zufällig kommen wir bald auf einen gut markierten Weg, der wahrscheinlich zum Gipfel führt. Als wir aus dem Wald herauskommen ist die Schneedecke ausreichend hoch, um die Skier anschnallen zu können. Wir steigen ein Kar hinauf und erreichen einen Bergkamm, der von dichtem Nebel umfangen ist.

Ohne Sicht folgen wir dem Grat, kurz vor dem Gipfel tauchen wir aus den Wolken auf. Wir haben das Gefühl frei am Himmel über einem weißen Meer zu schweben. Nur diese kleine schneebedeckte Insel, auf der wir im Augenblick stehen, liegt über der Wolkengrenze.

Indem wir unseren Aufstiegsspuren folgen, finden wir zurück zum Kar und kommen bei Einbruch der Nacht auf der Höhe des Waldes an. Glücklicherweise haben wir eine Stirnlampe, die für uns drei reicht. Zum wiederholten Male befestigen wir unsere Skier und Ski-Schuhe an unseren Rucksäcken und steigen in der Dunkelheit zum Dorf hinunter, glücklich wie nie zuvor.

Klettern in den Felsklippen aus weißem Marmor

Zwei Tage später mieten wir uns wieder ein Auto, um nach Davraz zu fahren. Der Wetterbericht ist apokalyptisch und der Schnee furchtbar schwer zu fahren. Nur mit vielen Schwierigkeiten erreichen wir den Gipfel eines kleinen Berges in von Raureif durchsetztem Nebel und tosendem Wind.

Aber es sind ohne Zweifel die Unkontrollierbarkeit und Unvorhersehbarkeit dieser exotischen Reiseziele, die mir so gefallen. Das gänzliche Fehlen von Informationen läßt uns das Abenteuer der Pioniere des Alpinismus neu erleben.

In diesen Situationen und auf diesen unbekannten Gipfeln muss man die ganze, in den Alpen erworbene Erfahrung, wo durch die Präzision der Karten und der Wettervorhersage, durch die Fülle der Kletterführer, der Wegmarkierungen und der Informationen, die über das Internet verfügbar sind, das Abenteuer und die Entdeckungslust oft auf ihr Minimum reduziert sind, einbringen und sogar optimieren.

Zwangsläufig erreicht man nicht immer sein Ziel. Aber das beweißt uns, dass das Gebirge ein feindliches Milieu ist, welches souverän bleibt, uns Menschen aber toleriert, wenn wir uns ihm mit Bescheidenheit und Vorsicht nähern.

Das Leben zu zweit

Nach dieser Woche, die wir mit Toni in der Umgebung von Antalya verbracht haben, kündigt sich die große Abfahrt an. Ulrich verabschiedet uns mit den Worten: „Ihr werdet sehen, wenn ihr im Osten seid, habt ihr den Eindruck, in einem ganz anderen Land zu sein."

Toni hat noch nie eine Fahrradreise gemacht. Das beweist, dass eigentlich jeder, wenn er denn will, eine solche Reise unternehmen kann. Die Autobahn, die nach Analya führt, ist trotz des manchmal erschreckenden Lärms der Autos, eine gute Einstiegsmöglichkeit für eine Anfängerin. Aber es ist darüber hinaus für uns der Anfang eines Lebens zu zweit, denn, obwohl wir uns seit vielen Jahren kennen, haben wir noch nicht wirklich zusammen gelebt. Es ist also ein doppeltes Abenteuer, das uns erwartet!

Die Autobahn entlang der Küste auf diesen ersten Kilometern nach Analya macht uns den Boom des Tourismus bewusst, welcher in den letzten Jahren an manchen, der türkischen Küsten statt gefunden hat: Monströse Hotels (mit mehreren hundert Zimmern) reihen sich eines nach dem anderen am Strand entlang, ein regelrechter Alptraum von Bettenburgen.

Der Abend naht und Toni fragt sich, wo wir schlafen könnten. Wir begeben uns ins Hinterland, dann klopfen wir an eine Haustüre. Wir werden mit offenen Armen von einer Familie empfangen. Schnell lädt man uns zum Essen ein, dann gehen wir alle miteinander zu den Nachbarn. Alle lachen, und die Gegenwart von Toni hat die Haltung der Frauen verwandelt. Als ich alleine reiste, waren sie normalerweise sehr zurückhaltend, nun bestürmen sie Toni sofort unter schallendem Gelächter mit Fragen und Komplimenten.

Der kleine türkische Sprachführer ist Gold wert, welch wertvolle Hilfe leistet dieses kleine Buch, die Kommunikation ist zwar mühselig, aber nun wenigstens möglich.

Ulrich hat uns auch einige magische Ausdrücke beigebracht. Diese wenigen Worte der Höflichkeit lösen jedes Mal wieder Freudensausbrüche bei unseren Gastgebern aus. Wir sind glücklich darüber, dass und der Zufall zu diesen Leuten geführt hat, denn es ist eine wechselseitige Chance, sich kennenzulernen.

Wir setzen unsere Reise fort und erreichen Side; außer einem schrecklichen Konglomerat von Hotelkästen, gibt es dort sehr schöne griechische Relikte. Wir leisten uns den Luxus eines kleinen Badevergnügens am Fuße der griechischen Säulen mit Blick auf den verschneiten Mount Olympus. Am Horizont erblicken wir einige Delfine, die die Wellen überspringen. Bei Anbruch der Nacht erreichen wir Alanya. Die Sonne versinkt im Meer und nimmt dabei überraschende Formen an.

Mit großer Gastfreundschaft werden wir von zwei Rentnern, die in einer prächtigen Villa wohnen, empfangen. Sie rufen ihren Sohn an, der sehr gut Englisch spricht. Der Kontrast zwischen der Familie von gestern Abend und der heutigen ist enorm. Von einfachen Bauern haben wir nun zum großen Bürgertum gewechselt. Mehr als der Lebensstandard, überrascht die kulturelle Diskrepanz. Es ist im Übrigen eines der wenigen Male, wo wir nicht auf dem Boden essen, sondern am Tisch auf Stühlen sitzend. Sie leben wie im Westen und wir sind nicht überrascht, ihren Sohn, Arm in Arm mit einer Frau, deren Kleidung der aktuellen Mode der europäischen Hauptstädte entspricht, kommen zu sehen.

Er arbeitet als Ingenieur im Bauwesen und erzählt uns von all diesen europäischen Rentnern, die hier herkommen, um Wohnungen zu kaufen. Sie fordern oft von den Maklern, die anderen Appartements des Gebäudes nur an Personen der eigenen Nationalität zu verkaufen; unausgesprochen heißt dies natürlich Türken ausgeschlossen, selbst wenn diese dieselbe Summe Geld bezahlen! Welcher Rassismus!

Nachdem wir Analya hinter uns gelassen haben, befinden wir uns an einem wilden Küstenabschnitt, der oft abrupt abfällt und wieder ansteigt, eine wahrhaftige Berg- und Talfahrt. Zunächst müssen wir geduldig auf die Küstenanhöhen hinauf fahren, danach tauchen wir von neuem zum Meer hinab, inmitten von Feldern mit Bananenstauden und Olivenhainen. Es gibt eine unzählige Menge an prachtvollen kleinen Buchten.

In einem kleinen Dorf inmitten von Gewächshäusern, fragen wir eine sehr einfache Familie, ob wir hier campieren dürfen. Es ist vor allen Dingen die soziale Armut, die uns betrübt. Als wir ankommen, ist die Mutter der Familie mit ihren zwei großen Söhnen zu Hause. Der Vater kommt später mit brutalem Gesichtsausdruck und dem roten Kopf eines Alkoholikers. Er zeigt kein sehr freundliches Verhalten seiner Frau gegenüber, sie scheint sehr unglücklich zu sein.

Im Verlauf des Abends trinkt der Vater ein Bier nach dem anderen. Wir wissen nicht über was wir mit der Familie reden sollen. Vielmehr haben wir den Eindruck, als ob wir aus Versehen in ein altes Volksdrama geraten wären, denn das Leben hier scheint so trist und grau wie der Rauputz der Wände zu sein. Tags darauf, kurz vor der Abfahrt, nimmt die Mutter der Familie, als sie mit Toni alleine ist, diese in die Arme und presst sie an sich.

Wir nehmen unsere Fahrt über die auf- und abführenden Bergstraßen wieder auf, durch Pinienwälder, die nach Harz duften und hindurch zwischen Terrassenanbaufelder, welche größtenteils aufgegeben wurden. Hier und dort sieht man alte verfallene Lehmbauhäuser, Zeugen der massiven Landflucht, welche die Türkei erlebt. Die kleinen Städte sind von einer Flut von Plastikplanen umgeben, Teile unermesslich großer Gewächshäuser, welche mit Bananenstauden bestückt sind.

Wir zelten an einem Abend neben einem Restaurant an der Straße. Als wir uns gerade Angesicht zu Angesicht gegenüber sitzen und einige Lammkoteletts verspeisen, erscheint der Wirt des Restaurants mit einem Schaf. Zügig sticht er es ab, zerlegt es und entfernt die Eingeweide, all dies einige Meter von uns entfernt! Ein Rinnsal aus Blut läuft auf dem Beton in unsere Richtung. Toni hatte der ganzen Szene den Rücken zugekehrt und nichts gesehen. Ich hüte mich davor, sie ihr zu schildern, um ihr nicht die Mahlzeit zu verderben. Andererseits sind wir sicher, dass das Fleisch, welches direkt neben uns auf dem Grill liegt, frisch ist.

Am nächsten Tag nehmen wir das Schiff nach Zypern. Nach dem Vollzug geisttötender Verwaltungsvorschriften, sowohl von der einen als auch von der anderen Seite und einer zweieinhalbstündigen Bootsüberfahrt, kommen wir in Zypern an.

Frühling auf Zypern

Kleine geschichtliche Erinnerung: Seit 1974, infolge eines Kriegsausbruchs zwischen der griechisch- und türkisch-sprechenden Bevölkerung, ist Zypern dreigeteilt: ein türkischer Teil im Norden, ein griechischer Teil im Süden und mehrere britische Enklaven im äußersten Süden der Insel, als Überreste des Kolonialreiches. Es ist im Übrigen der Grund, warum man auf der ganzen Insel links fährt.

Wir kommen im Hafen von Girne, im türkisch sprechenden Teil Zyperns an und fahren an der Meeresküste entlang, die hier und da durch ganz neue Wohnbausiedlungen verunstaltet ist. Die meisten davon sind noch leer und warten darauf, von europäischen Rentnern, denen daheim die Sonne fehlt und die hier ein kostengünstiges Leben erwarten, gekauft zu werden. Das geschieht nicht ohne Probleme, denn die Insel ist nicht vorbereitet auf diesen massiven Bedarf an

Wasser- und Energieversorgung. Abgesehen von diesen tristen Bauwerken, ist dieser Teil der Insel sehr unberührt und dank des Frühlings satt grün und blühend. Wir rollen gemütlich auf den ruhigen und einsamen Straßen einer Felsküste entlang, die in smaragdgrünes Wasser getaucht ist. Manchmal überraschen uns auch Regenschauer. Von Zeit zu Zeit sehen wir eine kleine verwahrloste orthodoxe Kirche, denn früher waren die beiden Glaubensgemeinschaften auf der gesamten Insel verteilt.

Eine Bauernfamilie empfängt uns an einem Abend. Sie stammt aus Kaisiri, in Zentralanatolien. In Folge der Aufteilung der Insel, wurde die Einwanderung von Anatoliern in den Norden der Insel unterstützt, und das ist die Ursache, die gegenwärtig den Prozess der Wiedervereinigung blockiert. Obwohl die Grenze, dreißig Jahre hermetisch abgeriegelt war und jetzt wieder geöffnet wurde, kann immer noch nur die türkisch sprechende Bevölkerung mit zyprischen Vorfahren, diese überschreiten. Unsere Gastgeber haben nicht das Recht, den griechisch-sprechenden Teil der Insel, welcher nur einige Kilometer entfernt liegt, zu besuchen, obwohl sie hier seit Jahrzehnten leben und obwohl alle ihre Kinder auf dieser Insel geboren wurden.

Wir betreten den griechisch-sprechenden Inselteil, indem wir den Grenzposten inmitten der Straßen der Hauptstadt passieren. Nikosia sieht, mit dieser Grenzstation mitten im Stadtzentrum, in etwa aus wie das Berlin der fünfziger Jahre. Weil der griechisch sprechende Teil, ein Teil der EU ist, fragen uns die Zöllner nur, woher wir kommen und wünschen uns daraufhin eine „Gute Reise!" Nicht einmal die Pässe wollen sie sehen, wir befinden uns also wieder im großen europäischen Haus.

Der griechisch-sprechende Teil ist weiter entwickelt als der türkische und stark von der griechischen Kultur geprägt. Durch den kulturellen und gesellschaftlichen Umgebungswechsel in die entgegengesetzte Richtung, habe ich den Eindruck in meiner Reise zwei Monate zurück gesprungen zu sein.

Endlich dem Krach der Hauptstadt entkommen, radeln wir in der angenehmen Ruhe der Berge durch den gebirgigsten Teil der Insel. Kleine Dörfer klammern sich an den Abhang und vor jedem Haus befindet sich ein Weinstock, groß wie ein Baum, dessen Äste über die Gartenlaube hinausklettern. Wir fahren aufwärts bis zum schneebedeckten Gipfel des Mont Olympe, der mit seinen fast zweitausend Metern Höhe das Mittelmeer beherrscht. Da es Sonntag ist, haben Tausende von Zyprioten die gleiche Ausflugsidee wie wir. Sie tanzen um skurrile Schneemänner herum, machen eine Schneeballschlacht oder rodeln.

Wir erreichen erneut die türkisch sprechende Hälfte, die Grenze ist erst seit vier Jahren geöffnet. Wieder einmal sind diese Leute, die seit Jahrhunderten in Frieden miteinander lebten, die Opfer politischer belangloser Spiele und nationalistischer Vorstöße. Wir zelten diesen Abend in einer Orangenplantage, unsere Gastgeber entschuldigen sich dafür, dass sie uns kein Bett anbieten können. Zweifellos verstehen sie nicht, wie sehr wir es schätzen, unser Zelt in diesem Garten Eden aufbauen zu dürfen.

Als Wiedergutmachung setzen sie uns alle kulinarischen Spezialitäten der Insel zum Probieren vor. Die ganze Hausgemeinschaft spricht Englisch, das macht die Sache einfacher, denn unser Türkisch ist noch sehr holprig. Sie sind Nachfahren von Zyprioten, und sie erklären uns ausführlich das zyprische Problem, beginnend mit dem Krieg von 1974 bis heute. Sie sind für die Wiedervereinigung der Insel, glauben aber nicht wirklich daran. Die Nationalisten tun alles, was in ihrer Macht steht, um die Bemühungen der Personen, die guten Willens sind, zunichte zu machen.

Wie gewöhnlich, wenn wir über den Fortgang unserer Reise erzählen, ermahnt man uns im Gegenzug, nicht nach Kurdistan zu fahren – dort sei es viel zu gefährlich für zwei junge Europäer wie uns.

Dennoch nehmen wir, nach einer letzten Spazierfahrt entlang der wilden zypriotischen Küste mitten im Grün und dem beruhigenden Lichtschein des März, das Schiff zurück in die Türkei. Dieses Mal allerdings, um bis zum Großen See von Van in Kurdistan zu fahren.

Im Hafen von Girne wimmelt es von Touristen. Sicherlich, der Hafen ist nett, aber, wenn ich bedenke, dass das für viele Touristen das ist, worauf sie Zypern reduzieren, nämlich einen Spaziergang rund um einige Mauern, in einem für Touristen geschaffenen artifiziellen Milieu, finde ich dies betrüblich. Die Herausforderungen, die eine Fahrradreise abverlangt, mögen sie noch so anstrengend sein, ziehen wir tausendmal den oberflächlichen Erlebnissen eine Pauschalreise vor: Zypern, drei Tage, zwei Nächte, im Vier-Sterne-Hotel mit Schwimmbad, zum Preis von zweihundertfünfzig Euro.

Der Weg nach Osten

Die Rückkehr in die Türkei konfrontiert uns zunächst mit einem wahren Alptraum für Radfahrer: nämlich den Ballungsraum der sich von Erdemli bis Adana über etwa einhundert Kilometer erstreckt. Die Gebäude scheinen wie Pilze aus dem Boden geschossen zu sein, um die kontinuierliche Bevölkerungsflut durch die gewaltige Landflucht aufnehmen zu können. Einhundert Kilometer, kämpfen wir uns durch dichtesten Verkehr und spielen das Spiel, welches wir den „Tanz mit der dolmus" taufen. Die „dolmus" sind kleine Busse, die die Stadtverkehrsstrecken abfahren. Ins Deutsche übersetzt bedeutet Dolmus „soll voll sein", das heißt, dass sie nicht eher losfahren, bevor sie nicht ganz voll sind. Zwischen Erdemli und Adana sind sie immer gerammelt voll und es gibt unzählig viele. Sie haben keine festen Haltestellen, halten aber an, wenn irgendjemand die Hand hebt oder irgendeiner aussteigen will. Sie fahren nahe an den Randstein, nehmen ihre Kunden im Fluge auf oder lassen sie heraus. Dann fahren sie wieder weiter, indem sie Wirbelstürme aus schwarzem Rauch aus ihrem Auspuff zaubern. Weil ihr Tempo sehr unterschiedlich ist, ihre mittlere Geschwindigkeit aber unserer ähnelt, hören wir nicht auf, sie zu überholen bevor sie von neuem an uns vorüber fahren und so weiter. Daher rührt der Ausdruck von dem anstrengenden „Tanz mit der dolmus".

Während meines Aufenthaltes in Antalya bin ich oft mit einer Dolmus gefahren. Die Methode der Bezahlung ist der Mühe wert, ihr einige Zeilen zu widmen. Nachdem man durch die mittlere Tür in die Dolmus gesprungen ist, befindet man sich selten neben dem Chauffeur. Man muss ihm also zurufen, wohin man will, damit er einem den Preis der Strecke mitteilt. Man gibt anschließend das Geld den anderen Passagieren, die sich im vorderen Teil des Busses befinden, die Geldstücke und Scheine wandern daraufhin durch einige dutzend Hände, bevor sie beim Chauffeur ankommen, der das Wechselgeld auf dem selben Weg zurückschickt. Nicht ein einziges Mal fehlte auch nur der kleinste „kuruş", obwohl es sehr einfach gewesen wäre, einen Ausländer in dieser Situation zu täuschen. Das ist nur ein Beispiel unter vielen anderen, welches veranschaulicht, dass Diebstahl eine enorme Beleidigung des Islams bedeuten würde und somit praktisch nicht existiert.

Ich habe dieses Verhalten in all den muslimischen Ländern, die ich durchquert habe, vorgefunden. Das ist sehr schätzenswert!

Wir entfliehen so schnell wie möglich dem Ballungsraum, und nach all diesen Stunden des Überlebenskampfes im dichten Verkehr befinden wir uns erneut inmitten von Feldern entlang der Bahnlinie, die nach Aserbaidschan führt.

Kurz nach Osmaniye kommen wir bei Memet und seiner großen Familie an. Der folgende Abend ist einer der herzlichsten, den wir auf der Reise erleben durften. Die ganzen Familienmitglieder und alle Nachbarn kommen um uns zu besuchen, man ehrt uns mit leckeren Speisen. Die Frauen umringen und herzen Toni. Sie schenken ihr Kopftücher und Arbeiten aus Wollen. Dann kleiden sie sie nach türkischer Mode und zeigen ihr, wie man den Kopfschleier richtig anlegt.

Die gigantische Moschee von Adana

Die Verständigung ist leicht dank der Englischkenntnisse von Sait, eines Sohnes von Memet, der Barkeeper an der Küste ist. Er ist traumatisiert von den vierzehn Monaten Pflicht-Wehrdienst, welche er gerade absolviert hat. Mit seinem Einsatzort an der Grenze zum Irak, um im Krieg gegen die Terroristen des PKKs zu kämpfen, hatte er es schlecht getroffen. Er ist erleichtert, dass er lebend zu seiner Frau zurückgekehrt ist, die er nur zweimal während dieser vierzehn Monate gesehen hat. Es wird nämlich während des gesamten Militärdienstes nur zweimal eine Woche für den Familiebesuch erlaubt.

Wir fahren weiter Richtung Südosten, in den kurdischen Teil der Türkei, von dem uns die Türken, seit unserer Ankunft in ihrem Land, so viel Schlechtes erzählt haben. Die Türken beschreiben das türkische Kurdistan wie eine rechtsfreie Zone, heimgesucht von Terroristen, gefährlich, und sie haben oft versucht, uns davon abzuhalten, dorthin zu reisen.

Wir fahren ein schluchtartiges Tal hinauf, das auf der anatolischen Ebene mündet. Es ist eine weite Hochebene mit weichen, sanften Hügeln ohne Bäume; ein Flachland, manchmal steinig, aber meistens grasbewachsen und landwirtschaftlich genutzt.

Seit wir in die Gebiete der kurdisch-sprechenden Bevölkerungen gelangt sind, haben wir keine Verschnaufspause mehr. Mit Nachdruck möchte man uns täglich zwischen zwanzig und dreißig Mal zum Tee einladen. Einladungen, die wir ablehnen müssen, wenn wir mehr als zwanzig Kilometer am Tag fahren wollen, da diese im Allgemeinen eine halbe Stunde oder länger dauern. Die Zeit, während der man noch schnell den Tee kauft und uns die ganze Familie, die Nachbarn und weitere … vorstellt. Überall auf unserer Reise strömen die Kinder zusammen und rufen uns dutzende Male hintereinander „Hello!" oder „What's your name?" zu, auf das wir unsererseits antworten und das zwischen hundert und dreihundertmal pro Tag.

Ganz zu schweigen von den Lastautos, die uns mit großen Hupkonzerten halb taub dröhnen oder von der Herde Jugendlicher, die uns in jeder Stadt auf dem Fahrrad folgt. Jedes Mal beim Einkaufen sind wir von jeder Menge Neugieriger umgeben, die uns mit Fragen bestürmen.

Wir sind heute Abend bei Osman eingeladen. Obwohl Osman nur türkisch spricht, ist er leicht zu verstehen, ohne Zweifel deshalb, weil er es gewöhnt ist mit Ausländern zu sprechen. Er und seine drei Brüder haben ein kleines Transportunternehmen und exportieren regelmäßig eine Ladung Teppiche von vierundzwanzig Tonnen bis nach Aserbaidschan oder gelegentlich in andere Länder Zentralasiens. Am Tag darauf ist die ganze Familie versammelt, nicht weil wir da sind, sondern weil Ali, der jüngste der Brüder, von Marsin mit einer Ladung Teppiche angekommen ist. Die vier Brüder sind eifrig beschäftigt und bereiten den Lastwagen für Aserbaidschan vor.

Es gibt viele Familienunternehmen in der Türkei, und der Gemeinschaftsgeist ist so ausgeprägt, dass nur wenige Leute wirklich arbeitslos sind. Gleichzeitig sind die Türken oft zu dritt vor Ort, um die Arbeit eines einzigen zu erledigen. Dies wird vor allem in Restaurants offensichtlich, der Wirt hat immer einige Neffen ohne Perspektiven, die er noch zusätzlich als Bedienung einsetzt.

Kurz vor Gaziantep fahren wir durch eine sehr außergewöhnliche Stadt, mehrere alleinstehende Häuserblöcke sind an den Hängen der Hügel gewachsen; inmitten der Ebene befindet sich eine riesige Fabrik, welche alle ansässigen Arbeitskräfte zu beschäftigen scheint. Diese Wohnklötze und diese riesengroße Fabrik, die wie eine Warze das Plateau überragt, sind vergleichbar mit einem hässlichen Blumengesteck. Ganziantep ist auch einen Blick wert, seine Vorstädte sind aus Betonhohlblocksteinen, durchzogen von steilen Straßen. Das erinnert mich, an die Favelas von Rio de Janeiro, es fehlen nur die bunten Farben.

Wir überqueren den Euphrat und finden Zuflucht in einem Internat einer Mittelschule. Die Jugendlichen sind total aus dem Häuschen, sie schenken uns Schokolade und Waffeln. Die Kühnsten klopfen an unsere Tür und diskutieren dann doch eher zaghaft eine Viertelstunde mit uns.

Am Morgen frühstücken wir mit ihnen in der großen Kantine. Die Jungen führen Wettkämpfe mit den hart gekochten Eiern durch, indem sie die Schalen gegeneinander schlagen. Der Sieger ist der, dessen Schale intakt bleibt.

Der Himmel ist voller Schönwetterwolken, die sich wie schwere Schiffe über dem anatolischen Plateau bewegen. Auf den langen geradlinigen Straßen ziehen die Kilometer rasch an uns vorüber. Langsam aber sicher gewinnen wir an Höhe, die grünen Wiesen weichen einer steinigen Landschaft, wo Ziegen- und Schafherden weiden. In einer kleinen Ortschaft suchen wir ein Internetcafé. Ein kleiner Junge führt uns dorthin, er nennt Toni „Abla", das heißt große Schwester, und bleibt an ihrer Seite, während sie ihre E-Mails liest. Er scheint Zuwendung zu suchen und läuft uns, nach verlassen des Cyber Cafés, bis zum Ende des Ortes hinterher.

Die Sonne geht unter, als wir auf der Höhe eines kleinen Dorfes abseits der Straße, ankommen. Zwei riesige Hunde verwehren uns den Zugang, wir werfen Steine nach ihnen, damit sie sich zurückziehen und uns auf dem Weg aus Erde vorwärts gehen lassen. Ein Mann mit einer Pistole am Gürtel kommt aus einem der Häuser heraus, er lädt uns sofort zu sich ein.

Nach und nach kommen alle männlichen Mitglieder der Familie zu Besuch, einer der Brüder spricht Deutsch, denn er verkauft Kebab in Berlin. Er ist für drei Monate zurückgekehrt, um seine Frau und seine Kinder zu sehen, bevor er wieder abfährt. Auf diese Art und Weise leben viele Kurden, denn die wirtschaftliche und industrielle Situation in Kurdistan ist deprimierend. Ich denke an den Satz von Ulrich. Es ist wahr, man hat tatsächlich den Eindruck, in einem anderen Land zu sein, denn alles unterscheidet sich so stark von der Westtürkei: die Landschaften, der Entwicklungstand, die Menschen …

Man schlägt mir vor, „Oké" zu spielen, eine Art von Ziffern-Rommé. Das Spiel an sich ist wenig interessant, aber da ständig geschummelt wird, indem sie die Spielsteine des Nachbarn ausschauen und sich dann gegenseitig aufziehen, brechen regelmäßig alle in tobendes Gelächter aus. Ohne Zweifel ist Oké wegen seiner sozialen Komponente so populär in der Türkei.

Sie wecken uns um 6:15 Uhr auf. Sind sie wahnsinnig uns so früh aufzuscheuchen?! In Wahrheit haben wir die Zeitumstellung zur Sommerzeit vor zwei Tagen verschlafen. Es sind diese Arten von Kleinigkeiten, die unsere Freiheit aufzeigen, die quasi totale Unabhängigkeit von Zwängen, die mit unserem vagabundierenden Dasein, das wir im Augenblick führen, verbunden ist. Denn außer unsere Grundbedürfnisse zu befriedigen, zu trinken, zu essen, zu schlafen, sind wir zu nichts verpflichtet. Wir haben als einzige Gebieter, die Sonne und die Sterne, den Hunger und den Durst, die Hitze und die Kälte. Ja, wir sind frei, eine Freiheit, die keine weiteren Grenzen mehr zu haben scheint, als die ausgedehnten Ebenen des anatolischen Plateaus.

Wir verbringen erneut einen sorglosen Tag, den Wind im Rücken und diskutieren unter anderem über die Haltung, welche Toni gegenüber den Männern an den Tag legen muss, die wir treffen. Das Problem ist, dass die Beziehungen zwischen den beiden Geschlechtern so ungleich im Gegensatz zu denen sind, die wir aus Europa kennen. Es ist deshalb nicht so leicht, eine unbefangene Haltung einzunehmen, in der wir uns wirklich wohlfühlen.

Kaum dass wir Diyarbakir, die größte Stadt aller kurdischer Territorien (türkischer, iranischer, syrischer oder irakischer), verlassen haben, färbt die Sonne den Himmel schon in ein besonderes Licht. Die untergehende Sonne zwingt uns dazu, bei einem isoliert stehenden Haus anzuhalten. Es ist das des Imam Ahmet. Ich trage meine allabendliche Leier einer Gruppe von Männern vor. Bizarrerweise scheinen sie diese schon zu kennen. Aber wir sind erst am Anfang der Überraschungen. Man führt uns in einen Saal hinein, den mehrere Männer sofort mit gesenkten Blicken verlassen, um uns alleine zu lassen. Es umgeben uns nur mehr weiße Mauern und ein großer Teppich, der den ganzen Boden bedeckt. Man bringt uns etwas zu essen, danach ziehen sie sich sofort zurück. Nach dem Essen führt uns der Imam in einen anderen, nur für die Frauen reservierten, Teil des Hauses. Er stellt uns seine zwei Töchter vor, wohingegen seine Frau hinter einer Türe bleibt, da ich nicht die Erlaubnis habe, sie zu sehen. Ahmet sagt mir, dass Toni mit seiner Frau und seinen Töchtern zusammen bleibt, und dass ich mit ihm zu seinen Schülern zurückkehren soll.

Wir befinden uns nun wieder in den anfänglichen Zimmern, die Männer haben ihre Plätze wieder eingenommen. Sie erklären mir, dass Toni deswegen bei den Frauen ist, weil der Islam ihnen verbietet, sie anzuschauen. Sie fragen mich nach meiner Religion. Ich antworte, dass ich Christ sei. Sie sagen mir darauf, dass ich Jesus ähnlich sehe. Man muss schon sagen, dass ich mit meinen langen Haaren und meinem schlecht rasierten Bart in der Tat eine vage Ähnlichkeit mit den Abbildungen von Jesus Christus habe. Sie fügen hinzu, dass selbst, wenn sie anerkennen, dass Jesus ein Prophet gewesen ist, der letzte und größte der Propheten dennoch Mohamed sei. „Mohamed çok güzel" wiederholen sie unablässig. Ahmet schaut mich mit einem weisen Blick an und sagt mir, dass die Muslime und die Christen denselben Gott verehren, den, der von Abraham (Ibrahim) offenbart wurde.

Sie zeigen mir anschließend das Passbild eines Mannes, der einen Turban trägt und einen mächtigen Bart hat. Es ist das Foto des großen Scheichs von Diyarbakir, eines heiligen Mannes, wie mir durch Lobesreden über ihn, von meinen Gastgebern berichtet wird. Sie erzählen mir darauf eine Geschichte, von der ich zwei Jahre später noch immer nicht weiß, was ich darüber denken soll. Der Scheich von Diyarbakir, dieser Mann, der nach dem muslimischen Glauben in direkter Verbindung zu Allah steht, hat, wenn man ihren Reden glaubt, zwei Tage vorher von mir geträumt. „Du siehst, wie mächtig unser Scheich ist, wie groß Allah ist."

Wir beschäftigen uns in den folgenden Stunden damit, den Islam mit dem Christentum zu vergleichen. Keine wirklich einfache Aufgabe mit den wenigen türkisch Kenntnissen die ich habe und einem kleinen Wörterbuch Englisch/Türkisch über Theologie zu sprechen. Diese zähen Gespräche werden durch die zwei Abendgebete unterbrochen. Ahmet trägt die heiligen Gebete auf Arabisch vor, während die anderen Versammelten sich niederknien und sich gemäß einem festgelegten Ritual zu Boden werfen. Natürlich wird auch wieder Tee im Überfluss serviert, dieses Mal noch zuvorkommender und mit berührender Ehrerbietung. Man bietet mir an mich im Badezimmer der Männer zu duschen und meine Kleider in der Waschmaschine der Männer zu waschen. Das ganze Haus ist doppelt ausgestattet!

Spät am Abend treffe ich Toni wieder. Sie hat fast den gleichen Abend wie ich durchlebt, aber mit der Frau des Imam. Diese hat ihr das ganze Übel der weltlichen Erziehung geschildert, die von der türkischen Regierung der Bevölkerung übergestülpt wird, zum Nachteil der religiösen Erziehung.

Tags darauf nimmt mich der Imam mit auf eine Besichtigungstour. Die kleine Moschee und der Waschraum, die gerade gebaut werden, sind wahre architektonische Katastrophen, die riskieren beim ersten Beben zusammenzubrechen.

Wir müssen uns losreißen, denn unsere zuvorkommenden Gastgeber wollen uns nicht gehen lassen. Nicht ohne Wehmut verabschieden wir uns, um unsere Fahrt wieder aufzunehmen. Wir finden einen idealen Ort, um unsere Wäsche zu trocknen. Ein kleiner Bach, bevölkert von entzückenden Fröschen, fließt inmitten von großen Weizenfeldern dahin. Ein zurückhaltender Schäfer grüßt uns aus der Ferne. Wir essen und schreiben unser Tagebuch unter einer wohlwollenden Sonne. Bald sind unsere Klamotten trocken und wir fahren weiter in dieser gleichförmigen Landschaft. Unerwartet ereignet sich etwas Unerfreuliches: Ein Mann hält auf seinem Traktor an und stellt mir die üblichen Fragen (Woher kommen Sie?, Wohin gehen Sie? ...). Darauf beginnt er, zu zetern, ich verstehe nicht viel, außer dass er in einem sehr aggressiven Ton über die Amerikaner und die Kurden vom Irak herzieht.

Ich nehme meine Brille ab, um ihm zu zeigen, dass meine Augen keine Angst ausdrücken, sondern Gleichgültigkeit und Verärgerung. „Ich bin Franzose, das interessiert mich nicht." Wir fahren wieder weiter.

Wir kommen bei Einbruch der Dunkelheit in einer schmutzigen Stadt namens Silvan an. Nichts inspiriert uns hier, nach Gastfreundschaft zu fragen. Das Personal des Colleges weist uns zurück, und so fahren wir weiter in die Nacht hinein. Ein schwerer Fehler, denn drei Jugendliche befinden sich auf einer Anhöhe über der Straße, welche an dieser Stelle durch eine kleine Schlucht führt. Mit außerordentlicher Gewalt werfen sie Steine auf uns herunter. Ein Stein, groß wie eine Faust, schrammt den Helm von Toni und prallt gegen die Lenkertasche. Ein kleiner Moment der Panik, Toni weint, ich versuche sie zu beruhigen und sie zu überzeugen, dass wir bestimmt in einigen Kilometern bei einer sympathischen Familie in einem kleinen Dorf sein werden.

Glücklicherweise nehmen wir bald einige Lichtpunkte in der Nacht wahr. Ich klopfe an die Türe, eine Frau öffnet. Als ich ihr erkläre, dass ich ein bisschen Türkisch spreche, antwortet sie mir, dass sie Kurden seien und dass ihre Sprache kurdisch sei. Ihre Reaktion bringt mich ein wenig aus der Fassung, trotzdem erlaubt sie uns, unser Zelt neben ihrem Haus aufzubauen und lädt uns danach zum Essen ein. Etwas später betreten ein Dutzend Männer das Eßzimmer, die Frauen gehen mit Toni in einen anderen Raum. Diese Männer besitzen nicht viel, aber alle betrachten mich mit Stolz und stellen mir Fragen voller Selbstsicherheit. Es ist hier besser, kein Amerikaner zu sein ...

Als wir im Zelt sind, stehen wir unter Schock. Es ist nicht das erste Mal, dass man uns seit unserer Ankunft in Kurdistan Steine nachwirft, aber niemals bis jetzt war es wirklich so gefährlich. Ich habe plötzlich Angst, dass die Reise sich in einen Alptraum verwandeln könnte. Die drückende Atmosphäre des Abends, den wir gerade verbracht haben, hilft uns nicht, das Vertrauen und die Zuversicht, die bei solchen Umständen nötig sind, wieder zu finden. Wir schlafen voller Unschlüssigkeit ein. Am Morgen fällt es uns schwer, all diesen Jungen, diesen Frauen, die uns ein bescheidenes Frühstück anbieten, zuzulächeln.

Es sind letztlich die Straße, die Tätigkeiten, die Bewegungen, die uns wieder Kraft verleihen. Aber Toni ist wirklich ein wunderbares Mädchen: Anstatt mir eine Szene zu machen, mir vorzuwerfen, dass es viel zu gefährlich sei, dass die Türken uns davor gewarnt hätten, nach Kurdistan zu reisen, dass sie Angst habe und nicht mehr weiterfahren möchte, erklärt sie mir, dass dies alles auch anderswo hätte geschehen können, Deutschland inbegriffen.

Tatsächlich relativieren wir in unseren Diskussionen nach und nach das Ereignis, nicht die Gewalt der Tat an sich, sondern, dass man auf einer solchen Reise nicht erwarten kann, nur positive Erfahrungen mit den Einheimischen zu machen, insbesondere in Zonen, die bekanntlich so empfindlich wie Kurdistan sind.

Es ist dumm zu glauben, dass alle Menschen auf der Welt nett sind. Eigentlich ist es offensichtlich, auch Episoden dieser Art in ein solches Abenteuer einzukalkulieren. Eine lange Reise bringt zwangsläufig von Zeit zu Zeit unerfreuliche Momente mit sich, aber man muss sie deswegen nicht gleich abbrechen.

Diese Naivität und diese Leichtigkeit im Denken, dass alles perfekt sein wird, haben mich in all den vorhergehenden Monaten begleitet. Die mir nun schonungslos bewusst werdende Erkenntnis über diese Reise, die ich Unbewussterweise zuvor idealisiert hatte, war nicht nur notwendig, sondern heilsam. Wäre ein ähnliches Ereignis erst später oder unter anderen Umständen passiert; ich bin mir nicht sicher, ob es mir gelungen wäre, mich wieder aufzurichten, ob die Enttäuschung nicht zu groß gewesen wäre.

Wir verlassen die grünenden Ebenen und kommen in eine gebirgigere Landschaft, wo viele alte Brücken sind, ähnlich derer im muslimischen Viertel von Mostar. Wir fahren kleine Täler hinauf, von denen eines von einem großen Monolithen überwacht wird, dessen Form mich an die „moais" der Osterinsel erinnert. Wir erreichen den Beginn der langen Steigung, die zum Vansee führt. Wir entdecken einen Sportplatz, bewacht von einem Soldaten, der ohne Zweifel, mit einen Blumenstrauß in der Hand und dem Gewehr über der Schulter, seine Verlobte erwartet. Wir bauen unser Lager hinter den Sanitärgebäuden auf, es gibt fließendes Wasser, alles ist perfekt.

Aber alles war zu perfekt, um wahr zu sein. Eine dreiviertel Stunde später erscheinen drei Polizisten. Glücklich und aufgeregt wie kleine Kinder, die ein neues Spiel entdeckt haben blättern sie unsere Pässe durch. Danach sagen sie uns, dass es nicht möglich sei, hier zu schlafen. Wir wollten gerne wissen, warum. Sie reden einen Moment um den heißen Brei herum, danach lassen sie das Wort „Terroristen" fallen. Wir weisen sie darauf hin, dass doch ein Soldat Wache hält, aber sie erklären uns, dass das nicht ausreichend sei, um unsere Sicherheit zu gewährleisten. Angesichts unserer Weigerung, in ein Hotel zu gehen, laden sie uns ein, die Nacht auf der Polizeistation zu verbringen. Das passt uns nur mittelmäßig, weil wir die fünf Kilometer, die wir gerade heraufgefahren sind, wieder hinunterfahren müssen. Aber wir haben keine andere Wahl, es ist klar, dass sie uns hier nicht campen lassen.

Auf der Polizeistation werden wir dem Chef vorgestellt. Er spricht sehr gut Englisch, weil er drei Jahre lang für die UNO gearbeitet hat. Er lädt uns ein mit ihm zu essen. Die Diskussion, lebhaft und interessant, wird von mehreren Telefonanrufen seiner Untergebenen unterbrochen. Er erledigt die Anrufe zügig, um die Konversation mit uns so schnell wie nur möglich wieder aufzunehmen. Die Kommissariatsräume stehen im Kontrast zu all den bescheidenen Häusern, in denen wir die vorangegangenen Nächte Unterschlupf gefunden haben. Es wird sofort klar, dass für die Polizei in der Türkei enorme finanzielle Mittel bewilligt werden. Man läßt uns in einem kleinen Appartement auf der gleichen Etage schlafen, das den Anschein macht, als wäre es nie benutzt worden.

Ohne die Gefahr, die uns gestern gedroht haben soll, wirklich einschätzen zu können, kommen wir zu dem Schluss, dass sich die „Polypen" hier ganz schön langweilen müssen, denn ein Jeep eskortiert uns eine halbe Stunde lang bis dorthin, wo wir die Wohngegenden gänzlich hinter uns gelassen haben. Endlich sind wir wieder alleine auf der Passstraße unterwegs. Es hatte die vorangegangenen Tage viel geschneit und die Sonne steht so hoch am Himmel, dass die Berge blendend weiß leuchten.

Wir erreichen die Schneefelder auf der Höhe des Passes, und erblicken endlich den Vansee. Wir haben den Eindruck, als ob wir an einem Meeresstrand ankämen. Der Ausblick ist einfach überwältigend! An diesem Abend bewundern wir durch den Zelteingang den See und den Vulkan Nemrut, der die Lichter von Tatvan überstrahlt. Es scheint, als hätten wir es geschafft: Gemeinsam sind wir bis zum Vansee gefahren! Heute Abend schreiben wir lange unsere Tagebücher, es ist ein Augenblick der Ruhe, der Erholung nach all dieser Hektik der vorangegangenen Tage.

In der frischen Luft der Morgenstunden fahren wir weiter, wir folgen kleinen Tälern, an deren Grund kleinen Gebirgsbäche rauschen. Wir fahren durch einige sehr einfache Dörfer mit ihren baufälligen Häusern und ihren schlammigen Straßen. Paradoxer Weise sehen wir, dass auf dem Dach jeder noch so großen „Bruchbude" eine Fernsehschüssel angebracht ist. Wir überqueren einen Pass und tauchen wieder in Richtung des Vansees ab. Wie schön die Berge heute sind! Einige mit großen, weiß strahlenden Hängen, andere steiler und alpiner, mit ihren felsigen Wänden, durchzogen von Rinnen.

Am nächsten Tag kommen wir bei feinem, kaltem Regen in Van an. Schnell finden wir ein Hotel in unserer Preislage. Eine große Erleichterung überkommt mich, als wir die Türe des Zimmers schließen.

Nach all diesen Kilometern, die wir in einem Zug durchgefahren sind können wir uns jetzt einige Tage erholen. Wir beenden den Tag mit zwei Dönern und süßen Backwaren, die wir uns redlich verdient haben. Es bleiben uns noch ein paar Tage, bis Bruno, Manu und Ulrich ankommen. Sie wollen mit mir zwei Wochen lang Skitouren gehen, wohingegen Toni nach Deutschland zurückkehren muss, um ihr Medizinstudium fortzuführen. An einem der verbleibenden Tage besichtigen wir das Schloss von Van, das hochgelegen auf einem Hügel, den See dominiert. Es ist eine zweitausend Jahre alte Festung aus Stampflehm. Mehrere seiner Steinplatten sind mit Keilschrift graviert, eines der ältesten Alphabete der Welt. In der weiten Ebene, die die Befestigungsanlagen umgibt, kann man leicht die Grundmauern von kleinen Häusern, die ehemals die Unterstadt ausmachten, erkennen. Dieser Spaziergang führt uns in eine andere Welt. Man glaubt, das Gemurmel dieser Vielzahl von Männern und Frauen, die an diesem Ort aufeinander gefolgt sind, zu hören. Die Last dieser Leben und dieser Jahre, scheint von diesen Mauern aufgesogen worden zu sein, die der Zeit und der Geschichte standgehalten haben.

Wir greifen wieder zu den Rädern, um die Tour um den See zu machen. Der Vansee, der größte See der Türkei, ist einfach gigantisch, vierhundert Kilometer und ein paar zerquetschte, muss man für die Tour zurücklegen. Wir fahren die von Schilf eingesäumten Ufer entlang, die einen Goldschimmer unter dem Abendlicht annehmen, bis wir zum Fuß des Suphan, dem mehr als viertausend Meter hohen Riesen, gelangen, der über die Wasser des Sees wacht, mal dunkelblau, mal türkis leuchtend.

Ausgerechnet diesen Moment wählt die Felge meines Hinterrades, um zu implodieren, zerfetzt durch einen langen Riß. Es gibt keine andere Lösung, als mit einem Lastwagen bis Tatvan zu fahren. Wir halten den ersten Lastwagen an, sein Fahrer entpuppt sich als unfreundlicher Fiesling. Nachdem er uns eine ordentliche Summe türkischer Lira abgenötigt hat, weigert er sich, uns bis zur Fähre mitzunehmen. Das, was ihn etwa fünf Minuten gekostet hätte, bedeutet für uns eine Stunde Fußmarsch, auf dem ich mein unbrauchbares Fahrrad hinter mir herschleife. Es ist schon ärgerlich, wenn man an all die Lastwagenfahrer denkt, die angehalten haben, als wir noch in

Das Schilf im Licht des Sonnenuntergangs

die Pedale getreten sind und uns vorgeschlagen haben, uns gratis ein Stück mitzunehmen, und deren Dienste wir immer abgelehnt haben.

Nebenbei gesagt, was mir zu dieser Art von Erfahrung einfällt: Es wäre sehr ungerecht, ein ganzes Volk aufgrund des unangenehmen Verhaltens einiger Personen zu stigmatisieren. Ebenso muss man große Naivität besitzen, um einem Land generell aufgrund einiger sympathischer Begegnungen, Güte und Großzügigkeit zuzusprechen. Wir können bezeugen, dass wir in allen Regionen der Welt, die wir durchkreuzt haben, Gastfreundschaft, Humanität und Solidarität vorgefunden haben, ebenso dass es nicht einen Ort auf der Erde gibt, der nicht seine engstirnigen, aggressiven, unehrlichen und hinterhältigen Leute hat – und das unabhängig von Sprache, Herkunft, Nationalität oder Religion. Mit großer Vorsicht kann man allenfalls grobe Tendenzen feststellen, man kann jedoch in keinem einzigen Fall, allgemeine und global gültige Gesetze über diesen oder jenen Volksstamm ableiten. Die menschliche Natur ist zu komplex und zu verschieden, um sich in Stereotypen einsperren zu lassen.

Glücklicherweise erreichen wir den Anlegeplatz gerade noch eine halbe Stunde vor der Abfahrt der Fähre. Diese Überfahrt nach Van hinterläßt in uns eine unvergeßliche Erinnerung, wir haben den Eindruck, auf einem anderen Breitengrad zu sein, da wir große verschneite Fjorde entlang fahren. Es bleibt uns noch eine letzte Herausforderung: die acht Kilometer, die uns vom Hotel trennen. Völlig erschöpft und spät in der Nacht, erreichen wir das Hotel. Als wir ankommen, sprinte ich zur nächsten Telefonzelle, um Manu, der am Abend des nächsten Tages los fliegt, darum zu bitten, mir ein neues Hinterrad zu kaufen.

Dieser letzte Tag auf dem Rad mit Toni spiegelt das Bild dieser sechs gemeinsam verbrachten Wochen wieder: voll von Staunen und Entdeckungen, aber manchmal auch von Qualen und harten Momenten, in allen Fällen aber sehr markant. Nach zweitausend Kilometern ist die spannende Reise für Toni erstmal zu Ende. Von neuem bricht mir das Herz, als ich sie zur Bushaltestelle begleite. Dreieinhalb Monate trennen uns jetzt bis zu ihrem nächsten Besuch in Pakistan. Ich fürchte dies ohne Zweifel mehr, als die Tausende von Kilometern, die mich erwarten. Ich weiß, dass es traurige Abendstunden und schmerzhaftes Erwachen geben wird.

Großartige Skitouren

Es ist beinahe ein Jahr her, als Bruno bei unserer letzten Begegnung verkündet: „Rendezvouz im nächsten Frühling in der Türkei!" Das Rendezvouz hat geklappt, denn es ist er, der mit Manu in Van ankommt, zuletzt schließt sich uns Ulrich an. Sie kommen mit meiner Skitourenausrüstung und einem zwei Kilo schweren Hartkäse, einem „Tomme de Belledonne", der von meinem Vater hergestellt wurde, an. Mit dem Käse, unserem kleinen Mietwagen und unserer unbändigen Lust Ski zu fahren, hätte uns fast nichts mehr aufhalten können!

Unglücklicherweise spielt das Wetter mit vielen Wolken und Schauern über der Vansee Region nicht mit. Wie durch ein Wunder, retten wir trotz all dem die ersten Tage, indem uns der Aufstieg auf mehrere Gipfel mittlerer Höhe gelingt. Aber die sehr pessimistischen Wettervorhersagen für die kommende Woche lassen uns wenig Hoffnung, den Ararat oder den Suphan, unsere vorrangig ins Auge gefassten

Ziele, erfolgreich besteigen zu können. Im Gegensatz dazu ist im Zentrum der Türkei eine große Schönwetterlage angekündigt.

Nach einer schnellen Absprache entscheiden wir uns, ohne länger zu warten, in einem Zug, die achthundert Kilometer zu fahren, die uns von dem Vulkan Erciyes trennen. Es ist 15 Uhr, als wir Tatvan verlassen, wir erreichen unseren Bestimmungsort um 2 Uhr morgens. Bei eisigem Wind errichten wir schnell die Zelte. Nach drei Stunden Schlaf, brechen wir beim ersten Tageslicht in Richtung des explodierten Kraters von Erciyes auf. Der Wetterbericht hat sich nicht getäuscht, es ist wunderschön. Wir gelangen auf den Kamm und erreichen den Gipfel dieses einzigartigen Berges: ein Monstrum, das mit seinen wuchtigen beinahe viertausend Metern aus der Erde der anatolischen Hochebene geschossen ist.

In der Nähe befindet sich das Kalkmassiv von Demirkazik (wortwörtlich übersetzt: Eisenpfähle). Wir wandern drei Tage in Mitten dieser gigantischen Wände, die einen an die Dolomiten erinnern, aber das schlechte Wetter erreicht uns aufs Neue und so kommen wir bei Schnee und Wind auf dem Gipfel von Alaca an.

Die Situation verkompliziert sich: Es ist augenblicklich überall schlechtes Wetter und es bleibt uns nichts anderes übrig, als alles auf eine Karte zu setzen, auf das Massiv von Bolkar, das etwas weiter im Südwesten gelegen ist. Bolkar bedeutet auf Türkisch „viel Schnee". Tatsächlich, als wir am Fuß des Massivs ankommen, schneit es und die Graupelschauer lassen uns nur flüchtig die schönen Gipfel sehen. Der Zustieg scheint lang und unwegsam zu sein.

Zögerlich beraten wir uns was als nächstes zu tun ist und fragen uns, ob es sinnvoll war, hierher gekommen zu sein. Ein Dorfbewohner klopft ans Fenster, und lädt uns zum Tee ein. Er ist Englischlehrer, unser Besuch in dieser Region überrascht ihn. Wir antworten ihm, dass wir Skifahren wollen und lassen ihn an unserer Ratlosigkeit teilhaben. Die Konversation belebt sich und er empfiehlt uns, zum Ende einer Straße zu fahren, wo sich ein zur Hälfte aufgebautes Hotel, befindet. „Dort kann man Skifahren!", sagt er uns. Wir bedanken uns herzlich bei ihm und fahren auf dem beschriebenen Weg weiter. Nach einigen Kilometern mit dem Auto, ist dieser durch eine unüberwindbare Schneeverwehung blockiert. Draußen ist der Wind schneidend kalt und die Schneeflocken trommeln schmerzhaft auf unsere Gesichter. Einmal mehr zögern wir, aber das ständige Hin und Her beginnt uns zu nerven. Letztendlich entscheiden wir uns, die Zelte aufzubauen und vereinbaren, dass wir morgen abhängig vom Wetter, neu entscheiden werden.

Bruno steht zum ersten Mal um 5 Uhr auf, die Gipfel sind verhangen, er legt sich wieder hin, ohne sich zu großen Illusionen hinzugeben. Aber als er um 6 Uhr wieder erwacht, ist wie durch ein Wunder das gesamte Massiv wolkenlos! Wir bereiten uns hastig vor und gehen entlang der Straße los. Wir kommen zu dem Hotel und begreifen erst nun, warum unser Freund von einem „zur Hälfte aufgebauten Hotel" gesprochen hat. Eine gigantische Betonkonstruktion mit unvollendeten roten Ziegelwänden liegt vor uns. Es wirkt wirklich deplaziert hier und man fragt sich, welche Megalomanie die Unternehmer angetrieben hat, einen so großen Klotz in einem Ort wie diesem zu konstruieren.

Wir nehmen ein kleines Tal, das uns zum Fuße einer großen Flanke bringt, welche auf einen schönen Gipfel führt. Durch den Schneefall

Schlechtes Wetter am Gipfel des großen Alaca

und den Wind des Vorabends haben sich Schneebretter gebildet, wir müssen unsere Aufstiegsroute der Situation anpassen, um das Risiko, eine Lawine auszulösen, zu minimieren.

Am Gipfel angekommen, stellen wir fest, dass die meisten der anderen Berge rundherum schon in Wolken sind, zum Beispiel auch der Demirkazik in der Ferne. Wir hatten wirklich Glück, diesen Berg ausgewählt zu haben. Wir vergnügen uns mit einer ersten Abfahrt, um zu Ulrich abzufahren, der heute etwas langsamer Aufgestiegen ist. Der Schnee ist pulvrig, die Abfahrt bestärkt uns und lässt uns unsere Befürchtungen, die Lawinengefahr betreffend, ein wenig verdrängen.

Wir steigen mit Ulrich wieder zum Gipfel auf, ich bleibe ein wenig weiter unten, um Fotos und ein Video zu machen, als ich zu meiner Rechten eine Lawine wahrnehme, die den Abhang hinunterstürzt. Ich haste zu einem Punkt, von dem ich die Situation besser überblicken kann und sehe nach wenigen Sekunden Bruno, weiß von Kopf bis Fuß, neben der Lawine herwedeln. Im Vertrauen bestärkt durch die erste Abfahrt ist er ein bisschen übermütig in einen windgeschützten Hang hineingefahren, aber die Ermahnung kam sofort, glücklicherweise ohne Konsequenz, denn er konnte ganz allein der Lawine entkommen, die ihn für einige Sekunden verschlungen hatte. Das zeigt wieder einmal, dass man im Gebirge immer auf der Hut sein muss. Man darf sich nicht ablenken lassen, weder vom schönen Pulverschnee noch von der prächtigen Landschaft.

Es bleibt uns noch ein Tag für eine letzte Skitour, bevor Manu und Bruno nach Frankreich zurückkehren, und wir entscheiden uns für den Hasan Dagi, einen Vulkan, der inmitten der Hochebene ganz alleine steht. Seine Besteigung schließt diese zehn Tage voller Abenteuer, Spaß und atemberaubender Berge, würdevoll ab. Dann geht jeder wieder seiner Wege, Ulrich fährt zurück nach Antalya, Manu und Bruno müssen nach Van, um ihr Flugzeug am nächsten Morgen zu nehmen. Die eintausendzweihundert Kilometer Autofahrt bis Van, die sie erwartet, erfordert, dass sie die ganze Nacht durchfahren. Sie erreichen Van nur einige Stunden vor dem Abflug des Flugzeugs! Was mich betrifft, ich befinde mich entlang einer Nationalstraße, um per Anhalter nach Ankara zu kommen.

Die Zeit des Umherirrens

Dieser Umweg nach Ankara ist notwendig, um ein Visum für den Iran zu bekommen. Ein Lastwagenfahrer nimmt mich bis dorthin mit und ich verbringe die Nacht in einem heruntergekommenen Hotel. Eine Dusche und schon bin ich am nächsten Morgen in der iranischen Botschaft, um meinen Visumantrag zu stellen. Das Urteil fällt: zwei Wochen Wartezeit.

Ich rufe Ulrich an: „Allo Sürom?"

„Salut Ladzon!"

„Das iranische Visum dauert fünfzehn Tage! Hast du Lust mit mir eine knappe Woche den Lykischen Weg entlang zu wandern?"

„Aber klar doch!"

Ich lege auf und zwei Minuten später sitze ich in einem Bus nach Antalya, wo ich am Abend ankomme. Welch unglaublicher Schritt zurück! Aber er erweist sich als lohnend: der Lykische Weg ist ein langer Fernwanderweg, der Antalya mit Fethiye verbindet. Manchmal führt er durch die Berge, meistens aber an der Küste entlang. Auf ihm finden sich zahlreiche archäologische Stätten, mit Überresten aus der lykischen Zivilisation, die entlang der türkischen Küste im zweiten Jahrhundert nach Christus lebte. Die meisten davon sind noch nicht restauriert oder werden nicht auf irgendeine Art und Weise gepflegt. Mitten auf einer Lichtung tauchen plötzlich Säulen, Grabmälern und gravierte Steinplatten, mit Malteserkreuzen und Inschriften auf Altgriechisch auf.

Fünf Tage lang streifen wir umher in diesen Zedern- und Pinienwäldern, in den Wiesen voller wilder Tulpen und Margeriten, an den felsigen und zerklüfteten Küsten, entlang eines türkisen Meeres. Zelt haben wir keines dabei, sondern wir verlassen uns auf die Gnade des blauen Himmels der türkischen Küste und hoffen, dass unser Ausflug nicht zur Plackerei wird. Bis auf einige kurze Schauer begleitet uns die ganze Zeit das schöne Wetter und am Abend zünden wir ein kleines Lagerfeuer an, um unser Brot zu grillen. Danach strecken wir uns unter dem Sternenhimmel aus und zählen die Sternschnuppen, um einzuschlafen.

Für Ulrich und mich ist es nun an der Zeit, Abschied zu nehmen, denn er kehrt über den Balkan per Anhalter nach Frankreich zurück, und ich begebe mich wieder in das Zentrum der Türkei, dieses Mal nach Kappadokien.

Herrliches Kappadokien! Diese kleine Region ist berühmt geworden wegen seiner unzählbar vielen geologischen Formationen in den unvorstellbarsten Formen. Viele der sandigen Bergspitzen beherbergen übrigens mehrere Jahrhunderte alte Wohnstätten von Höhlenbewohnern oder sogar ganze unterirdische Siedlungen von gewaltigem Ausmaß. Trotz des touristischen Ansturms, der jeden Sommer stattfindet, bestellen die Einwohner nach wie vor ihre kleinen Felder, auf denen eine Vielzahl von Landschildkröten in prähistorischem Rhythmus umhertrottet. Ich spaziere also vier Tage lang zwischen blühenden Apfelbäumen in dieser märchenhaften Kulisse herum und verbringe ebenso viele Nächte in den dortigen Höhlenwohnungen.

Eines Tages verirre ich mich in einem kleinen Tal und muss durch eine steile und eingezwängte Felsenschlucht absteigen. Der Abstieg, wird immer riskanter und führt mich zu einem unüberwindbaren Felsüberhang. Es gibt keine andere Wahl als umzukehren. Das kündigt sich als mühselig und schwierig an. Plötzlich entdecke ich zu meiner Linken ein Fenster, das in den Felsen geschlagen ist. Ich wage mich dort hinein und finde mich in einem weitläufigen Saal wieder. Indem ich mich langsam vorwärts taste, entdecke ich eine große Wendeltreppe, die mich hinab führt bis zu dem kleinen Tal, das ich zu erreichen versuchte. Ich bin fasziniert von der Herkulesarbeit, die hier vor siebzehn Jahrhunderten mit bloßen Händen geleistet wurde.

Es ist bereits an der Zeit, mein iranisches Visum in Ankara abzuholen. Ich kehre per Anhalter dorthin zurück. Für die dreihundertfünfzig Kilometer, die mich von der türkischen Hauptstadt trennen, brauche ich einen Tag. Auch wenn Autostop-Fahren ein ökonomisches Mittel ist und verglichen mit dem Fahrrad, auch um einiges schneller geht, hat es mich nach kurzer Zeit ziemlich genervt. Man muss viel Geduld beweisen, um nicht mit ausgestrecktem Daumen entlang der Straße in depressive Stimmung zu geraten, wenn einen niemand mitnimmt.

Als ich am nächsten Morgen im iranischen Konsulat ankomme, muss ich die Enttäuschung hinnehmen, dass es keine Neuigkeiten aus

Teheran bezüglich des Status quo meines Antrags gibt. Es ist Mittwoch; Donnerstag und Freitag sind arbeitsfreie Tage im Iran, das Konsulat ist Samstag und Sonntag geschlossen. Es bleibt mir nichts anderes übrig, als am Montag wieder zu kommen, um zu sehen, ob es etwas Neues gibt. Die Frage, ob ich das Visum in Erzurum, einer Stadt nicht weit von Van gelegen, erhalten kann, wird bejaht.

Ich nutze den Tag, um mein Visum für Pakistan zu erhalten, und nachdem ich nichts mehr in Ankara zu tun habe, nehme ich den Bus nach Erzurum.

Dort wäre auch nicht wirklich viel zu tun, wenn es nicht eine kleine Skistation gäbe, die sich direkt über der Stadt befindet, und die gerade an diesem Wochenende wieder eröffnet wird. Ich bleibe zwei Nächte in einem dieser billigen Hotels, die man in der Türkei findet. Im Gemeinschaftsraum gammeln die anderen Hotelgäste herum, oft Junggesellen, nicht ganz richtig im Kopf, die ununterbrochen rauchen. Die Luft ist dermaßen verqualmt, dass sie im Raum steht. Schnell gehe ich in mein Zimmer, aber als die Nacht kommt, erfüllen erregte Stimmen, hysterische Schreie, heftige Auseinandersetzungen die Gänge, die Türen knallen, das Gelächter von Irren erschallt – wie deprimierend! Die folgenden Nächte ziehe ich es vor, aus der Stadt heraus zu kommen und lieber im Gebirge zu biwakieren, als unter den Tobsuchtsanfällen anderer Pensionsgäste zu leiden.

Am Montag hat das Konsulat in Erzurum keinerlei Information in Bezug auf meinen Visumantrag. Ich telefoniere also nach Ankara:
„Guten Tag, Herr Truc-Vallet, wo sind Sie?"
„Ich bin in Erzurum, könnten Sie mir sagen, wie der Stand bezüglich meines iranischen Visums ist?"
„Rufen Sie in einigen Stunden wieder an!"
Ich rufe einige Stunden später an, immer noch keine Neuigkeiten …
Die Situation klärt sich am Dienstag, die Antwort aus Teheran ist positiv. Das Personal in Ankara sagt mir, dass ich mein Visum morgen im Konsulat von Erzurum abholen könne. Am Mittwoch stürze ich zum Konsulat, klingle am Empfang, nachdem ich wie gewöhnlich eine gute Stunde gewartet habe, bis irgendeiner kommt, frage ich nach meinem Visum. Ich weiß, dass ich heute das Visum einfordern muss, denn das Konsulat von Erzurum ist Donnerstag, Freitag und Sonn-

tag geschlossen. Nach einer erneuten Wartezeit kehrt der Angestellte zurück: „Es ist heute unmöglich, kommen Sie am Samstag wieder."
„Aber warum? Ankara hat es mir für heute zugesichert und ..."
„Ja, aber heute sind wir sehr beschäftigt, kommen Sie am Samstag wieder!"

Ich bin verärgert. Ich habe wirklich Lust, alles hin zu schmeißen und nach Hause zu fahren, diese Warterei hat meine Moral gebrochen. Die Zeit ist zu meinem schlimmsten Feind geworden.

Für gewöhnlich laufe ich der Zeit hinterher, im Moment ertrinke ich an ihr. All diese Minuten, die nicht vorübergehen wollen, rauben mir den Atem. Total genervt gehe ich unter strömendem Regen zur Haltestelle und besteige ohne nachzudenken den ersten Bus nach Trabzon am Schwarzen Meer.

Es regnet die gesamte Fahrt, irgendwann realisiere ich, dass ich um Mitternacht in Trabzon, einer großen mir unbekannten Stadt, ankommen werde. Dort werde ich mich wieder durchschlagen müssen, um einen Schlafplatz für die Nacht zu finden. Ich habe keine Lust mehr ...

In Trabzon irre ich vom Zufall geleitet, durch die Straßen, um ein Hotel zu suchen. Erst nach einiger Zeit wird mir klar, dass ich zu weit vom Zentrum entfernt bin. Ich gebe die Idee auf, ein Zimmer für diese Nacht finden zu wollen und erblicke ein brach liegendes Grundstück, das sich neben einer Schnellstraße befindet. Ich richte mich dort ein, um unter freiem Sternenhimmel zu schlafen. Zum Glück lässt der Regen etwas nach.

Beim Aufwachen bin ich über die ganze Vegetation erstaunt, die mich umgibt, über dieses zarte Grün, das so charakteristisch für den Frühling ist. Von den Blättern rinnt der Morgentau und eine fröhliche Sonne versucht ihn aufzuschlecken. Ich schlendere die Promenade entlang, mehrere Jungen toben auf dem Schiffsanlegeplatz herum. Schließlich ziehen sie sich aus und springen ins Wasser. Trabzon ist eine Art orientalisches „Valparaiso": Das Meer ist von Hügeln umgeben, welche von kleinen bunten Häusern gesäumt sind. Ich steige gemütlich die Gassen hinauf, die Ruhe des Viertels wird durch nichts als von den Tratschereien der Frauen und vom Geplärr der Kinder gestört. Auf dem höchsten Punkt der Stadt eröffnet sich mir ein weites Panorama, die Wohnhäuser scheinen ins Meer zu purzeln. Aus der

Stadt dringt ein diffuses und dampfendes Geräusch nach oben, das perfekt mit den leichten Dunstwolken, die am Horizont dahinsegeln, harmoniert.

Ich setze meinen Weg an den Ufern des Schwarzen Meeres fort. Wenn auch seine Strände nicht mit denen des Mittelmeeres mithalten können, sind im Gegensatz dazu die kleinen von der Küste aufsteigenden Hügel, die es umgürten, sehr grün, bedeckt mit Wäldern, Nussbäumen oder Teeplantagen. Ich biwakiere erneut in einem Nussbaumwald und kehre danach über die hohen Berge von Kackar per Anhalter nach Erzurum zurück. Die großen Nadelwälder lassen den sehr steil gelegenen Almwiesen Platz, an deren Hänge sich Holzhütten schmiegen. Hier sieht es wie auf einer Postkarte aus den Alpen vor hundert Jahren aus. Für Mitte Mai sind die Schneemassen beeindruckend: Beim Überqueren eines Passes, der auf zweitausendsechshundert Metern liegt, fahren wir an Schneemauern von mehr als zwei Metern Höhe entlang.

Ich komme pünktlich am Samstagmorgen im iranischen Konsulat an. Nach der üblichen Wartezeit kommt ein Angestellter, den ich nie zuvor gesehen habe. Ich unterrichte ihn über meine Situation, er gibt mir drei Blätter zum Ausfüllen, dieselben, die ich fünfundzwanzig Tage vorher ausgefüllt habe, und verschwindet mit meinem Reisepass. Ich bin verdutzt! Hat er wirklich verstanden, dass ich komme, um mein Visum abzuholen und nicht, um einen neuen Antrag zu stellen? Ich beginne zu zweifeln. Werde ich meinen Kopf eines Tages aus dieser bürokratischen Schlinge heraus ziehen können? Aber entgegen jeglicher Erwartung kommt der Angestellte eine viertel Stunde später zurück und streckt mir meinen Pass mit dem verdammten iranischen Visum, dem Stempel und der Unterschrift des Konsuls entgegen. Welche Erleichterung! Ich springe in den ersten Bus Richtung Van, wo mein Rad sich schon seit einem Monat langweilt. Als ich die Ereignisse der letzten Wochen dem Empfangschef des Hotels erzähle, lächelt dieser nur und sagt: „Iranisches System!"

Ich entscheide mich für den direktesten Weg in den Iran: die Straße entlang der Eisenbahn. Welch ein Irrtum, das ist eine morastige Sackgasse! Nach dem überbordenden Grün des Schwarzen Meeres wirken die ausgedehnten und baumlosen Wüsten des anatolischen Hochplateaus trist und kahl. Einzig ein paar Seen und ihre Enten bringen ein wenig Leben in diese graue und schmutzige Landschaft. Als mich ein junger Kurde am Straßenrand sieht, fuchtelt er wie wild mit den Armen herum. Ich halte an und als ich ihm erkläre, dass ich mit dem Fahrrad in den Iran fahre, schreit er „Maşallah", was wörtlich übersetzt „Allah, der Beschützer" heißt, aber oft gebraucht wird, um Bewunderung auszudrücken. Als ob er sich davon überzeugen wolle, dass ich kein Phantom bin, befingert er voller Aufregung mit eifrigem Interesse meine Satteltaschen.

Ganz am Ende des Tages erreiche ich die Grenze, wo ich von einem Dutzend wild gestikulierender und spottender Soldaten empfangen werde. Sie geben mir zu verstehen, dass ich nicht berechtigt bin, die Grenze hier zu überqueren. Ihr Chef erscheint und ordnet seinen Untergebenen an, mich und mein Gepäck zu durchsuchen. Anschließend weist er mich an, nach Van zurückzukehren. All das vermittelt mir ein ziemlich erbärmliches Bild von der türkischen Armee. Man muss dazu sagen, dass dies ein reichlich undankbarer Einsatzort ist und dass sie bestimmt nicht ihre Elite dorthin schicken. Ich habe immer noch nicht verstanden, warum ich hier nicht in den Iran einreisen durfte, zumal ein Deutscher es ohne jegliche Probleme getan hat, indem er den Zug nahm.

Es wird schon dunkel und ich muss noch zwanzig Kilometer fahren, um zum letzten Dorf zurück zu kommen. Glücklicherweise kann ich auf die kurdische Gastfreundschaft zählen.

Ein Salat, eine Gemüsesuppe, Brot, ein Bett ... dieser Mann, Vater von neun Kindern, empfängt mich, als ob ich sein Sohn sei.

Durch eine Abkürzung in Richtung Norden, erlange ich die Straße nach Dogubayazit, ohne erneut durch Van fahren zu müssen. An diesem letzten Abend in Kurdistan ergibt es sich, dass der Neffe meines Gastgebers fließend Englisch spricht, da er in einem Hotel in Istanbul gearbeitet hat. Er ist heimgefahren, da er in einigen Tagen seinen Militärdienst antritt. Er lässt seinem Groll gegen die Türkei freien Lauf. Er wolle, dass die Kurden über einen eigenen Staat verfügen, in dem sich türkische, iranische, irakische und syrische Kurden zusammenfinden. Er ist erbittert über die politische Macht der Türkei, die sein Volk seit der Erschaffung des türkischen Staates 1920 unterdrückt. Viele

Kurden teilen diese Meinung. Um sich davon zu überzeugen, genügt es schon, das fast komplette Verschwinden der Portraits von Atatürk, im Westen verherrlicht, im Osten verachtet, festzustellen.

Der Berg Ararat, der sich uns aufgrund ungünstiger Wetterbedingungen während unserer Skitourensession verweigert hat, taucht plötzlich vor mir auf. Ein wahrhafter Riese, der mit mehr als dreitausend Metern die Ebene überragt. Er hat übrigens auf Türkisch einen anderen Namen, nämlich: „Ari Daği", der Berg des Leidens. Das Leiden der Armenier, die während des ersten Weltkrieges massenweise deportiert wurden, leiden im Bewusstsein dessen, dass ihr geheiligter Berg, an dem gemäß der Legende die Arche Noah gestrandet ist, sich von nun an auf türkischem Boden befindet. Sie können das Symbol ihrer nationalen Identität nur mehr aus der Ferne betrachten.

Den kurdischen Jugendlichen fehlt es, wie gewöhnlich, ganz fürchterlich an Erziehung und Respekt: Gebrüll, Spott, Beleidigungen, manche warfen mit Steinen und Stöcken nach mir. Ich bin nicht unglücklich darüber, das türkische Kurdistan zu verlassen. In all diesen feindlichen und unliebsamen Reaktionen sehe ich vor allem den Ausdruck des Unmutsgefühls des kurdischen Volkes. Dies ist zweifellos verknüpft mit der Aberkennung ihrer Identität durch Ankara, eine Leugnung, die im Augenblick keine andere Antwort findet, als die Widerstandsarmee der PKK, die kurdische Arbeiterpartei, eine terroristische, nach Unabhängigkeit strebende Organisation.

An der Grenze sagt mir der Grenzbeamte, dass ich mehr als drei Monate in der Türkei war! Sicher, aber ich bin zwischendurch in den europäischen Teil Zyperns eingereist. Logisch, dass mein Reisepass keinen Stempel dafür ausweist, das ist vollkommen normal, denn schließlich bin ich Bürger der Europäischen Union. Er scheint mir nicht zu glauben, denn er beginnt in alle Richtungen zu telefonieren.

Gerade als ich ihm ein kleines Stück Papier reichen möchte, das mir die zypriotisch-türkischen Zöllner anlässlich der Einreise in den unabhängigen Teil Zyperns ausgehändigt hatten und das ich gewissenhaft aufbewahrt hatte, kommen zwei iranische Busse an. Der Zöllner hat nun erst einmal hundert Pässe zu stempeln. Zwei Stunden später, als die Iraner abgefahren sind, zeige ich ihm das Papier. Schließlich willigt er ein und stempelt meinen Pass.

Der Berg Ararat, davor ein kleines kurdisches Dorf

In der steuerermäßigten Grenzzone bieten mir die Männer, die sich mit Tesafilm die neu erstandenen Hemden um die Oberschenkel wickeln oder sich in drei neu gekaufte Jeans übereinander hineinzwängen, um ohne Probleme durch den iranischen Zoll zu kommen, ein reichlich groteskes Schauspiel. Ein Schwarm von Schwarzgeldwechslern verfolgt mich. Die Formalitäten auf der iranischen Seite sind viel schneller erledigt, ich wechsle fünfzig Euro in der Bank und verlasse das Zollgebäude.

Hiermit endet also dieser lange Aufenthalt in der Türkei: in einem Land, das in mir die Erinnerung grundlegender Unterschiede zwischen einer westlichen Türkei, die zwar schon vom Orientalismus angehaucht, aber deren Lebensart und deren Entwicklungsstand ähnlich denen Griechenlands ist, und einer östlichen Türkei, fundamental orientalisch, mit sozialen Grundlagen und Werten, die gänzlich verschieden von den unseren sind.

Im Reich des schwarzen Goldes

Nun bin ich also endlich im Iran, welche Erleichterung nach dieser frustrierenden und schwierigen Situation in Erzurum! Endlich kann ich wieder richtig Gas geben, aber leider bin ich hier nicht der einzige, der Gas gibt. Ich bin überrascht von dem bemerkenswert guten Zustand der Straßenbeläge, aber noch mehr von der Verkehrsdichte und der Gefährlichkeit des Straßenverkehrs. Die Iraner fahren wie die Wahnsinnigen an der Grenze der Möglichkeiten ihres Fahrzeugs und der Benzinpreis (sieben Cent pro Liter) regt sie nicht gerade dazu an, ihr Tempo zu reduzieren oder ein bisschen weniger zu fahren. Im Vergleich dazu scheinen die Türken übervorsichtig zu sein.

Es ist eine große Erleichterung für mich, dass die Hirten mich hier nur unaufdringlich grüßen und mir ein großherziges Lächeln schenken, anstatt mir Steine nachzuwerfen. Wie schätze ich ein wenig Höflichkeit, nach all diesen unerfreulichen Erfahrungen in der Osttürkei! Ich fahre durch Maku, eine Stadt, die erstaunlicherweise in einem Canyon errichtet wurde. Die Hauptstraße, in der Geknatter, Gehupe

Der Bazar

und Geschrei widerhallen, ist eine endlose Aneinanderreihung von kleinen Verkaufsständen. Es ist der „Bazar", im eigentlichen wie im übertragenen Sinne. Im Iran gibt es keinen einzigen Supermarkt. Um sich zu versorgen, geht man auf den Bazar. Man muss im Allgemeinen mehrere Stände in Augenschein nehmen und auf den Regalen, welche die Wände vom Boden bis zur Decke völlig bedecken, nach dem suchen, was man braucht. Wenn einen dieses System auch anfänglich etwas aus der Fassung bringt, schätze ich es schließlich doch wegen der bunten Stände, der großen Jutesäcke, gefüllt mit Gewürzen, Reis oder Linsen, in die der Verkäufer ein Eisenschäufelchen taucht, um seine Kunden zu bedienen, wegen der Tafelwaagen und dem Lächeln der Händler.

Als ich ein wenig abseits der Straße esse, sehe ich einen anderen Radreisenden, ich schreie, ich brülle, er nimmt mich wahr und steigt ab. Ich sehe ihn herankommen mit seinen staubigen Satteltaschen, seinem langen Bart und seinem Turban. Es ist Horst. Horst ist ein Deutscher, reist aber mit einem australischen Pass. Er ist auf der Rückreise aus Indien, wo er zwei Jahre in einer Sekte von Fakiren verbracht hat.

Er kehrt nach Deutschland zurück, es ist das vierte Mal, dass er diese Route mit dem Fahrrad macht, um „sich die Zeit zu nehmen, zu sich selber zu finden", wie er sagt. Er wählt immer den direktesten Weg, das heißt immer den gleichen. Wir tauschen gegenseitig Tipps über die Strecke aus. Anschließend frage ich ihn, was ihn zu dieser Sekte von Fakiren in Indien geführt habe. Er erzählt mir darauf von seinem Schicksal: Ein junger indischer Sadhu habe ihm, als er einundzwanzig Jahre alt war, aus der Hand gelesen und ihm vorhergesagt, dass er zwölf Jahre später einen Unfall haben werde und erst mit vierzig Jahren seinen wahren Weg finden werde. Mit dreiunddreißig Jahren hatte er ein schwerwiegendes Problem mit einem Knie, und mit vierzig Jahren sei er, sich in seinem Dasein ein wenig verloren fühlend, nach Indien zurückgekehrt, wo er die Bekanntschaft mit dieser Sekte von Fakiren gemacht habe.

Um seine Erzählung zu untermauern, zeigt er mir Fotos von seinem Guru und anderen Mitgliedern der Sekte, ein wenig wie ich es mache mit den Fotos meiner Familie, die ich mit mir trage. Zuerst zeigt er ein Foto eines Mannes, der seinen Arm seit drei Jahren hoch hält, so dass der Arm verkümmert ist, dann das eines stehenden Mannes, der sich seit zehn Jahren weder ausgestreckt noch hingesetzt hat – er schläft sogar im Stehen. Angesichts meiner Überraschung, fügt er hinzu, dass eine beträchtliche Anzahl von Leuten, die diese Art der Erfahrung suchen, es nicht mehr ertragen können und Selbstmord begehen, wohingegen diejenigen, die dem Versuch standhalten, anschließend kommunizieren können, ohne zu sprechen, einfach durch zerebrale Energie. Er raucht einige Joints während er mir das alles erzählt, zuletzt meint er: „Ich glaube daran, dass es Menschen gibt, die auf dem Wasser gehen können oder in Indien zwei- oder dreihundert Jahre alt werden." Darauf fährt er weiter und schickt mir als Zeichen des Abschiedes einen Stoß mit seinem Nebelhorn. Von all diesen Begegnungen mit Menschen aus dem Westen sind es immer die mit den anderen Radreisenden, die für mich am interessantesten sind, und diese war wirklich außergewöhnlich.

Im nordwestlichen Teil des Irans leben viele Aserbaidschaner, die eine Sprache türkisch-mongolischen Ursprungs sprechen, welche dem Türkischen sehr ähnelt. Es wäre also ziemlich einfach, miteinander zu kommunizieren. Dennoch habe ich an diesem Abend, als ich von Ali eingeladen werde, nicht das Glück der einfachen Kommunikation, denn er ist Perser und spricht deshalb nur „Farsi". Ich folge ihm durch ein Gewirr von Straßen, anschließend treten wir in den geschlossenen Hof des Hauses der Familie ein. Es gibt keine offenen Plätze im Iran, jedes Eigentum, und sei es noch so bescheiden, ist von einer hohen Mauer, aus Erde erbaut, umgeben. Drinnen verbringe ich den Abend mit ihm, seinen zwei Brüdern und seinem Neffen. Meine Lenkertasche scheint sie zu begeistern. Sie wühlen darin herum wie kleine neugierige Tiere, falten meine Landkarten auseinander, betrachten etwa zwanzig Minuten lang mein Tagebuch und wollen eine unbeschriebene CD in ihr DVD Lesegerät einlegen.

Darauf packen sie alles wieder in die Satteltasche zurück, natürlich muss ich eingreifen, um die Karten zusammenzufalten, denn sie finden niemals die richtige Knickrichtung. Jedes Mal wenn ein Cousin hinzukommt, beginnt der Zirkus von neuem, sie kramen wieder alles hervor und graben noch ein wenig tiefer in meiner Tasche um eine

Stirnlampe oder ein Kabel für den Fotoapparat heraus zu hohlen. Ich verstehe nichts von dem, was sie mir sagen, dennoch sprechen sie unaufhörlich auf Persisch auf mich ein. Wenn ich versuche, ihnen etwas zu sagen, scheinen sie mich ebenfalls nie zu verstehen und spaßig blödelnd wiederholt der Neffe meine Worte, ein regelrechter Sketch!

Alle diese Szenen sind durch mehrere Teepausen und durch eine Mahlzeit unterbrochen, die mit unendlicher Trägheit serviert wird. Sie haben wirklich alle Zeit der Welt, die Iraner. Man stopft mich voll wie eine Gans, bis sie sicher sind, dass ich nichts mehr hinunter bringe, außer einiger zusätzlicher Tassen Tee natürlich! Endlich gehen wir schlafen. Es ist wirklich spät, als einige Matratzen auf dem Teppich des Esszimmers ausgebreitet werden. Die drei Brüder leisten mir selbst beim Schlafen Gesellschaft – Pech gehabt, denn einer von ihnen schnarcht gewaltig und ausgerechnet der schläft vor mir ein. Ich schubse ihn ein wenig, damit er sich umdreht und das Schnarchen ein bisschen nachlässt.

Ich setze meine Reise inmitten von Blumenfeldern und großen Getreideanbauflächen fort. Die Iraner lieben „das Frühstück im Grünen", aber natürlich nur mit islamischen Schleier. Man muss dazu sagen, dass sich die Fülle und die Schönheit ihrer Obstgärten sehr gut dafür eignen. Es sind ganze Familien, die am Freitag unter den blühenden Apfelbäumen Brotzeit machen. Obwohl ich stets versuche, die Straßen zu nutzen, welche am wenigsten frequentiert sind, komme ich manchmal nicht darum herum, jene zu befahren, welche ich die „Straßen des Todes" getauft habe. Es handelt sich dabei um schmale Landstraßen ohne Standspur, auf denen der Verkehr unablässig tobt. Es ist einfach erschreckend mit anzuschauen, wie sich die Iraner unaufhörlich mit halsbrecherischer Geschwindigkeit gegenseitig überhohlen und wie die Wahnsinnigen dahin rasen. Ich muss also so nahe wie möglich an der weißen Linie entlang fahren, ohne einen Schlenker zu tun, denn es gibt keine zweite Chance.

Viele Leute fantasieren über die Risiken, die eine solche Reise birgt: tollwütige Hunde, bewaffnete Überfälle, Geiselnahmen, tropische Krankheiten, Attentate und weil ich eben so viel Zeit im Gebirge verbracht habe, Lawinen, Schneestürme, Steinschlag oder herabstürzende Eisbrocken.

Wenn auch die vorab genannten Gefahren real existierend sind, ist die größte Gefahr, die hinterhältigste, die der ich am meisten ausgesetzt bin, ohne jeglichen Zweifel, der Straßenverkehr. Es ist unbestritten ruhmreicher, am Grund einer Gletscherspalte zu sterben als von den Reifen eines Lastautos zerquetscht zu werden. Aber es ist viel mehr diese zweite Bedrohung, der man täglich ausgeliefert ist und vor der es gilt sich zu schützen.

Der Urmiasee ist noch viel größer als der Vansee, aber seine Ufer sind von einer außergewöhnlichen Hässlichkeit. Der Salzsee scheint in letzter Zeit ziemlich von seiner ursprünglichen Größe eingebüßt zu haben, so dass seine Ufer über mehrere hundert Meter Schlammfeldern gleichen. Kaum nimmt man in weiter Ferne eine fahlblaue Spiegelung wahr.

Ich erbitte eines Abends die Gastfreundschaft einer Bauernfamilie. Als sie mir den Platz zeigen, wo ich mein Zelt aufbauen kann, hält ein Polizeiwagen an. Nachdem er meinen Pass inspiziert hat, mehr aus Neugierde als um mich zu kontrollieren, gibt mir der Polizist zu verstehen, dass es einen besseren Ort zum Campen gebe, ohne dass ich begreifen kann, worum es sich handelt. Ich schaue zu der Familie, die mir ebenfalls signalisiert, dass ich dem Polizisten folgen soll. Sie sind sichtlich verdrossen darüber, eine so schöne Gelegenheit der Abwechslung, schwinden zu sehen. Ein Europäer auf dem Fahrrad, der an ihre Türe klopft, das kommt nicht alle Tage vor!

Ich folge also dem Polizeiauto, das mir bis zur Moschee vorausfährt und errichte dort mein Zelt unter den Blicken von ca. dreißig Neugierigen, die sich um das ungewöhnliche Lager tummeln. Aref, ein junger Student, der Englisch spricht, kommt auf mich zu. Er beginnt jede seiner Fragen mit: „Entschuldigen Sie, verzeihen Sie, ich bin beschämt Sie zu stören, und alle hier schämen sich, also entschuldigen Sie, verzeihen Sie."

Nachdem die Frage gestellt und die Antwort gegeben ist, übersetzt er für die Runde. Darauf folgt eine Periode von Verhandlungen, offensichtlich um sich über die neue Frage, die zu stellen ist, zu einigen. Schließlich legt er erneut los: „Entschuldigen Sie, verzeihen Sie´..." Auf diese Weise schreitet die Unterhaltung nur langsam voran, aber die Leute zeigen sich mir gegenüber voller Achtung und Höflichkeit.

Ebenso wie sich die Iraner wie wahrhaft Kriminelle am Steuer verhalten, scheint ihre Höflichkeit nichts Vergleichbares auf der ganzen Welt zu haben: Die äußerste Zuvorkommenheit und die ausufernde Ehrerbietung, welche die Iraner an den Tag legen, führen manchmal zu einer peinlichen Unterwürfigkeit, aber es wäre sehr ungeschickt, sich anmerken zu lassen wie einen diese nervt. Es ist wahrlich ein grundlegender Zug ihrer Zivilisation, weshalb jeder im Iran den Witz der Zwillinge kennt, die mehrere Jahre im Bauch ihrer Mutter blieben, weil jeder von ihnen dem anderen den Vortritt lassen wollte und sie diese Bitte aus Höflichkeit bis ins Unendliche wiederholten.

Es dauert gut eine Viertelstunde, um mir zu verstehen zu geben, dass sie wollen, dass ich am Morgen des folgenden Tages das Bad von Mahmud Abad besuche. Anschließend ziehen sie sich zurück, nicht ohne sich erneut mehrmals zu entschuldigen, dass sie mich belästigen und mich nicht ausruhen lassen, obwohl ich doch sicher sehr müde sein müsse. Wenn sie nur wüssten, was mich wirklich ermüdet! Das zur Debatte stehende Hammam stammt aus dem sechsten Jahrhundert, liegt unterirdisch und wird von einer Thermalquelle gespeist. Es ist dies, eines der zahlreichen Zeugnisse aus den fünftausend Jahren, die die persische Kultur aufweist. Ein Erbe, auf das die Iraner sehr stolz sind und auf das sie zu Recht Anspruch erheben.

Ich fahre ein kleines Tal mit einem bezaubernden Bächlein, mit Weiden, Pappeln und kleinen Obstgärten hinauf. Ich sehe auch einige Köhler mit rauchgeschwärztem Gesicht, die sich rund um ihre heißen Öfen beschäftigen. Ich erreiche eine weite Ebene, Schäfer lassen ihre Herden auf diesen Weideflächen grasen. Man ahnt wegen der Auffaltungen des Reliefs, dass eine Vielzahl von Tälern, ähnlich dem, das ich gerade hochgefahren bin, dazwischen liegen muss. Ich profitiere vom Bach, der am Grunde eines dieser Täler entlang rinnt, indem ich ein Bad nehme. Das Wasser ist lauwarm, erwärmt von der Sonne, die jeden Tag großzügiger und glühender wird. Hier und da ein Dorf aus kleinen Lehmhäusern, das sich so gut an die umgebende Landschaft anpasst, dass man es fast nicht bemerken würde, wenn man ein wenig gedankenverloren ist.

Ich halte in einem von ihnen an und komme zufällig zu einem Haus, das mir anfangs von leicht „Schwachsinnigen" bewohnt scheint.

Hassan, der Vater, wirft mir einen schielenden Blick zu, verbunden mit leichten Kopfbewegungen, wohingegen sein Sohn von verrückten Lachanfällen geschüttelt wird, als er mich sieht. Er trägt ein hässliches Tattoo mit „love" auf dem Unterarm und stinkt mehrere Meter gegen den Wind nach Alkohol. Offensichtlich ist ihm der Mix aus Wodka und Opium nicht gut bekommen. Ich richte mich bereits darauf ein, einen anstrengenden Abend zu verbringen, als mehrere bedeutende Persönlichkeiten des Dorfes aufkreuzen: zwei Männer um die Fünfzig mit intelligenter Miene, und ein Student mit Hemd, der ein annähernd verständliches Englisch spricht. Sie bringen mir aus der benachbarten Schule einen Tisch und einen Stuhl herbei. Wie ich das schätze, nach all diesen Abenden auf dem Boden sitzend, auf dem Teppich eines Esszimmers oder im Zelt!

Es scheint mir, dass man es seit seiner Kindheit gewohnt sein muss, auf dem Boden zu sitzen, um sich nach mehreren Stunden nicht vor Schmerzen wie zerschlagen zu fühlen. Ich habe mir oft darüber Gedanken gemacht seitdem ich weggefahren bin: Die größte körperliche Herausforderung ist momentan nicht, einhundert Kilometer am Tag zu radeln, sondern die Zeit zu überstehen, während der Stunden, die man auf den Knien, zusammengekauert, halb ausgestreckt oder im Schneidersitz verbringt. Keine von allen diesen Positionen, die ich ausprobiert habe, war je optimal und von Gliederschmerzen geplagt, ist es wie eine Befreiung für mich, wenn ich mich nach einem langen Abend endlich schlafen legen kann.

Die Anwesenheit der drei anderen, hat meine Gastgeber beruhigt, die mir gebratene Innereien und „Dugh", ein typisch iranisches Getränk auf der Basis einer etwas säuerlichen Milch mit Salz und aromatischen Kräutern, servieren. Der Student scheint mir, trotz seines holprigen Englischs, bezüglich delikater Sachverhalte, im wahrsten Sinne des Wortes, die Würmer aus der Nase ziehen zu wollen. Er stellt mir unablässig mehrdeutige Fragen, indem er nicht ohne Schadenfreude, meine augenscheinliche Bedrängnis neugierig beobachtet: „Was halten Sie von unserem Präsidenten?" Dennoch bevorzuge ich diese Art der Konversation, anstelle des bloßen Austausches von Banalitäten. Die Provinz, in der ich mich befinde, heißt Kordestan, es handelt sich um den kurdischen Teil des Irans. Obwohl sie Kurden sind, halten sich die fünf Personen, die mich heute Abend umgeben, in erster Linie für Iraner. Wenn auch Spannungen zwischen Teheran und der kurdischen Gemeinschaft bestehen, ist die Situation nicht vergleichbar mit der in der Türkei, ohne Zweifel dank der Tatsache, dass die Perser viel Toleranz auf dieser Ebene zeigen.

Wenn ich auch die Iraner für ihre Höflichkeit sehr hoch gelobt habe, gilt dies jedoch einmal mehr nicht für die iranischen Teenager. Nicht deshalb, weil sie Iraner sind, sondern weil sie eben jung sind. In allen Gegenden der Welt, auf allen Breitengraden und allen Klimazonen habe ich niemals etwas Dümmeres und Einfältigeres gesehen, als einen heranwachsenden Burschen „in der Adoleszenz-Krise". Es scheint eine allgemein verbreitete Konstante zu sein, dass der Hormonschub der Pubertät und die drei sprießenden Barthärchen die unumgängliche Konsequenz haben, sich für einen Mann halten zu wollen. Die Kurden der Türkei hatten Steine, die jungen Iraner haben Motorräder, mit denen sie den starken Mann markieren wollen.

Wenn ich zum Beispiel die Städte durchquere, werde ich von einer Horde Jugendlicher auf Mopeds verfolgt. Sie machen sich wichtig, indem sie versuchen mich in den Abwasserkanal zu drängen oder meine Jacke, die im Gepäckträger eingeklemmt ist, herauszuziehen. Außerdem brüllen sie diverse Dummheiten, wodurch sie die missbilligenden Blicke der Passanten auf sich ziehen. Manchmal mischen sich sogar Erwachsene ein, um mir die Teenager wieder vom Hals zu schaffen. Aber ich will ihnen nichts Böses, schließlich habe ich diese Phase auch schon hinter mir.

Ali ist eher in meinem Alter und meine Ankunft unterbricht ein wenig seine Einsamkeit als Wachmann einer Baustelle. In einem kleinen Gebäude, das von Baggern und Sandhaufen umgeben ist, grölt ein kleiner Fernseher. Ali serviert mir Tee und legt daraufhin eine Raubkopie in den DVD-Player. Es ist ein Film von Jean-Claude Van Damme! Ich bin schockiert, die hollywoodsche Armseligkeit scheint die ganze Welt erobert zu haben, sogar bis in die letzten Festungen. Aber Ali verfolgt den Film aufmerksam. Sobald dieser zu Ende ist, schaltet Ali auf das Champions League Finale um.

Während der Programmunterbrechungen werden zusätzlich zu den unvermeidlichen Werbungen in Wiederholungsschleifen Bilder des ersten Golf-Krieges zwischen dem Iran und dem Irak ausgestrahlt. Ein weiteres Beispiel für einen völlig absurden Krieg. Die dauernde Wiederholung dieser Bilder, die jeden Abend auf den iranischen Kanälen gesendet werden, zeigen gut, wie dieser Konflikt das iranische Volk verletzt und geprägt hat. Die Iraner sind sich ihrer diplomatischen Isolierung sehr wohl bewusst. Sie verstehen oft nicht, warum sie die „Ungeliebten" sind, warum kein, absolut kein Land den Iran während dieses Krieges unterstützt hat, obwohl es der Irak war, der den Iran angegriffen hat. Man muss dazu sagen, dass Ajatollah Chomeini, der Hauptakteur der islamischen Revolution gegen den Schah, sich schnell die internationale Gemeinschaft zum Feind gemacht hat, indem er erklärte: „Die Vereinigten Staaten und die Sowjetunion sind die zwei großen Satane." Eine politische Lage, die seither andauert, da der neue Ajatollah Chamene'i den Kurs seines Vorgängers nicht wirklich geändert hat. Der Wunsch des Irans, die Atombombe zu bauen, trägt wenig dazu bei, sich auf dem internationalen Parkett einen guten Ruf zurück zu erobern. Aber zwischen dem makabren Spiel der Politiker und dem Wohlergehen des Volkes hat die Geschichte uns nur selten Beispiele gezeigt, wo das unterlegene Volk die Oberhand gewinnen konnte.

Ich fahre viel im Moment. Man muss sagen, dass das Land dafür gut geeignet ist, unendlich weite, geradlinige Straßen durchkreuzen das Hochplateau und die Landschaft ändert sich, trotz all der Kilometer, kaum. Dann tauchen plötzlich aus der Ebene hohe verschneite Berge auf, ein erfrischender Anblick in diesem der Hitze ausgesetzten Land am Ende des Frühlings. Sich jäh auftürmende Bergspitzen erheben sich aus den Blumenwiesen. Es gibt unzählig viele Rinnen und ausgesetzte Steilhänge, ein kleines Paradies für Extremskifahrer. Außerdem leben viele Nomaden in dieser Ecke. Mit ihren Zelten, ihren Schafen und Pferden ziehen sie langsam von einem Weidegebiet zum nächsten.

Ich halte auf der Höhe eines kleinen einsam gelegenen Hauses. Ein Greis mit abwesendem Blick und von Opiumrauch umnebelt, öffnet mir. Es stellt sich als sehr schwierig heraus, seine Einladung, mit ihm in seiner Baracke zu nächtigen, abzulehnen. Ich habe jedoch keine Lust mit anzusehen, wie er sich den ganzen Abend, bis wir schlafen gehen, volldröhnt. Ich stehe ganz früh auf. Der Alte raucht schon wieder Opium! Diesmal komme ich nicht umhin, das Frühstück von ihm anzunehmen: einige Gläser Tee, wie man sie im Iran trinkt, das heißt indem man ein Zuckerstück zwischen die Zähne klemmt, dazu arabisches Brot und Käse.

Ich verlasse das Gebirge, tauche langsam in die Gluthitze im Süden des Irans ein und erreiche Isfahan. Diese alte Reichshauptstadt birgt eine der schönsten Moscheen der islamischen Welt. Wenn man auf dem riesigen Imam-Chomeini-Platz ankommt, kann man nur vollkommen überwältigt sein vom Anblick des Doms und den Minaretten, die ihn beherrschen. Dieses monumentale Gebäude ist bedeckt mit Fayencen, die, wenn man sie aus der Nähe betrachtet, ein bisschen wie schmutzige Badezimmerkacheln aussehen, aber von Weitem, mit ihren blauen, gelben, grünen und türkisen Farbtönen und ihren harmonischen Motiven, einen ergreifenden visuellen Eindruck hinterlassen. Auch der Basar ist sehr bunt und belebt, und die Vielzahl der Teppichhändler ist beeindruckend. Man fragt sich, wie sie es alle schaffen, ihren Lebensunterhalt zu verdienen, so beträchtlich ist die Konkurrenz. Man muss aber nur einmal in einem iranischen Haus gewesen sein und all die Teppiche gesehen haben, die auf dem Fußboden ausgelegt sind, um zu verstehen, dass es sehr viele dieser Händler geben muss, um die achtzig Millionen Einwohner des Irans ausstatten zu können.

Mehrere sehr alte Brücken überspannen elegant den Fluss und sind während der Nacht beleuchtet. Liebespaare gehen dort spazieren und die Familien picknicken an seinem Ufer.

Das Gerase und die Irrationalität des Autoverkehrs finden sich gleichermaßen in allen Städten wieder. Eine Straße zu überqueren, erweist sich als wahrhaftige Mutprobe: die Autofahrer pfeifen auf die Ampeln und die Fußgänger. Um auf die andere Straßenseite zu kommen, gibt es keine andere Lösung, als eine genügend große Gruppe von Fußgängern zu bilden, die sich am Rande der Fahrbahn entschlossen engagiert, um die Autos zu zwingen anzuhalten, damit man endlich auf das gegenüberliegende Trottoir gelangt.

Die Stadt Isfahan bedeutet für mich den Anfang der Wüste und der großen Hitze des Südostens. Die Obstgärten und die Wiesen sind verschwunden und von hier an, wächst nichts mehr, was nicht bewässert wird. Außerhalb der Pistazienbaumfelder fahre ich ewig lange gerade Straßen auf einer großen glühenden Ebene entlang, nichts als Sand soweit das Auge reicht. Diese Landschaft lässt in mir die Angst vor dem Durst aufkommen, eine Angst, die mich vorerst nicht mehr verlassen wird. Es gäbe keine großartigen Dinge zu sehen, wenn da nicht diese Tausenden von Heuschrecken wären, die beim Fahren um meine Reifen herumspringen. Die blasslila Berge ziehen in der Ferne langsam vorbei und der spärliche Regen des Winters zersetzt langsam die Spuren verlassener Lehmziegelbauten.

Ein Schäfer zieht mit seinen etwa fünfzig Ziegen an meinem Nachtlager vorbei. Er gibt mir ein Zeichen, eine zu fangen, um sie zu melken. Ich melke das Euter und trinke direkt die lauwarme Milch. Das erinnert mich unausweichlich an unseren Bauernhof zu Hause. In dieser Mondlandschaft scheint mir alles so weit entfernt, mein Dorf, meine Familie, Toni, unerreichbar … Ich fühle mich so alleine und ich versuche unter dem Sternenhimmel einzuschlafen, trotz des Schweißes und der Einsamkeit, die auf meiner Haut kleben.

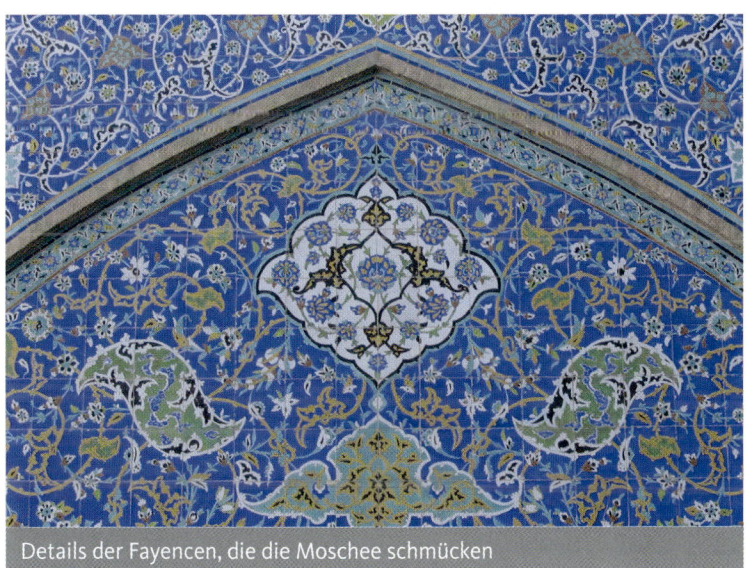
Details der Fayencen, die die Moschee schmücken

Yazd, eine der ältesten Städte der Welt! Ich komme dort an, wie man in einer unverhofften Oase ankommt. Ich entdecke eine alte Stadt, die mit ihren schmalen und verwinkelten Gassen, ihren Windtürmen und Innengärten aus einer anderen Welt, aus einer anderen Zeit zu sein scheint. Große, aus ockerfarbenen Lehmziegeln errichtete Moscheen, von einer Kuppel überwölbt, mit Fayencen bedeckte Minaretten, und der Tempel des Zarathustra, wo das heilige Feuer seit mehr als tausend Jahren flackert, vervollkommnen die Architektur dieser einzigartigen Stadt.

Als ich die Moschee nach dem Abendgebet verlasse, sprechen mich zwei junge Mädchen mit Hidschab (Schleier) in schlechtem Englisch an, aber ein vorübergehendes altes Weib hält ihnen eine Strafpredigt, woraufhin die beiden fortlaufen.

Der Iran muss sich einer islamischen Diktatur unterwerfen, welche den Männern und Frauen einen strengen Verhaltenskodex, Sitten und Kleidung betreffend, auferlegt. Entgegen dem, was man darüber denken könnte, erfreuen sich Frauen, außer der Verpflichtung, einen Schleier zu tragen, einer gewissen Unabhängigkeit und Autonomie. Viele von ihnen besuchen zum Beispiel eine Universität oder fahren Auto, aber es ist ihnen in keinem Fall erlaubt, in der Öffentlichkeit mit einem Mann in Kontakt zu treten, der nicht ein naher Verwandter ist. Das Regime hat nicht nur Befürworter. Als Zeichen des Protests gegen die Mullahs „boykottieren" viele Iraner die Aufrufe zum Gebet. Ich habe oft den Muezzin plärren hören, so laut er konnte, ohne dass sich irgendjemand von seinen momentanen Aktivitäten abgewendet hätte.

Ich komme in den iranischen Teil von Belutschistan. Alle Wüsteneinwohner dieser Region haben typischerweise mattschwarze Haut und sehr dunkle Augen. Rizgu lädt mich für heute Abend zum Essen ein. Er lächelt, darauf scheint er einige Gebete zu rezitieren, indem er die Handflächen zum Himmel hält. Besonnen beobachte ich den staubigen Ventilator mit seinen langsamen regelmäßigen Umdrehungen, er erscheint erschöpft zu sein vom Umwälzen der allzu heißen Luft. Ein Gewehr und ein Säbel sind an die Wand gelehnt und ein alter Kühlschrank grummelt in einer Ecke, während draußen die Hunde voller Hass kläffen. Wegen ihres Geheuls verbringe ich eine schlechte Nacht.

Am Nachmittag zwingt mich die Hitze, für einige Stunden eine Pause zu machen. In der Regel gelingt es mir, bis zu einer Moschee zu gelangen, die absichtlich inmitten von Nirgendwo errichtet ist und die die gleiche Funktion erfüllt, wie ein Rastplatz auf unseren europäischen Autobahnen. Die Lastwagenfahrer und die Familien kommen hierher, um ein wenig Schatten und Abkühlung zu suchen. Die Iraner halten die Faszination für fließendes Wasser aufrecht, wie es oft in muslimischen Kulturländern der Fall ist. In allen Städten des Irans findet man Springbrunnen und kleine Kanäle, in denen wohltuendes Wasser fließt. Auch ich verzichte nicht darauf, mich damit von Kopf bis Fuß zu bespritzen, selbst wenn nach einer Viertelstunde meine Haare und meine Kleidung erneut trocken sind. Auch bei den Moscheen in der Wüste, ist das Wasser das Zentrum der gesamten Architektur. Manchmal habe ich noch mehr Glück. Ich entdecke durch eine wunderbare Fügung einen Maulbeerbaum am Ufer eines Baches und stopfe seine kleinen weißen Kügelchen, mit ihrem so feinen Geschmack, in mich hinein.

Nach dieser trostlosen Landschaft ist es sehr überraschend, die Dattelpalmen von Bam auftauchen zu sehen. Ich entdecke eine chaotische und staubige Stadt, in der ich mich nicht orientieren kann. Eine Stunde lang fahre ich im Kreis, ohne ein einziges Gebäude zu finden, das mit dem Plan, den ich besitze, übereinstimmt. Ziemlich genervt sage ich mit lauter Stimme: „War hier ein Erdbeben oder was?" Ich dachte unglücklicherweise nicht, mit meiner Aussage dermaßen den Nagel auf den Kopf zu treffen. Ein Mann hält auf meiner Höhe an. Wir diskutieren einen kurzen Augenblick, dann sagt er mir, dass er auf Grund des Erdbebens alles verloren habe, was er besaß: seine Frau, seine Kinder, sein Haus.

„Das Erdbeben!?"

„Ja, im Jahr 2003 wurde Bam dem Erdboden gleich gemacht ..."

Auch Akbar hat alles verloren. Mit seinen sechzig Jahren ist alles, was er sich aufgebaut hat, nur noch ein Haufen aus Schutt und Asche. Er musste bei Null wieder anfangen. In seiner kleinen Jugendherberge, die momentan wieder errichtet wird, finde ich ein Buch, das mir einen kalten Schauer über den Rücken laufen lässt: die Geschichte von zwei Deutschen, siebzehn und einundzwanzig Jahre alt, die 1955 mit dem Rad von Deutschland nach Australien gefahren sind. Für

In der unbarmherzigen Wüste

mich sind das wahre Helden, wahre Pioniere. Wer hätte sich in jener Epoche vorstellen können, dass eine solche Herausforderung möglich ist? Heute scheint alles viel einfacher, mit dem Internet, den geteerten Straßen und der Visa-Karte. Und dennoch ist es manchmal so schon schwierig genug …

Das einzige, was den Erdstößen 2003 standhielt, waren die Palmen. Sogar die Festung von Bam, zweitausendfünfhundert Jahre alt, ist nun nichts mehr als ein überdimensionales Ruinenfeld. Trotz der Subventionen der UNESCO scheint seither nichts wieder aufgebaut worden zu sein. Man muss sagen, dass ein großer Teil des Geldes in den Taschen der Mullahs verschwunden ist. Es gibt also sogar Menschen, die aus einer humanitären Katastrophe noch Geld für sich requirieren.

Als ich diesen Morgen um sechs Uhr aufbreche, warnt mich Akbar, dass es hier sehr heiß wird. Ich beruhige ihn und entgegne ihm, ich hätte schon ähnliches erlebt …

Eben nicht, denn ich habe noch nie die Salzwüste durchquert, die sich zwischen Bam und Zahedan erstreckt. Als ich um neun Uhr die letzte Oase verlasse, ist es schon unmenschlich heiß und die Temperaturen sind nur schwer zu ertragen. Ich hätte Lust auf eine kalte Dusche. Nichts einfacher als das, mitten in der Wüste: Es reicht, einige halbgefüllte Wasserflaschen, die die Fernfahrer nachlässigerweise entlang der Straße wegwerfen, aufzusammeln.

Darauf muss man einen feuchten Socken über die Flasche streifen und warten, dass das Wasser verdunstet. Während des Verdunstens nimmt das Wasser des Sockens die Hitze der Flasche auf. Je heißer und trockener die Luft ist, umso schneller kühlt die Flasche ab, das heißt, dass heute in einer Viertelstunde das Wasser fünfzehn Grad hat.

Ich öffne die Flasche und bereite mich innerlich darauf vor, voller Glück zu frösteln, aber plötzlich brennt mein ganzer Körper. Diese sch... Flüssigkeit attackiert mich! Die Flasche, die ich aufgehoben habe, enthält Säure?! Sie löst sogar den Stoff meiner Handschuhe auf. Meine Lage war zuvor schon hart, aber jetzt ist sie unerträglich. Ich habe einen schrecklichen Geschmack im Mund und das Gesicht juckt mich. Ich kämpfe wie ein Tier, um bis zu einem Unterschlupf aus Wellblech zu kommen, wo ich das Viertel der Melone esse, das mir übrig geblieben ist. Ich reibe die Melonenschale auf meinem Gesicht, nicht nur um mich zu erfrischen, sondern auch um dieses Gift wegzuwischen. Zwei LKW-Fahrer haben Mitleid mit mir und bieten mir Wasser an, mit dem ich mich ein wenig abwaschen kann. Danke, ihr Burschen, nochmals vielen Dank!

Ich kann hier nicht bleiben. Ich muss zwingend den Ort erreichen, der auf meiner Karte angegeben ist. Die Temperaturen sind verrückt geworden. Die folgenden Kilometer sind eine wahre Qual. Ein heißer Wind ist aufgekommen und unter jeder Böe ächzt mein Körper, als ob dieser Windstoß aus der Hölle käme und mir Milliarden von Wassermolekülen aus meinen Organen reißen würde. In der Ferne sehe ich eine Dromedar Herde. Verdammt, was treibe ich hier! Zwei Dromedare sind übrigens von Fahrzeugen über den Haufen gefahren worden und verwesen am Straßenrand. Ich gebe alles und bin zunehmend erschöpft. Nun beginne ich in dieser unbarmherzigen Wüste auch noch Fata Morganas zu sehen: einen See einige hundert Meter von der Straße entfernt. Es bedarf all meiner Entschlossenheit, dass ich das Fahrrad nicht stehen lasse und in Richtung dieser Illusion und in

Das Thermometer zeigt schon 45 Grad an … im Schatten!

den sicheren Tod laufe. Es ist eine wirkliche Tortur. „Es ist nichts als ein Trugbild, welches durch die Streuung des Sonnenlichts entstanden ist", wiederhole ich in meinem Geiste. Aber es kostet mich alle Mühe der Welt, mich davon zu überzeugen. Ich zwinge mich dazu, alle fünf Minuten zwei Schluck Wasser zu trinken und gelange letztlich an den auf meiner Karte eingetragenen Punkt. Es ist eine einfache Militärbasis, neben der skurrilerweise einige Bäume wachsen. Es ist erst 11:30 Uhr, aber das Thermometer zeigt bereits fünfundvierzig Grad im Schatten an. Ich gehe zu den Soldaten, um Wasser zu schnorren und warte dann im Schatten der Bäume ab. Niemals in meinem ganzen Leben, habe ich eine solche Hitze erlebt. Es ist, als ob man in einem Ofen stecken würde. Benommen unter einem Baum sitzend, nimmt mich ein LKW-Fahrer wahr. Er kommt auf mich zu und bietet mir mitten in der Wüste eine Flasche Wasser an. Dieser Mann – ich preise ihn; es ist die einfachste und die schönste Geste, die er machen konnte.

Ich dachte, es in Ruhe abwarten zu können, bis die Temperatur fallen würde, aber am Nachmittag kommt als Krönung des Tages ein

Sandsturm. Hastig errichte ich das Innenzelt meines Zeltes und verkrieche mich darin. In meiner Höhle steht die Luft, ich ersticke fast, schwitze aus allen Poren und die mich nervös umschwirrenden Fliegen quälen mich ohne Unterlass. Es ist unmöglich, nach draußen zu gehen, ohne in einen Sandkuchen verwandelt zu werden. Am Abend lässt der Sturm ein wenig nach und gegen 22 Uhr unterschreitet die Temperatur endlich die siebenunddreißig Grad. Es gelingt mir daher doch noch einzuschlafen. Ich nehme mir vor am nächsten morgen um 3:30 Uhr aufzustehen, um gegen 4 Uhr loszufahren.

Aber um 2 Uhr morgens nimmt der Sandsturm wieder zu, er tobt schlimmer denn je. Trotz des Zeltes ist alles voller Sand. Um 7 Uhr wütet der Sturm immer noch. Es ist zu spät, um heute noch weiter zu fahren. Wenig motiviert durch die Aussicht auf einen zusätzlichen Tag, den ich an einem solchen Ort mit Warten zubringen müsste, halte ich einen Bus an, der mich bis Zahedan mitnimmt. Als ich in den klimatisierten Bus einsteige, habe ich, nach dem Brutkasten der letzten vierundzwanzig Stunden, den Eindruck, in einen Kühlschrank einzutauchen. Ein öffentliches Verkehrsmittel zu benutzen, scheint mir eine unabdingbare Sache zu sein, um ein Land wirklich kennen zu lernen. So sehr, dass ich es selten bedauert habe, mein Rad für dieses Erlebnis einige Stunden gegen den Bus einzutauschen. Die Strecke nach Zahedan erlaubt mir das Warum und das Wie des heillosen Durcheinanders, das auf den Straßen des Irans herrscht zu verstehen. Der Fahrer macht unter dem Fahren tausend Sachen gleichzeitig: Er antwortet auf seinem Handy, trinkt Tee, ordnet an, dass man mir auch einen serviert, überholt rücksichtslos und hupt wie ein Wahnsinniger, sobald ihm ein Auto entgegenkommt, wechselt die Musik, legt dann eine DVD ein und das alles, während er mit den Passagieren diskutiert. Aus dem Fernsehen brüllen folkloristische, mit näselnder Stimme gesungene Chansons, auf die kleine Mädchen, ohne Kreativität und Schwung tanzen. Die Lautstärke ist ohrenbetäubend und es hört nicht auf zu rauschen. Ich frage mich, wie die Iraner einen solchen Heidenlärm aushalten oder gar mögen können.

In Zahedan ist die Temperatur viel erträglicher und ich entscheide mich, meine Reise mit dem Rad fortzusetzen. Am Kontrollposten geben mir die Militärs zu verstehen, dass ich bis zur Grenze eskortiert werden muss. Afghanistan ist nicht weit entfernt und sowohl der illegale Waffenhandel als auch der Schwarzhandel mit Opium, seien hier sehr beträchtlich. Während wir auf den Konvois warten, baut ein Soldat mit dunkelblauen Augen neben mir seine Kalaschnikow immer wieder zusammen, um sie dann aufs Neue zu zerlegen: Er nimmt das Magazin heraus, entfernt daraus die Munition, überprüft sie und steckt sie dann zurück in das Magazin.

Meine Eskorte kommt, und ich habe keine andere Wahl, als mein Fahrrad auf die Ladefläche des Geländewagens zu laden. Ich rechnete eigentlich damit, heute in Mirjaveh anzuhalten, der letzten Stadt vor der Grenze, um mich zu duschen und zu erholen, aber die Militärs sind nicht dieser Meinung und laden mich am Grenzposten ab. Offensichtlich sind sie bemüht, sich meiner so rasch wie möglich zu entledigen. Bin ich erst einmal in Pakistan, sind sie für nichts mehr verantwortlich.

Ich habe den Iran sehr schnell durchquert. Insgesamt bin ich etwas enttäuscht, nach all diesen manchmal sehr monotonen Kilometern, die ich unter der erdrückenden Hitze und unerträglichem Verkehr bewältigen musste. Aber vor allem hat mich die Tatsache, dass die Kommunikation mit den Iranern sehr schwierig ist, frustriert. Nur wenige Iraner beherrschen korrekt eine europäische Sprache und auch die Unzulänglichkeit meines Persisch, trägt nicht dazu bei, dass sich Angelegenheiten regeln lassen.

Als ich das klimatisierte iranische Zollgebäude verlasse, bereite ich mich darauf vor, in eine andere Welt einzutreten.

Aus dem Backofen in den ewigen Schnee

Vom iranischen Grenzposten aus bewege ich mich auf die pakistanischen Zollgebäude zu. Nachdem die Verwaltungsformalitäten erledigt sind, wechsele ich auf dem Schwarzmarkt die mir verbliebenen Rials. Dann gehe ich zur Bank von Taftan. Taftan ist viel kleiner, als ich es mir vorgestellt habe und die einzige Bank akzeptiert weder Visa-Karte noch Euros. Ich wechsle also die letzten Dollars, die mir geblieben sind und ziehe Bilanz über die Rupien, die ich augenblicklich besitze:

eintausendzweihundert, also circa fünfzehn Euro, ein wenig mager, um die sechshundert Kilometer bis Quetta zu bewältigen.

Während für mich der mittlere Orient in Adana angefangen hat, beginnt Asien für mich in Taftan. Pakistan erscheint mir vom ersten Augenblick an, viel weniger entwickelt und viel ärmer als der Iran. Aber welche Erleichterung, auf einer wenig befahrenen Straße dahinzurollen, auf der Fahrzeuge in humaneren Geschwindigkeiten fahren und nicht so unmenschlich rasen wie im Iran! Der erste Preis für das langsamste Fahrzeug, geht an die Lastwagen. Diese sind, wie viele Dinge in Pakistan, ein wahres Spektakel. Ihr gesamtes Äußeres ist buntscheckig in grellen Farben bemalt, bis ins letzte Detail getuned mit ihren Kamelschutzvorrichtungen, ihren kleinen Windrädern und ihren Hunderten von Glocken, sind sie ein wahrer Blickfang. Sie bewegen sich, im Geplärr ihrer Autoradios, wie Dinosaurier vorwärts, die ununterbrochen die Musik der Sängerinnen mit schriller Stimme, welche so typisch für den indischen Subkontinent sind, abspielen. Wenn die nächste Station erreicht ist, steigen der Fahrer, dessen Bruder und Cousin aus dem Führerhaus, während ihre sieben Söhne

Shawar, ein alter Mechaniker des Bazars kommt zum Plaudern

vom Dach herunter klettern, um die Chromteile zu polieren. Als ich eines Tages einen Fahrer frage, ob sie aus irgendeinem religiösem Grund oder einfach aus Aberglaube ihre Fahrzeuge so schön dekorieren, antwortet der mir: „Es geht nur darum das Fahrzeug hübsch zu machen, damit es schöner ist als das des Nachbarn!"

Kurz nach Taftan halte ich an einer Tankstelle, um zu zelten. Der Tankwart, ein ruhiger Kerl, spricht ein bisschen Englisch, zeigt mir einen Wasserbottich und lässt mir ansonsten meinen Frieden. Ich genieße von Neuem die Stille, die tiefgreifende und mineralische Stille der Wüste. Kein Wind, keine Fahrzeuge! Was für ein Tag! Es ist unglaublich, wie sich die Ereignisse seit diesem Morgen überstürzt haben. Von Neuem beginne ich meine Planung bezüglich Wasser, Schlaf, Aufstehzeit für den nächsten Tag, dann schlafe ich schließlich ein.

Als mein Wecker klingelt, habe ich nicht die Kraft aufzustehen und schlafe noch eine Stunde. Dann muss ich mich beeilen, denn die Sonne steigt schon, ich bin noch nicht wirklich im Schlaraffenland angekommen: Abgesehen von einigen scheinbar halbwilden Kamelen, hat sich durch die Grenzüberschreitung nicht wirklich viel geändert. Es gibt nichts außer Sand soweit das Auge reicht, ohne die geringste Spur der Besiedelung, bis auf Minimoscheen aus Lehmziegeln, damit die Lastwagenfahrer am Straßenrand beten können. Manchmal reduziert sich der Gebetsort auf ein einfaches Rechteck, aus Steinen gebaut und nach Mekka gewandt, mit einigen abgetretenen Matten aus Bambus. Eh schon knapp dran, verspäte ich mich aufgrund von Straßenarbeiten, die mich dazu zwingen eine sandige Piste zu nehmen, noch mehr und ich bin erneut in dieser infernalen Hitze gefangen. Also wirklich, es fällt mir schwer, etwas aus erteilten Lektionen zu lernen. Entlang der Straße gibt es Kilometersteine, die übrigens nicht immer in der richtigen Reihenfolge sind. Von Neuem befinde ich mich in einer gefährlichen Situation. Ich zwinge mich dazu, an jedem Kilometerstein zu trinken und mich alle vier Kilometer mit Wasser zu bespritzen, um meine Körpertemperatur abzusenken. Endlich die letzten zehn Kilometer. Die Sonne ist schon viel zu hoch, ein Countdown des Leidens beginnt. Endlich komme ich in einem erbärmlichen Zustand in Nokkundi an. Von den zehn Litern Wassern, die ich heute Morgen beim Aufbruch hatte, bleibt mir nur noch ein halber Liter. In einem fortgeschrittenen Zustand der Dehydrierung, stürze ich mich in den ersten Kramerladen und trinke in einem Zug eine große Flasche Mineralwasser leer.

In Nokkundi sehe ich keine einzige Frau auf der Straße, wie übrigens quasi überall in Pakistan. Die Frauen leben in einer Parallelgesellschaft. Sie gehen niemals, auf öffentliche Plätze, außer sie sind unter einer dichten Burka verborgen und werden von ihrem Mann oder einem ihrer Brüder begleitet. Es ist eine reine Männergesellschaft, mit der ich in den nächsten zwei Monaten in Berührung kommen werde.

Das Opium scheint aus den Lebensgewohnheiten verschwunden zu sein, aber das Haschisch hat offenbar dessen Platz eingenommen. Am Nachmittag breiten sich die Rauchspiralen des Cannabis auf der Hauptstraße aus. Was den Tee betrifft, auch der ist immer noch omnipräsent und neuerdings dominieren die Gewürze geschmacklich intensiv die Küche. Wie im Iran, ist auch hier die Schrift ganz anders als unser lateinisches Alphabet, trotzdem ist die Verständigung wesentlich problemloser. Shawar, ein alter Mechaniker vom Bazar, kommt herbei um zu quatschen. Trotz seines hohen Alters und seines zahnlosen Gesichts spricht er recht gut Englisch. Er hat es als Kind in der Schule gelernt, als Belutschistan eine britische Kolonie war. Die Engländer haben übrigens den Linksverkehr hier eingeführt und als sie gingen hinterließen sie ihre unsinnig gezogenen Grenzen.

Belutschistan ist zwischen dem Irak, Pakistan und Afghanistan aufgeteilt, genauso wie sich Teile von Pashtunistan, momentan in Pakistan und Afghanistan befinden. Im Gegensatz dazu findet man in Pakistan „Penjabis" und „Ismaeliens", zwei Völker, die nichts gemeinsam haben. Der fest entschlossene Wille der Engländer, die ethnischen Gruppen bei der Entkolonialisierung auseinander zu dividieren, ist einer der Hauptgründe für die derzeitige Unregierbarkeit dieser Länder, deren Probleme und deren aktuelle Turbulenzen. Ich hoffe, dass die Untertanen ihrer Majestät, die diese Zeilen lesen, in diesen Vorwürfen keinen persönlichen Angriff sehen mögen! Im gleichen Zug könnte ich, als Franzose, den Politikern viele Vorwürfe bei der französischen Entkolonialisierung machen!

Endlich habe ich mir die Lektion gemerkt: Trotz weniger Stunden unruhigen Schlafs, breche ich vor Sonnenaufgang auf. Die Landschaft ist äußerst deprimierend und dieser Wechsel von schlaflosen Nächten und Kilometern bei großer Hitze ermüden mich enorm. Dieses spartanische Leben wird mein Dasein die nächsten drei Wochen prägen.

Ich finde Zuflucht in einem kleinen Dorf. Ich muss fürchterlich aussehen! Bald umzingeln mich ein dutzend Jugendliche. Es ist nicht das erste Mal, weit gefehlt, aber heute Abend hätte ich lieber meine Ruhe! Als ich meinen Reis kochen will, stelle ich fest, dass ich in meinem Kocher kein Benzin mehr habe. Schade! Ich gebe mich mit altem iranischem Brot zufrieden. Aber schon bringt man mir eine fette und scharf gewürzte Suppe, auf deren Grund einige Geflügelteile schwimmen und ein paar andere laufen schnell fort, um für mich frisches Brot zu besorgen. Ich schäme mich dafür, mich zuvor so abweisend und genervt gegenüber diesen Menschen gezeigt zu haben.

Diese Leute, die mich nicht kennen, aber die mich in ihrer Mitte aufnehmen und mir ein wenig von dem Wenigen das sie besitzen, abgeben, obwohl ich nicht ein einziges Wort in ihrer Sprache spreche. Nun lächle ich sie an, voller Dankbarkeit, diese Menschen sind wirklich bewundernswert. Wir sind einfach so unterschiedlich, dass ich ihr Staunen, ihre Fragen, ihre Erregung bei meinem Anblick endlich verstehen muss. Trotz der Absurdität meiner Anwesenheit respektieren sie mich und lassen mich in Ruhe, als ich andeute, dass ich schlafen möchte.

Die ausgezeichneten Straßen aus iranischem Asphalt werden durch eine Straße voller Schlaglöcher ersetzt, die gerade mal so breit ist, dass sie ein Laster befahren kann. Die Pakistanis haben nicht die Angewohnheit, Radfahrern den Vortritt zu lassen, also bin immer ich es, der am sandigen Straßenrand, anhalten muss. Ich durchquere im Übrigen im Moment eine Dünenlandschaft, an deren Plateaurand sich schwarze Berge entlang ziehen. Ein Sandsturm beginnt zu fegen, aber glücklicherweise habe ich den Wind im Rücken.

Ich halte bei einem kleinen Laden, um meine Einkäufe zu tätigen, aber Mullahbun, der Händler, hält mich auf. Ich verbringe also den ganzen Nachmittag damit, das Kommen und Gehen der Kunden zu beobachten und staune nicht schlecht über ihr Benehmen, ihre Gewohnheiten und ihr Sozialverhalten. Ich frage mich heute noch, wie dieser Greis mit weißem Bart es geschafft hat, mehr als eine Stunde zu brauchen, um ein wenig Reis und einige Bohnen zu kaufen?! Mullahbun liegt neben seiner Wage auf dem Boden, in verschiedenen Posen, von denen ich dachte, dass sie nur Ikonen „Shivas" möglich seien. Am Abend erledigt er die Abrechnungen mit seinen Söhnen, anschließend lädt er mich ein, mit ihnen zu Abend zu essen und richtet mir ein Bett im Hof zurecht.

Unglaublich, es ist mir tatsächlich gelungen, diese Nacht sechs Stunden lang zu schlafen! Als ich aufstehe, verrichtet Mullahbun sein Morgengebet. Nach einer freundlichen Umarmung fahre ich los, als die Sonne hinter den Schieferbergen aufgeht. Die Gegend wird zunehmend bewohnter, in regelmäßigen Abständen komme ich in belebte Dörfer, welche vom Gemüseanbau leben. Man baut dort vor allem Zwiebeln und grüne Melonen an. Wohlgemerkt bewässert, denn ansonsten würde alles unter der Nachmittagshitze verdorren. Diese Dörfer verfügen über ein weitläufiges und komplexes Kanalsystem, welches ich nutze um meine Wäsche und mich selber zu waschen. Der perfekte Ort, um den Nachmittag zu verbringen. Ich fahre weiter, als der Tag sich dem Ende zu neigt. Kurz bevor ich Nushki erreiche hält ein Polizeiauto neben mir an. Es ist der Sohn des Polizeichefs des Distrikts, der am Steuer sitzt und der mir vorschlägt, bei ihnen „unter ihrem Schutz" zu übernachten.

Ich folge ihm bis zur Polizeidienststelle und werde seinem Vater Nuja vorgestellt. Er ist ein großer untersetzt gebauter Mann, dessen Glatzköpfigkeit in lustigem Kontrast zu seinem weißen Rauschebart steht. Er beginnt die Konversation damit, mir zu erzählen, dass jeder gute gläubige Moslem, Fremden Gastfreundschaft entgegenbringen müsse. Es scheint mir jedoch, dass dazu nicht gehört, seine Bediensteten menschlich zu behandeln. Er spricht mit mir mit so viel Freundlichkeit und Ehrerbietung, wie er im Gegenzug seinem Angestellten, einem kleinen Diener, der von den Befehlen seines Herrn terrorisiert wird, mit Missachtung und Ungerechtigkeit begegnet. Der vierte seiner Söhne kommt mit einem seiner Cousins und einem seiner Freunde. Er zeigt mir sein Handy und fragt mich, ob ich einen Clip von Shakira anschauen möchte. Warum nicht? Shakira schwingt die Hüften auf dem Display, aber plötzlich hören sie den Vater, der zurück ins Zimmer kommt. Jetzt bricht Panik aus – es gelingt ihnen nicht das Handy zum Schweigen zu bringen. Mit offenkundiger Erleichterung gelingt es ihnen schließlich doch noch, gerade als der Vater die Türschwelle überschreitet. Die Jugendlichen haben mein Alter, im Westen bräuchte man keine Lizenz, um einen Clip von Shakira ansehen zu dürfen, aber hier stellen die väterliche Autorität und Moral noch andere Ansprüche.

Um mich zu beeindrucken, schaltet Nuja den Fernseher ein und stolz zeigt er mir, dass es sogar französische Kanäle gibt. Ich befinde mich also mitten in Pakistan und sehe dennoch eine Sendung über den Forellenfischfang, in welcher die verschiedenen Arten von Ködern, die man benutzen kann, erklärt werden. Dann zappt er weiter und landet bei einer Reportage über die primitiven Stämme von Ozeanien auf France 5. Plötzlich regt er sich auf: „Was sollen diese fast nackten Frauen auf dem Bildschirm?"

„Das sind die primitiven Stämme, die in Indonesien leben."

„In Indonesien? Unmöglich! Die Indonesier sind Muslime, keine muslimische Frau dürfte sich so kleiden."

„Sie leben in Wahrheit sehr zurückgezogen auf einer Insel. Sie kennen die moderne Welt nicht."

„Das sind ja wahre Tiere!"

Er schaltet zum Fischfang zurück.

Sein Sohn hat eine riesige Armbanduhr aus Gold am Handgelenk. Sie ist ein Geschenk eines superreichen Scheichs aus Dubai, welche dieser anlässlich seines Besuchs in Pakistan, als Dank für den Personenschutz seinem Vater überreichte. Mit mir hat er weniger Glück.

Anschließend kommt ein Haufen von Offizieren, die man mir nacheinander vorstellt. Danach erscheinen zwei Männer ohne Rangabzeichen, die man mir nicht vorstellt. Das Essen wird vom Diener serviert. Wir essen gierig: Fleisch nach Belieben, einzig und allein ausgewählte Stücke, zum Nachtisch gibt es ausgezeichnete Mangos. Einer der Offiziere macht zwei Kopien der ersten Seite meines Passes, bewahrt eine auf und gibt die andere den beiden Männern ohne Rangabzeichen. Als ich merke, welche wichtige Bedeutung ihnen während der Gespräche zugestanden wird, schließe ich daraus, dass sie die Stammesführer der Region sind und dass sie gekommen sind, um zu erfahren, wer dieser Europäer ist, der in ihrem Gebiet herumradelt. In Wirklichkeit sind sie es, die das Gebiet beherrschen, sie, die „Warlords", die die Bevölkerung fürchtet und respektiert und die Polizei und die pakistanische Armee haben keine andere Wahl, als sich mit ihren Regeln zu arrangieren.

Man nimmt mich zum Schlafen in die Kaserne mit. Ich verbringe dort eine scheußliche Nacht, es ist fürchterlich heiß und Unmengen von Mücken umschwirren und stechen mich. Als der Wecker klingelt, muss ich all meine Kraftreserven mobilisieren, um diese verfluchte Kaserne zu verlassen. Ich passiere mehrere Polizeikontrollen, danach höre ich das Wort „Eskorte". Von nun an folgt mir ein Polizist auf einem Mofa. Die Strecke ist sehr hügelig und es ist einmal wieder sehr spät, als ich meine Mittagspause beginne. Ich halte an einem dieser verdreckten Schnellrestaurants am Straßenrand. Dort lädt man mich auf eine Mahlzeit ein: „Chapati", Paprikaschoten und Zwiebeln. Der Lehrer, der dort zufällig vorbeikommt, unterhält sich mit mir und spendiert mir ein Soda, das der Wirt ihn nicht bezahlen lässt. Man muss erwähnen, dass er der Lehrer von all den Männern in diesem Dorf war. Er betrachtet mich durch seine Brillengläser mit den Augen eines kleinen intelligenten Mannes und unterhält sich in perfektem Englisch mit mir.

Unter dem Blechdach des Restaurants versuche ich ein Mittagsschläfchen zu machen, aber es ist zu heiß. Etwas abseits finde ich einen Maulbeerbaum unter dem ich mich ausstrecke. Mein „Leibwächter" wird ungeduldig und kommt um mich aufzuwecken. Eine gute Idee, denn ich habe noch viele Kilometer bis nach Quetta vor mir. Er dreht am Fuße des Passes Lakla, den es auf einer sehr schlechten Straße übersät mit Schlaglöchern zu überqueren gilt, um. Nomaden haben hier ihre behelfsmäßigen Schutzunterkünfte unter einer Hochspannungsleitung gebaut. Sie, die seit Urzeiten ohne Elektrizität leben! Sie kommen aus Punjab, wo sie den Winter verbringen und wandern nun für die Sommermonate nach Afghanistan. Ich frage mich, ob man sie an der Grenze nach ihrem Reisepass fragt.

Ich habe in meinem Leben schon viele Dinge gesehen, aber die Ankunft in Quetta wird für mich immer ein Schock bleiben. Die Vorstädte sind nichts als ein ausgedehntes Elendsviertel, wo sich die afghanischen Flüchtlinge inmitten von Müllhalden zusammenpferchen.

Das Stadtzentrum ist ebenfalls sehr schmutzig, in den Rinnsteinen läuft eine schwarze und abscheulich stinkende Brühe. Die Gehsteige sind übersät mit einer Unmenge von Unrat und das urbane Chaos erreicht seinen Höhepunkt. Ich komme während des Abendgebets an. Die Moschee ist zu klein, um alle Gläubigen aufnehmen zu können, also werfen sie sich bis zur Straßenmitte vor Allah nieder und die Fahrzeuge fahren mitten durch die betenden Menschen.

Die Soldaten, die mich eskortieren, zögern und schlagen mir dann vor, im Bloom Star Hotel abzusteigen. Angesichts meines Erschöpfungszustandes habe ich nichts dagegen. Ich komme dort wie ein Schiffbrüchiger an, der einen Rettungsring ergattert. Ich musste all meine Kräfte aufbringen, all meine Entschlossenheit um Quetta zu erreichen. Ich habe gerade noch so viele Rupien dabei, um die erste Nacht bezahlen zu können. Der Besitzer des Hotels ist sehr redselig. Es parkt ein Campingbus mit einem französischen Nummernschild vor der Rezeption. Er gehört Dominique und Pierre, „Alternative auf der Wanderschaft", mit denen ich lange Diskussionen haben werde.

Ich verbringe zwei Tage in Quetta, versuche vergeblich mich zu erholen, aber trotz des Ventilators an der Decke, ist es mir im Zimmer zu heiß. Müde nehme ich also meine Weiterfahrt auf und radle ein Tal voller Obstbäume aufwärts. Ich lasse mich am Ufer eines Kanals nieder, um zu essen, als sich ein alter Mann, der einen charakteristischen Pashtunenturban trägt, neben mich setzt. Wir teilen unsere Mahlzeit, er pflückt immer wieder Aprikosen von dem Baum, unter dem wir uns befinden. Außerdem legt er immer wieder seine Hand aufs Herz und wirft mir ein großherziges Lächeln zu. Als ich mich hinlege, um Siesta zu machen, besteht er darauf, dass er mich mit zu sich nach Hause mitnimmt.

Sein Haus fügt sich aus Lehmmauern, einem Boden aus gestampfter Erde und einem Dach aus Palmblättern zusammen. Es befindet sich absolut kein Gegenstand im Zimmer außer einige alte Matratzen: Seine Existenz begrenzt sich in der Tat auf das Minimum. Als ich erwache, beobachten mich etliche Neugierige von der Türschwelle aus. Nachdem ich mich bei meinem Gastgeber bedankt habe, fahre ich weiter und bringe die Kilometer bis Muslim Bagh hinter mich.

Muslim Bagh hieß früher Indu Bagh und war, wie sein Name erahnen lässt, von Hindus bewohnt. Anlässlich der Teilung des indischen Subkontinentes nach Beendung der Kolonialzeit, fanden im Jahre 1947 zwischen Indien und Pakistan gigantische Völker Wanderungen statt. Die Muslime besiedelten Pakistan, wohingegen die Hindus und Sikhs nach Indien emigrierten. Zwölf Millionen Menschen mussten so ihre Heimat verlassen und eine halbe Million Menschen sind bei den Gewaltakten, die diesen Exodus begleiteten, ums Leben gekommen. So geschah es also, dass Indu Bagh, seiner Hindus entleert, zu Muslim Bagh wurde.

Ich verbringe den Abend neben einer kleinen Tankstelle. Die Pashtunen, die sie betreiben, zeigen mir in der Ferne liegende Lager. Es sind die Camps der afghanischen Flüchtlinge, die in Massen während der letzten Jahre hier eingetroffen sind, um dem Krieg zu entfliehen. Ohne Aufenthaltsgenehmigung auf pakistanischem Boden, führen sie oft ein armseliges Leben und übernehmen die härtesten und schwersten Arbeiten. Die pakistanische Regierung bietet ihren Kindern drei Jahre Schulbildung an, kann aber nicht noch mehr machen. Es ist schon für die eigenen Staatsangehörigen so wenig Geld da, deshalb versteht man, dass sie für die Flüchtlinge nur ein Minimum ausgeben.

Der Tag hatte gut begonnen, aber seit Beginn des Nachmittags habe ich kein Wasser mehr. Ich versuche folglich das Wasser eines Kanals mit einer Chlortablette zu desinfizieren. Eine ziemlich schlechte Idee! Einige Stunden später windet sich mein Magen vor Schmerzen, dann bekomme ich heftige Durchfälle, als ob die Hitze und die holprige Straße nicht schon genug wären. Hundeelend fahre ich wie in Trance weiter, denn ich muss heute noch die nächste Stadt erreichen und diese ist noch weit entfernt. Es wird schon Nacht, die Gegend liegt verlassen vor mir. Ein kleiner Bus überholt mich. Zehn Männer steigen aus und versperren mir den Weg. Was wollen sie? Dass ich von ihnen ein Foto mache, uff! Ich komme der Aufforderung nach, dann steigen sie alle wieder ein. Ich werde nervös. Endlich komme ich zu einem kleinen Dorf. Als ich gerade anhalten möchte, fahren zwei Männer auf einem Mofa zu mir herüber. Ich sage ihnen, dass ich Wasser bräuchte. Sie holen mir Wasser aus dem Dorf. Auf die Frage „Wohin fährst Du?" antworte ich mechanisch: „Nach Zhob". Danach sage ich Ihnen, dass ich sehr müde bin und gerne schlafen würde. „Los geht's!", antworten sie.

Zhob ist die nächste größere Stadt. Ich rechne nicht damit, heute Abend noch bis dorthin zu kommen und ich dachte, dass diese Männer mich zu sich einladen würden. Es könnte ein interessanter und informativer Abend werden. Dieses Missverständnis dauert insgesamt zwei Stunden an, solange bis wir in Zhob ankommen. Ich rolle im Scheinwerferlicht des Mofas dahin. Die zwei Männer bleiben geduldig hinter mir. Sobald die ersten Lichter von Zhob auftauchen verlassen sie mich. Sie haben ihre Aufgabe erfüllt, mich nach Zhob zu begleiten. Meine Moral ist auf dem Tiefpunkt, wir haben uns wirklich komplett missverstanden. Es ist zehn Uhr abends und ich sitze seit fünf Uhr morgens auf dem Rad. Ich bin an diesem Tag fast zweihundert Kilometer mit einem mörderischen Durchfall geradelt. Ich fühle mich dem nicht gewachsen, zu solcher Stunde nach Zhob hineinzufahren, möchte heute Abend aber auch nicht irgendwo übernachten.

Ich kehre um, ich meine soeben ein Häuschen gesehen zu haben. In der Tat, da unterhalb der Straße steht eines ganz im Dunklen, da es keinen elektrischen Strom hat. Zwei Männer sind im Hof. Sie sprechen kein Wort Englisch, also kann ich sie nur durch Gesten fragen, ob ich hier schlafen kann. Sie akzeptieren es problemlos. Unter meinem Moskitonetz breche ich anschließend zusammen.

Ich dachte hinter Quetta wird alles einfacher, aber dem ist nicht so. Der Weg nach la Boutière ist noch lang und riskant. Aber man lernt aus seinen Fehlern und wird erfahrener. Nichts desto trotz habe ich Angst, mir eine Erkrankung eingefangen zu haben und ich hoffe nur, dass meine Selbstmedikation den teuflischen Erreger vernichten wird.

Es sind nur noch einige Kilometer bis Zhob, mit Rücksicht auf meinen gesundheitlichen Zustand werde ich heute nicht weiterfahren. Ich quartiere mich in einem kleinen Hotel ein. Es gibt dort nur zu bestimmten Tageszeiten Strom, das heißt, dass die Deckenventilatoren nur während dieser Stunden kreiseln. Man tut gut daran, diesen Moment vorauszuahnen, um dann Siesta zu machen. Am Abend schlägt mir der Herr an der Rezeption vor, ein paar Wassermelonen zusammen mit seinen Freunden am Ufer des Flusses zu essen. Shahzeb ist einer von ihnen. Er ist ein junger Medizinstudent in Karatschi. Er stammt aus Zhob: „In Zhob gibt es nichts, aber das soziale Netzwerk ist einzigartig. Alle kennen sich untereinander und wenn dich einer nicht kennt, dann kennt er mit Sicherheit deinen Vater oder einen deiner Onkel." Dann fährt er fort: „Hier sind wir Pashtunen, wir haben die Nase voll von der proamerikanischen Politik des General Musharaf. Wir fühlen uns den Pashtunen Afghanistans viel näher als den Pakistanis der anderen Volksstämme. Wie könnte es auch anders sein? Seit Jahrhunderten verheiraten wir unsere Töchter in Afghanistan und umgekehrt."

Wir essen Melonenscheiben, die mit Salz bestreut sind, um den Wasserhaushalt wieder ins Gleichgewicht zu bringen und die Salzreserven, die der Körper im Laufe des Tages verbraucht hat, wieder aufzufüllen. Im Osten sind riesige Wolken am Himmel: „Das ist der Monsun, der beginnt bald", sagt mir Shahzeb. „Alle erwarten ihn mit Ungeduld, denn er läutet das Ende der großen Hitze ein."
Ich durchquere einen seltsamen Wald voller wilder Olivenbäume. Am Nachmittag ertappe ich mich dabei, Folgendes in mein Tagebuch zu schreiben: „Die Temperatur ist korrekt, nur dreiunddreißig Grad im Schatten", oder etwa: „Es sind kaum vierzig Grad in der prallen Sonne!" Alles ist in der Tat relativ, gestern waren es zweiundvierzig Grad im Schatten, im Übrigen sind vor allem die Grade über siebenunddreißig, die, die einen vernichten.

Nun fahre ich, durch eine Schlucht, in der die Straße in den Hang geschlagen wurde, zur Ebene des Indus hinab. Riesige Felsblöcke hängen seitdem frei über der Straße. Man hat mir von unerträglichen Temperaturen berichtet, die es letzte Woche in der Punjab Region gehabt haben soll, bis zu fünfzig Grad im Schatten. Glücklicherweise zeigen sich die Vorboten des Monsuns und die Temperatur ist um circa zehn Grad gefallen. Der Wind wirbelt die Sandwolken auf und es beginnt leicht zu nieseln, als schwitze der ockerfarbene Himmel Mikrotröpfchen aus Schlamm, die sich wie ein feiner Film auf meine Kleidung, mein Rad und meinen Körper legen. Die verbrannte Ebene lässt zunehmend mehr Raum für eine grüne tropische Vegetation. Das ist ein wahrhafter Balsam für meine Seele nach diesen Hunderten von Kilometern, während denen man nur die trostlosen und staubigen Weiten betrachten konnte.

Ich komme in Dera Ismail Khan, am Ufer des Indus an. Dort steige ich in einem kleinen Landgasthof ab, dem Taj Mahal, ein ziemlich aufgeblasener Name, wenn man den schäbigen Zustand der Zimmer gesehen hat. Die Wände sind von der Spucke aus vorangegangenen Räusperaktionen übersät und die Tagesdecke ist abstoßend. Ich habe dennoch Glück, weil ich Najiib dort antreffe, einen Cousin des Besitzers. Um es auf den Punkt zu bringen, macht er nichts mehr, seit sein Bruder, der in den Vereinigten Arabischen Staaten arbeitet, ihn, ebenso wie seine fünf anderen Brüder und deren Familien, versorgt. Das ist, versichert er mir, das Beste, was einem in Pakistan passieren kann, einen Bruder im Ausland zu haben. Er hat also alle Zeit der Welt, um mit mir zu plaudern. Ursprünglich kommt seine Familie aus den Stammesgebieten. Nach der Umsiedelung der Hindus 1947, hat sein Großvater den hinduistischen Tempel erhalten und sich in diesem eingerichtet. Wir besuchen den Tempel, die Statuen wurden enthauptet, denn die muslimische Religion verbietet die Abbildung von Menschen.

Najiib sieht sich als guter Moslem, er steht nicht hinter den archaischen Gesetzen der Sharia, die noch in den Stammesgebieten angewandt werden, wie zum Beispiel die Ermordung einer Ehebrecherin durch ihren Vater oder ihre Brüder. Wir diskutieren also mehrere Stunden und es ist unglaublich, wie verschieden wir sind, wie die Grundpfeiler unserer Gesellschaft in diametralem Gegensatz zueinander stehen. Aber dank der Neugierde, die uns beide leitet, bleibt dieses Gespräch, welches unter den Zeichen von Toleranz und Respekt geführt wurde, für mich das gelungenste der ganzen Reise. Als ich aufbreche, sagt Najiib mir: „Ich würde mich gerne noch einen Monat lang mit dir unterhalten!" Und ich ebenso!

Ich fahre den Indus entlang, schließlich überquere ich ihn auf Höhe eines Staudammes. Minutenlang rolle ich auf der Staumauer entlang. Der Fluss ist immens, gigantisch, der größte, den ich jemals gesehen habe. Seinem gesamten Wasserlauf entlang, erhebt sich grünes fruchtbares Land.

Aber für mich setzt sich das Martyrium fort. Ich bin nur noch ein Schatten meiner selbst. Aufgrund des andauernden Durchfalls, bin ich nicht nur müde, wie es auch schon in Quetta war, sondern fühle mich zudem im Moment sehr schwach. Eines Nachmittags, schlafe ich sogar unfreiwillig nach dem Essen über meinen Satteltaschen ein, es gelingt nicht einmal mehr den Fliegen, mich aufzuwekken. Endlich erreiche ich Islamabad, ausgelaugt wie ein altes Wrack, dass verzweifelt gekämpft hat, um seinen Hafen zu erreichen. Was für eine Erleichterung! Ich habe meine Wette gewonnen und die Strecke von Taftan nach Islamabad im heißen Monat Juni bewältig. Aber ich muss zugeben, dass ich die Rechnung wirklich mit meinem Körper selbst bezahlt habe. Es war bei weitem der härteste und strapaziöseste Parcours, den ich je auf dem Fahrrad unternommen habe.

Die pakistanische Hauptstadt, welche erst nach der Unabhängigkeit des Landes entstanden ist, ist eine saubere Stadt, modern und wohlgeordnet, Lichtjahre von der pakistanischen Wirklichkeit entfernt. Es gibt einen Campingplatz für Ausländer, bewacht von der Armee, wo man die anderen Weltenbummler antrifft. Ich verbringe dort einige Tage, um auf das chinesische Visum zu warten und um nach den Herausforderungen der vorangegangenen Tage wieder zu Kräften zu kommen. Von der lustigen Camping-Truppe ist Malcom unbestritten die markanteste Persönlichkeit. Auf der Suche nach Mystizismus und Metaphysik ist er vor einem Jahr, nach seiner eigen Aussage, „ohne richtig zu wissen warum" hier angekommen. Aber Träume und Offenbarungen haben ihn bald auf den Weg zum „Zentrum aller Religionen" geführt, zu einem kleinen Dorf in Kaschmir. Dort hat er Zeichen und Symbole gefunden, die aus Quadraten in Dreiecken und Kreisen bestanden. Für ihn ist es zweifelsohne, dass der göttliche Kraftstrom hier seine Quelle hat, sei es für die Buchreligionen (Judentum, Chri-

Ein fahrendes Fahrzeug ist niemals überladen in Pakistan

stentum und Islam) oder aber für den Hinduismus und den Buddhismus. Mehrere Ereignisse haben ihm diese Vorahnung bestätigt und alles ordnet sich einer himmlischen Logik unter.

Ich tue mich sehr schwer, seinen Argumentationen über die Proportionalität der Größe von Elementarteilchen im Vergleich zu der des Universums zu verstehen. Ich frage mich, ob es nicht nur das Haschisch ist, das er den ganzen Tag lang raucht, das ihn rosa Elefanten sehen lässt. Er will nach Jersey zurückkehren, um ein Buch zu schreiben, das, wenn er Recht hat, „die Welt erschüttern wird". Ich weiß nicht, ob er sein Buch schon geschrieben hat, immerhin ist er es nun, der in meinem erwähnt wird!

Ich nutze diesen Stopp, um eine Auffrischung meiner Impfungen zu machen. Ich suche die Hausnummer vier, in irgendeiner Straße, in einem Wohnviertel von Islamabad. Aber auf die Hausnummer zwei, folgt direkt die Hausnummer sechs. Ich bin verzweifelt, als mich ein junger Mann anspricht. Neugierig fragt er was mich hierher führt. Ich erzähle ihm meine Geschichte. Er schlägt mir vor, von ihm aus zu telefonieren. Als mir der Mediziner erklärt, dass sich seine Praxis am anderen Ende der Straße befindet (merkwürdigerweise sind in Pakistan die Hausnummern manchmal komplett durcheinander, die acht ist zwischen der dreizehn und fünfundvierzig und so weiter), bringt mir der junge Mann ein Erfrischungsgetränk. Wir unterhalten uns noch ein paar Minuten. Als er erfährt, dass ich am Campingplatz untergekommen bin, schlägt er mir vor, meine Wäsche bei sich zu waschen. Anschließend begleitet er mich bis zum Arzt und beim Weggehen sagt er: „Wenn Sie das geringste Problem in Islamabad haben, kommen Sie zu mir!"

Diese Szene spontaner Unterstützung und Uneigennützigkeit ist nur eine unter so vielen anderen, die ich während meiner Zeit in Pakistan erlebte. Jedes Mal, wenn ich etwas brauchte, ist ein Unbekannter aufgetaucht und hat sich so um mich bemüht, als sei ich sein Bruder.

Das chinesische Visum erhalte ich problemlos. Dann breche ich auf dem mythischen Karakorum Highway nach Norden auf. Ich überquere ein erstes Bergmassiv, die Straßenränder sind von Marihuana überwuchert. Es macht mir Freude, durch einen großen Wald zu radeln, einen wirklichen Wald mit schönen Bäumen, einen solchen habe ich schon lange nicht mehr gesehen ... Nach und nach, während des Anstiegs, werden die tropischen Pflanzenarten durch riesige Nadelwälder ersetzt, die die schwindelerregenden Berghänge bedecken. Der Wald wird von zahlreichen Affen bewohnt, die auch entlang der Straße spazieren, bevor sie wieder ins Dickicht springen. Die Straßenführung ist immer sehr steil, sowohl aufwärts als auch bergab. Ich zähle die Steigungen nicht mehr, die zwanzig Prozent überschreiten und oft muss ich beim Abwärtsfahren absteigen, damit sich die glühend heißen Felgen abkühlen können.

Nachdem ich diesen ersten Gebirgsstock geschafft habe, fahre ich in Richtung Indus. Der Monsun hat begonnen und patschnass fahre ich durch die Reisfelder. Ich treffe wieder auf den Indus, den ich einige Hundert Kilometer weiter im Süden zurückgelassen habe. Er ist bereits hier ein sehr mächtiger Strom, der die Schluchten in schlammigen, aufgewühlten Fluten hinabstürzt.

Diese Rückkehr zum Indus markiert den Beginn von Kohistan, einer Gegend, die einen sehr schlechten Ruf bei Radreisenden hat. Denn die jungen Burschen dieser Region haben die schreckliche Gewohnheit, den Radfahrern mit Gewalt Steinen hinterher zu werfen. Ich habe lange gezögert, aber mehrere Steine sind bereits heute Morgen an meinen Ohren vorbei gepfiffen, sodass ich mich schließlich entscheide, in Kohistan mit dem Bus zu reisen.

Busfahren in Pakistan. Eine tolle Geschichte! Mittags erreiche ich Besham und man kündigt mir an, dass in einer Stunde ein Bus nach Chilas fährt. Um 13 Uhr kommt der Bus, ich steige zusammen mit einigen anderen Passagieren ein, aber zwei Stunden später sind wir immer noch nicht abgefahren. Der Busfahrer kommt zurück, um uns zu sagen, dass er heute nicht nach Chilas fahren wird, es seien nicht genügend Passagiere, damit die Fahrt rentabel sei.

Keine Panik, sagen mir die anderen Passagiere, um 15 Uhr fährt ein Minibus. In der Tat trifft dieser nach kurzer Zeit ein, diesmal geht es gut, sage ich mir. Wir steigen in den Minibus, nur noch drei Sitze sind frei. Aber, wieder das Gleiche, der Chauffeur will warten, bis alle Plätze besetzt sind. Endlich, nach zwei Stunden kommt ein Paar. Wir drängen den Chauffeur, dass er doch fahren solle – aber nichts zu machen! Er wird nicht fahren, bevor der Bus nicht bis zum letzten Platz voll ist.

Nach einer neuerlichen Stunde Wartezeit kommt ein letzter Passagier und wir fahren endlich los. Nicht für lange Zeit – denn man muss anhalten für das Gebet, dann um den Ölfilter zu wechseln, nicht zu vergessen die Pause, in der wir beim Restaurant des Cousins anhalten um zu essen. Letztendlich dauert es zehn Stunden, um zweihundert Kilometer auf asphaltierter Straße mit dem Minibus zu bewältigen.

Die Straße, die in die Berghänge eingeschlagen ist, ist spektakulär. Einen Moment lang bedauere ich, dass ich mein Fahrrad auf dem Dach des Busses verstaut habe. Aber später steigt ein Soldat mit einem Sturmgewehr in den Bus ein, um ein Stammesgebiet zu durchqueren. Erst später erfahre ich, dass auf dieser Strecke letztes Jahr ein Radler durch einen Stein getötet wurde. Diese Neuigkeit relativiert mein Bedauern. Je höher es hinauf geht und je schwerer der Monsun in diese Festungen der Felsspitzen dringen kann, desto mehr verwandelt sich die Landschaft langsam von leuchtendem Grün in eine hochgelegene Wüste. Nur der Indus bringt ein wenig Bewegung hinein, indem er mit Getöse dieses felsige Tal hinunterstürzt.

Bald gelange ich zum Ausgangspunkt für das Basiscamp des Nanga Parbat. Am Polizeiposten bietet man mir an, das Rad hier zu lassen und zu Fuß weiter zu gehen. Ich lehne ab. Eine Piste zeichnet sich in einem Geröllfeld ab und führt dann zu einem Tal. Ich habe eine Fotokopie einer Wegbeschreibung aus welcher hervorgeht, dass dieser Weg über ungefähr zwölf Kilometern, vierzig Höhenmeter ansteigt und zu einem kleinen Dorf führt. Nichts, was mich abschrecken könnte, selbst mit einem fünfundvierzig Kilogramm schweren Rad! In dem Dorf würde ich mein Fahrrad dann abstellen und zu Fuß weitergehen.

Ich beginne also, mein Fahrrad auf dem schlechten Weg zu schieben. Das Geröllfeld scheint niemals enden zu wollen. Ich habe schon fünfhundert Höhenmeter überwunden, als ich endlich den Eingang des Tals erreiche. Und dort sehe ich voller sprachlosem Erstaunen, dass der Weg noch steiler mehrere Kilometer nach oben führt. Ich hole die Wegbeschreibung noch mal heraus und stelle fest, dass ich sie falsch gelesen habe: das Dorf ist auf zweitausendsiebenhundert und nicht auf eintausendsiebenhundert Metern Höhe. In der Tat hat es keinen Sinn, das beladene Rad auf so einem Weg weiter zu schieben.

Es wird bald dunkel und ich habe kein Wasser mehr. Ich muss also einen Platz finden, an dem ich mein Rad verstecken kann, um dann den Weg nach oben fortzusetzen, in der Hoffnung Wasser zu finden.

Auf der Suche nach einem Versteck steuere ich auf ein unübersichtliches Felsenchaos oberhalb der Straße zu und entdecke darin eine kleine Höhle, in der ich meine Sachen verstecken kann. Ich baue mein Rad auseinander und schleppe es, nicht ohne Schwierigkeiten, zum Gipfel der Felsblöcke. Dann bereite ich meine Sache zum biwakieren und essen vor und verstecke den Rest meines Gepäcks in der Höhle.

Obwohl es jetzt dunkel ist, gehe ich weiter. Der Weg ist an mehreren Stellen abgerutscht, aber es gibt immer noch kein Wasser. Endlich höre ist das Plätschern eines kristallklaren Bächleins. Kleine Frösche baden darin und ich kann meinen Durst löschen. Vor Müdigkeit breche ich am Wegesrand zusammen.

Am Morgen ist der Himmel wolkenlos und der Nanga Parbat erhebt sich über den Talgrund. Obwohl ich schon viele schöne Berge in den Alpen oder in den Anden gesehen habe, muss ich gestehen, dass es sich bei den Bergen des Himalajas, um eine andere Dimension handelt: von der Nordseite her präsentiert sich der Nanga Parbat mit einer steilen Eisfläche von mehreren Kilometern Länge und viertausend Metern Höhe. Die aneinander gereihten Türme der Eisbrüche sind ungeheuerlich und die grazilen Eisrillen sind von unbegreiflicher Schönheit. Noch nie habe ich so etwas Gigantisches gesehen. Das Erstaunlichste ist, dass der Weg, nachdem er den felsigen Boden hinter sich lässt, inmitten von Wiesen und Wäldern verliert, bevor er zum Basislager führt; ein hübscher Spaziergang am Fuße dieses Eisriesen.

Ich biwakiere im Freien unter einem großen Felsen am Rande des Basislagers. Eine gute Entscheidung, denn in der Nacht verschlechtert sich das Wetter und es beginnt zu regnen. Ich erwache mit starken Kopfschmerzen, da ich nicht ausreichend akklimatisiert bin, um auf einer derartigen Höhe, nämlich dreitausendneunhundert Metern, zu schlafen. Am Morgen ist es stark bewölkt. Ich zögere nicht lange und beginne den endlosen Abstieg, zweitausend Höhenmeter zu Fuß und fünfhundert weitere mit dem Rad.

Eine letzte Etappe führt mich nach Gilgit. Dort schlafe ich in der kleinen Unterkunft Madina. Der Schlafsaal ist sauber, der Ort ist ruhig. Die hundert Tage voller Einsamkeit gehen mit einer gewissen Erleichterung ihrem Ende zu. Romain, ein Studienfreund, wird nach Gilgit kommen, um dort drei Wochen mit mir zu verbringen. Ziel ist die Überquerung der Gletscher von Hispar und Biafo, welche die weiteste ausgedehnte Gletscherfläche des Himalajas bilden. Anschließend wird Toni kommen, um das Radabenteuer gemeinsam mit mir fortzuführen.

Im Madina Guest House lerne ich einen Opa kennen, der auf seiner dritten Radweltreise ist. Fergusson ist schon siebzig Jahre alt. Er ist Amerikaner, mit einer Japanerin verheiratet, und erzählt sein Leben mit Unbeschwertheit und Humor, man hört ihm gerne zu.

Die Bürokratie ist derartig durchtrieben, dass ich mit Händen und Füßen agieren muss, damit Toni ihr Visum erhält. Das pakistanische Konsulat in Frankfurt verlangt tatsächlich einen Brief eines Hotels, das bestätigt, dass Toni am Tag ihrer Ankunft ein Zimmer in Pakistan reserviert hat. Ich schicke ein erstes Fax ab, welches jedoch zurückgewiesen wird, da es keinen Stempel trägt. Als man im Hotel den Stempel findet, fallen alle Faxgeräte der Stadt aus, unmöglich ein Fax nach Deutschland zu senden. Schließlich finde ich einen Scanner und kann das Dokument auf elektronischem Weg senden. Das Konsulat zeigt sich unschlüssig über die Zulässigkeit der Methode, stellt dann aber trotzdem das Visum aus.

Nachdem ich diese Widrigkeiten geklärt habe, kann ich mich dem Kommenden widmen, dem sagenhaften Abenteuer der Überquerung von Biafo-Hispar. Die Ruhe, die Berge, das Eis, die Felsen – das ist es, wonach ich mich sehne.

Biafo-Hispar, jenseits aller Träume

Biafo-Hispar: Schon seit Monaten träume ich von der Überquerung der Himalaja Gletscher, und ich erwarte Romain mit Ungeduld, damit wir uns in dieses Abenteuer stürzen können.

Ich erledige die Einkäufe für die zwei Wochen der Tour. Auf meinem Bett bilden sie beeindruckende Haufen. Mir tun jetzt schon die Schultern weh, wenn ich daran denke, was sich auf meinem Rücken alles aufstapeln wird, abgesehen von dem ganzen Material. Trotzdem bin ich zuversichtlich, alles ist bereit, es fehlt nur noch Romain.

Aber eine von Romain hinterlegte Nachricht, an der Rezeption des Madina Guest Houses erschüttert meine Pläne. Die Straße ist durch riesige Erdrutsche dreihundertfünfzig Kilometer vor Gilgit blockiert und Romain steckt in Besham fest. Welcher Schicksalsschlag! Obwohl die Polen, die am Abend vorher eingetroffen sind, mir erzählt haben, dass die Straße in einem guten Zustand ist, muss ein Gewitter in der Nacht alles zerstört haben. Ich gehe, um Neuigkeiten einzuholen. Man teilt mir mit, dass angesichts des Ausmaßes der Schäden die Straße mindestens drei Tage gesperrt bleibe. Drei Tage, das kann hier genauso gut eine Wochen bedeuten. Wenn dies der Fall ist, können wir unser Projekt gleich vergessen.

Den folgenden Tag drehen sich meine Gedanken im Kreis, aber am Abend erlebe ich eine riesige Überraschung: Ich sehe Romain, der auf mich zugelaufen kommt. Selbst in meinen optimistischsten Plänen, konnte ich mir nicht vorstellen, ihn so bald hier zu sehen. Er erzählt mir die unglaubliche Geschichte, wie er Gilgit erreicht hat. Er hat am Abend zuvor in einem kleinen Hotel übernachtet und tags darauf, ist er zusammen mit einigen Pakistanis zu Fuß weiter gegangen, um den ersten Erdrutsch zu überwinden, dann hat er bis zum nächsten Erdrutsch einen Bus genommen und so weiter. Mitten in Kohistan wollte er mit seinen momentanen Weggefährten einige Steine von der Straße räumen, als plötzlich einige Militärs aus dem Straßengraben auftauchten. Sie riefen ihnen zu, dass sie die Steine an Ort und Stelle lassen und ganz schnell wegrennen sollen, denn Talibans zielen versteckt in den Bergen auf die Straße.

Aprikosen, zum Trocknen auf Steine gelegt

Fünf Busse, fünfzehn Stunden und einige Schweißausbrüche später kommt er auch schon im Madina Guest House an, wo ich ihn nicht mehr erwartet hätte. Dieser junge Mann hat tatsächlich noch Reserven! Er hat mir aus Frankreich die Ausrüstung, die mir fehlte und einen Tomme de Belledonne von meinen Eltern mitgebracht!

Nachdem wir unsere Geschichten ausgetauscht haben, werden wir aktiv und packen unsere Rucksäcke, denn wir nehmen morgen den Minibus nach Skardu. Von dort wollen wir die Fahrt nach Askoli in einem Jeep organisieren. Als wir in Skardu ankommen, finden wir andere pakistanische Trecker, mit denen wir uns einen Jeep teilen können. Am nächsten Morgen aber, teilen diese uns mit, dass der Treck, den sie ins Auge gefasst hatten, momentan gesperrt sei, weshalb sie in ein anderes Tal fahren. Letztlich finden wir mit Hilfe der Hotelrezeption einen anderen Jeep.

Sieben Stunden sind wir mit dem Jeep unterwegs. Die Straße ist haarsträubend, spektakulär führt sie über hohe Abgründe den Indus entlang. Gott sei Dank ist Mahmut, unser Fahrer, ein wahres Ass am Steuer. Er kennt alle Fallstricke dieser Straße und kutschiert das Auto mühelos über alle Stellen, die uns für einen Jeep unpassierbar erscheinen. Wir fahren durch kleine Dörfer, bestehend aus einigen Häusern aus Lehmziegeln, mit einer der Ernährung dienenden Landwirtschaft, mit winzigen Weizen-, Gersten- oder Kartoffelfeldern und Aprikosen, die auf Steinen trocknen. Ihre Bewohner führen ein Leben wie Jahrhunderte vor dem unseren. Auf dem Weg treffen wir auf die Expedition von Mike Horn und Jean Troillet, die aufgebrochen sind, um vier Gipfel über achttausend Meter zu besteigen: sechzigtausend Euro Budget, zweihundert Träger, ein Kameramann, ein Verantwortlicher für die Kommunikation, der Bilder direkt via Satellit übermitteln soll?! Kurz gesagt, eine andere Welt ...

In Askoli finden wir mit der Hilfe eines pakistanischen Bergführers einen Träger für den ersten Tag. Wir bauen unser kleines Zelt auf. Unsere zehn Plastiktüten voller Lebensmittel ruhen bescheiden unter dem Vordach unseres Zeltes, unser Budget beträgt einhundertfünfzig Euro. Neben uns thront das große Essenzelt unserer ambitiösen Nachbarn. Vor ihm stehen fünf Tonnen Lebensmittel und diverse Materialien, die darauf warten, auf den Baltoro Gletscher getragen zu werden.

Wir dachten, alle bürokratischen und organisatorischen Probleme gelöst zu haben und hatten nicht mit dem Eifer der Verbindungsoffiziere von Askoli gerechnet. In der Tat wollen sie uns einen Führer aufzwingen, obwohl der Treck von Biafo-Hispar frei zugänglich ist. Wir legen uns schlafen, ohne dass das Problem gelöst ist.

Am nächsten Morgen kommen sie schon wieder mit dieser Auflage daher, und es kostet uns eineinhalb Stunden endlosen Palaverns, damit sie letztlich akzeptieren, uns ziehen zu lassen.

Unter sengender Hitze brechen wir nun endlich mit Ali, unserem Träger, auf. Wir haben ihm die Nahrungsmittel zum Tragen gegeben und trotzdem sind unsere Rucksäcke nicht besonders leicht. Morgen werden uns beiden noch einmal zwölf Kilogramm zusätzlich auf den Rücken geladen, denn Ali wird, nachdem er seine Ladung zum ersten Lager hinaufgetragen hat, wieder nach Askoli absteigen. Nach einem anfänglich leichtem Fußpfad und anschließenden steilen Abstieg auf lockeren Steinen sind wir auch schon auf dem Gletscher. Wir kommen manchmal nur sehr mühsam auf den chaotischen Moränen vorwärts, auf diesen ausgedehnten Geröllfeldern, die das Eis des Gletschers bedecken. Endlich gelangen wir zum ersten Lager am rechten Gletscherufer des Biafo, dort ist niemand. Als Ali uns verlässt, macht sich ein eigenartiges Gefühl der Leere und Einsamkeit in mir breit. In der Tat sind wir nun ganz auf uns alleine gestellt.

An diesem ersten Tag quälen mich eine gewisse Anzahl von Fragen: Werden wir in der Lage sein, mit einer derartigen Last zu marschieren? Werden wir den Weg selbständig finden? Ich versuche mich zu beruhigen, indem ich mir sage, dass damals bei unserer Expedition auf den Campo de Hielo Sur in Patagonien die Bedingungen ähnlich waren, die Rucksäcke waren noch schwerer, das Wetter abscheulich, und wir haben es trotzdem gewagt.

Diese Einsamkeit überrascht mich dennoch. Da die Überquerung des Biafo-Hispars den Ruf genießt, einer der schönsten Trecks der Welt zu sein und viele Touristen zum Baltoro Gletscher drängen, um den K2 zu sehen, erwartete ich hier nicht, auf so wenige Leute zu treffen. Es wird mir klar, dass im Augenblick die physische Herausforderung in den Hintergrund tritt. Das liegt an der Kühnheit des Projektes und am psychologischen Aspekt.

Am Morgen des zweiten Tages erwachen wir bei trübem Wetter und fassen wieder Fuß auf dem Gletscher. Wir überqueren eine sehr zerklüftete Passage und steigen dann über eine feste Moräne auf, bis wir weißes Eis vorfinden, auf dem wir ohne Schwierigkeiten vorwärts kommen. Als einzige Informationsquelle besitzen wir eine schlechte Karte und eine Wegbeschreibung, die, wie sich herausstellen wird, voller Fehler ist. Die Beschreibung zeigt einen Lagerplatz in einer eisfreien Zone rechts vom Gletscher, aber es scheint uns sehr schwierig diesen zu erreichen, da der zu überquerende Gletscher an diesem Ort sehr zerklüftet ist. Wir ziehen es also vor, auf dem Gletscher unser Lager aufzuschlagen.

Zuvor haben wir jedoch das Eis mit Kieselsteinen bedeckt, um am Ende nicht noch im Wasser zu baden. Dieser zweite Tag ist gut für die Moral. Das Gewicht der Rucksäcke ist erträglich, wenn auch die Schultern nach fünf Stunden zügigen Marschierens schmerzen. Mit ein wenig Spürsinn und einem Riecher für die richtige Route, können wir uns gut orientieren und kommen ohne größere Schwierigkeiten vorwärts. Schon umgeben uns zwei hohe Bergketten, die uns durch ihre Erhabenheit fast erdrücken. Leider hindern uns Wolken daran, ihren Anblick im vollen Umfang zu genießen.

Einen Großteil der Nacht regnet es, aber am Morgen lässt der Regen nach und wir nehmen unseren Aufstieg Richtung Hispar wieder auf. Wir verirren uns und sind gezwungen, einen Weg, der sehr viel Geschicklichkeit inmitten sehr großer Gletscherspalten verlangt, zu bewältigen, bevor wir das linke Ufer des Biafo erklimmen. Dort erwarten uns ein guter Weg und ein idealer Lagerplatz (wenn es die Menge des dort von den anderen Expeditionen hinterlassenen Unrats nicht gäbe). Am Ende des Nachmittags beginnt es erneut zu regnen.

Am vierten Tag hat sich das Wetter immer noch nicht wirklich gebessert. Kaum haben wir den Fuß auf dem Gletscher, fängt es bei starkem Gegenwind an zu schneien. Nach einer Stunde ermüdenden Kämpfens entscheiden wir uns, das Zelt auf dem Gletscher aufzustellen und den Sturm vorüberziehen zu lassen. Zwei Stunden später verbessert sich das Wetter jedoch zu unserem großen Erstaunen deutlich. Kein Zögern, wir müssen sofort wieder los! Wir bauen unseren bescheidenen Unterschlupf ab und setzen uns mit begeistertem Schwung in Bewegung, bis ein Abschnitt, der noch stärker von Gletscherspalten durchsetzt ist und die Höhe (wir befinden uns auf viertausendfünfhundert Metern) unsere ungestüme Begeisterung mildern. Wir errichten ein neues Lager und sehen zu unserer Überraschung vier Trecker und ihre zwei Träger absteigen. Sie haben schon einen zwölftägigen Marsch über einen alpinen Pass hinter sich, ihre Mienen sind erschöpft und ihre Gesichter verbrannt. Ihre Lebensmittel sind knapp, deshalb müssen sie Askoli in zwei Tagen erreichen.

Am Nachmittag ziehen die Wolken ab, die Landschaft ist spektakulär, einzigartig. Von allen Seiten ragen wunderbare Granitnadeln steil auf und von jedem Pass ergießt sich das Eis in monströsen Gletscherbrüchen hernieder. Selbst in meinen kühnsten Träumen hätte ich mir nicht vorstellen können, dass etwas Derartiges auf der Erde existiert. Nahezu alle Gipfel, die uns umgeben, sind niemals bestiegen worden und die meisten von ihnen haben nicht einmal einen Namen.

Von allen Seiten ragen wunderschöne Granitnadeln steil auf

Zu steil, zu hoch, zu schwierig, sind sie bisher einer leichten Eroberung entkommen und stellen eine Herausforderung für die gegenwärtigen und künftigen Generationen von Alpinisten dar. Der Nord Grat des Latok I, eine Pyramide, deren Gipfel in über siebentausend Metern Höhe liegt, hat zum Beispiel den Versuchen von circa dreißig Expeditionen im Verlauf der letzten drei Jahrzehnte widerstanden.

Am nächsten Tag ist wegen des sternenklaren Nachthimmels alles beinhart gefroren und die Schuhe, welche am Vorabend nass waren, sind stocksteif. Wir müssen sie erst über den Flammen des Kochers auftauen, damit wir uns hineinzwängen können. Wir steigen in Richtung des Gletscherhochplateaus weiter, als die Sonne hinter den Bergen hervorkommt, blenden uns die reflektierten Sonnenstrahlen.

Die Schneedecke, die gegenwärtig den Gletscher bedeckt, zwingt uns dazu, uns anzuseilen, aber wir haben das Glück, dass wir den Spuren einer anderen Gruppe, die einen Tag vor uns aufgebrochen ist, folgen können.

Als wir Lupke Lawo, ein Gletscherplateau auf viertausendachthundert Metern Höhe erreichen, dringen wir in eine andere Welt ein. Eine neue Dimension von Felsen und Eis umgibt uns. Überall, so weit das Auge reicht, nichts als Gletscherbrüche, Felspfeiler, überhängende Gletscher, senkrechte Wände und steile Bergspitzen. Verloren in dieser Eiswüste bauen wir unser Lager inmitten dieser irrealen Kulisse auf.

Die meiste Zeit der Nacht schneit es, sodass am Morgen fünfundzwanzig Zentimeter Neuschnee die Spuren unserer Vorgänger verwischt haben. Wir passen eine Aufheiterung des Wetters ab, um aufzubrechen, denn es ist sinnlos, orientierungslos im Nebel herum zu irren. Die Aufhellung kommt gegen Ende des Vormittags und wir brechen zum Pass auf. Romain überquert mehrere Schneebrücken, die über Gletscherspalten führen. Einige von ihnen brechen unter seinem Gewicht, aber ich federe mit Leichtigkeit seine Stürze ab, denn wir gehen mit gespanntem Seil. Nebelbänke ziehen hier und da vorüber und wir verlieren kurzzeitig die Orientierung in einem Schneegestöber. Wir schreiten also voran ohne jeglichen Anhaltspunkt, eingehüllt in eine helle Wolke. Trotzdem erreichen wir den Fuß des Passes und entdecken wieder die Fußspuren der Gruppe, die uns vorausgeht.

Nun stehen uns zwei Möglichkeiten zur Auswahl: Uns einen Tag Zeit zu nehmen, um dieses Gletscherhochplateau zu erkunden oder direkt zum Pass aufzusteigen. Romain begeistert sich für die erste Option, ich bevorzuge die zweite. Das unbeständige Wetter der vorhergehenden Tage, unsere quasi totale, beinahe erdrückende Isolation und das zufallsbedingte Vorwärtskommen inmitten der Gletscherspaltenfelder, veranlasst uns, die zweite Lösung zu wählen.

Wenn wir zu dritt gewesen wären, wären wir bestimmt aufgebrochen, um Lupke Lawo zu erkunden, aber aufgrund der Gegebenheiten und angesichts der uns umgebenden Naturgewalten fühlen wir uns ziemlich winzig und machtlos, weshalb wir uns dagegen entscheiden.

Also beginnen wir mit dem erschöpfenden Aufstieg zum Pass Hispar La, auf fünftausendeinhunderteinundfünfzig Meter. Trotz der Spur bricht der Schnee oft unter unseren Tritten weg und seinen Körper in dieser Höhe aufwärts zu schleifen, gebückt unter der Last eines solch schweren Rucksacks, ist ein sehr beschwerliches Erlebnis. Ausgelaugt durch die Anstrengung und durch die Höhe kommen wir auf Hispar La an. Langsam lichtet sich der Himmel, solange bis nicht mehr die kleinste Wolke übrig bleibt. Das Panorama ist verblüffend schön. Wir sind ganz einfach auf einem anderen Planeten oder vielmehr, an einem Ort, dessen Existenz und Magie man nie vermuten würde, wenn man nicht selber dort gewesen ist. Die Gipfel recken sich zu Hunderten in den azurblauen Himmel und eine göttliche Reinheit erhebt sich über dem Gebirge.

Die Nacht ist besonders kalt, am Morgen hat es im Zelt minus sieben Grad. Schon wieder müssen wir unsere Schuhe mit dem Kocher auftauen. Langsam bereiten wir den Aufbruch vor, denn der Frost und die Höhe verlangsamen unsere Bewegungen. Im Gegensatz zu gestern Abend, ist der Schnee fest gefroren und wir laufen mit Leichtigkeit die Hänge des Passes hinab. Am Gletscherrand erstrecken sich beeindruckende, durch die Gletscherspalten zerrissene Areale. Wir folgen dem rechten Ufer des Hispar-Gletschers. Zu unserer Linken erstreckt sich eine einzigartige Aneinanderreihung von Gipfeln und Eiswänden. Es ist dieses Panorama, welches langsam an unseren Augen vorüber zieht. Der Schnee zieht sich zurück, und wir finden uns in mitten der chaotischen und endlos scheinenden Moränenlandschaft wieder. Dieser Rückweg, der einen alle paar Meter stolpern lässt, ist der Preis, den man bezahlen muss, um die Überquerung abzuschließen. Jedes Mal aber, wenn wir innehalten und uns umschauen, werden wir hundert Mal entschädigt für all unsere Anstrengungen, unsere Zweifel und unsere Ängste. Wir müssen mehrere aufeinander folgende stark zerklüftete Gletscher überqueren. Sie ermöglichen aber den Einblick in unglaubliche Gletschertäler, deren Gipfel von einer unvorstellbaren Schönheit sind. Verlassene, unbekannte Täler und das ist nur ein winziger Teil des Karakorums, das ist wirklich das Land der tausend Wunder! Auf dem Jutma Gletscher scheint zum Beispiel ein riesiges Granitei von mehreren Hunderten Kubikmetern von der mächtigen Hand eines Riesen abgelegt worden zu sein.

Wir laufen mit Leichtigkeit die Abhänge des Passes hinab. Am Rande erstrecken sich beeindruckende, durch Gletscherspalten zerrissene, Areale.

Nach und nach erscheint auf der Hochebene neben dem Hispar Gletscher wieder Grünzeug. Nach der Kargheit des Gletschers ist der Kontrast ergreifend. Groß ist unsere Überraschung als wir auf Yaks treffen, die wegen des Sommers hier herauf gekommen sind. Wir sind völlig verblüfft von der Tatsache, dass diese Tiere sich auf derartiger Höhe befinden, wo sie doch Gletscher, Moränen und steile Geröllfelder queren müssen, um zu ihren Weideflächen zu gelangen.

Am achten Tag holen wir die Gruppe ein, die uns vorangeht. Es ist ein französisches Paar mit einem Führer, einem Koch und sieben Trägern. Sie machen heute Pause und wir unterhalten uns eine ganze Weile mit ihnen. Wir werden ihnen niemals genug danken können, dass sie die Spur im tiefen Schnee des Passes angelegt haben. Man muss wirklich zugeben, dass uns das die Sache sehr erleichtert hat.

Wir gehen auf unserem nicht enden wollenden Abstieg weiter und umrunden einen schwarzen Gletscher, auf den unaufhörlich Eisklötze und Felsbrocken herabstürzen. Endlich überqueren wir einen letzten Seitengletscher und erklimmen den gegenüberliegenden Abhang. Das war's dann, die Schwierigkeiten, das Eis – all das haben wir hinter uns. Der Erfolg unserer Gletscherüberquerung ist greifbar und wir genießen unser letztes Stück „Tomme de Belledonne", welches uns ans Ende der Welt und sogar darüber hinaus gebracht hat. Aber dieser Treck ist wahrhaftig mit allen Wassern gewaschen und erst vierundzwanzig Stunden später schließen wir ihn wirklich ab.

Tatsächlich liegt das Dorf Hispar nämlich noch verflixt weit entfernt, wir müssen uns noch durch einen mühseligen Abstieg in den Geröllfeldern kämpfen und anschließend noch einen ungestümen Gebirgsfluss bezwingen, um Hispar zu erreichen. Im Dorf laufen alle zusammen als wir ankommen. Man muss sagen, dass hier seit einigen Jahren nicht mehr viele Leute vorbeikommen. Als wir im „Registerbuch der Brucke" unterschreiben, stellen wir zu unserer großen Überraschung fest, dass wir erst die sechste Gruppe sind, die in diesem Jahr in Hispar war.

Für die restliche Abwärtsstrecke suchen wir einen Jeep. Dessen Fahrer ist jedoch auf die Jagd gegangen. Geduldig warten wir drei Stunden, bis er zurückkommt. Für dreißig Kilometer verlangt er fast das Doppelte von dem, was wir für die einhundertzwanzig Kilometer, die Skardu mit Aslkoli verbinden, bezahlt haben. Da wir diesen Betrüger nicht auch noch unterstützen wollen, ziehen wir es vor, zu Fuß weiter zu gehen.

Als die Nacht hereinbricht halten wir bei einem Lager von Straßenarbeitern, deren Aufgabe es ist, Erdrutsche zu beseitigen. Einer von ihnen ist ein alter Bergführer, aber seit den Attentaten vom 11. September haben die muslimischen Länder im Allgemeinen und Pakistan im Besonderen eine schlechte Presse im Westen und die Touristen werden jedes Jahr weniger. Jetzt ist er Straßenarbeiter und arbeitet mit Pickel und Schaufel, er, der ehemals seine Kunden auf die schönsten Berge des Planeten führte.

Früh am nächsten Morgen machen wir uns wieder auf den Weg und nach fünf Stunden Fußmarsch sehen wir zu unserer Überraschung unseren Chauffeur und seinen Jeep, beladen mit acht Dorfbewohnern. Ohne Groll akzeptiert er es, uns die letzten Kilometer mitzunehmen und bringt uns zu der Hauptstraße, zu einem zehnmal niedrigeren Preis, als den, den er gestern Abend vorschlug.

Ich bin fasziniert von der Fähigkeit der Pakistanis, sich in öffentlichen Transportmitteln zusammen zu drängen. Dreißig Personen auf dem Dach eines Busses, fünfzehn Männer stehend auf der Ladefläche eines Jeeps oder sieben Passagiere auf der Bank eines Minibusses. Das Erstaunlichste ist, dass sich niemals jemand über den ungenügenden Reisekomfort beschwert. Im Gegenteil, wenn noch einer in das Fahrzeug einsteigen will, das ohnehin schon zum Bersten voll ist, drängen sich alle ohne zu murren noch mehr zusammen, um ihn hinein zu lassen.

Eine Fahrt im Minibus, dann noch eine Strecke per Autostopp und schon sind wir im Diran Guest House am Fuße des Rakaposhi. Wir genießen eine Portion Pommes frites mit Hähnchen Karai. Der Treck ist beendet! Diese einhundertdreißig Kilometer Gletscher haben uns wirklich das Letzte abverlangt.

Aber dieser lange Gletschermarsch ist mehr als ein wunderbarer Treck. Es ist eine Reise auf einen Eisplaneten außerhalb von Zeit und Raum des Menschen. Trotz der unerbittlichen Brutalität der Elemente, ist es eine märchenhafte Traumwelt. Ja, die Realität hat unsere Träume und Vorstellungskraft übertroffen.

Auf und ab nach Zentralasien

Bis zur Abfahrt von Romain bleiben uns noch einige Tage. Wir begeben uns über Marihuana- und Aprikosenfeldern zum Basislager des Rakaposki, einem gigantischen Gletschergipfel. Wir sind im Land des Aga Khan, dem geistigen Oberhaupt der Ismailiten. Die Ismailiten praktizieren einen sehr moderaten Islam und setzen sich somit von den anderen Gemeinschaften deutlich ab. Ein überzeugendes Beispiel dafür ist, dass uns dort die Frauen mit unbedecktem Gesicht spontan ansprechen und uns Aprikosen schenken. Es ist schon eine Freude, wieder Frauen in den Dörfern zu sehen, nachdem man zwei Monate lang nahezu ausschließlich mit einer Männergesellschaft Umgang hatte.

Wir kommen wieder nach Gilgit zurück, den Kopf voller unvergesslicher Augenblicke und während ich meine Giardiasis auskuriere, einen Parasiten, der einen unablässig „faule Eier rülpsen lässt", bricht Romain auf, um den Nanga Parbat zu bewundern. Jetzt aber müssen wir nach Islamabad zurück, denn Romain kehrt heim nach Frankreich und Toni kommt, um über ein Jahr mit mir zu reisen. Wir rechneten damit, einen Nachtbus nehmen zu können, damit wir diese siebzehn Stunden Fahrt möglichst schnell hinter uns bringen, aber er ist voll. Wir begnügen uns damit, Fahrkarten für morgen zu erstehen, ein kleines Detail, das uns vielleicht das Leben gerettet haben könnte.

Denn nachdem wir auf den schlechten Straßen des Nordens durchgeschüttelt wurden, kommen wir mitten in der Nacht am Busterminal von Pir Wahdai an. Ein Taxifahrer spricht uns an. Anlässlich der Information über unseren Wunschort, den Campingplatz von Ahb Para, schreit er bestürzt, dass es dort viel zu gefährlich sei aufgrund der Bomben und Terroristen und dass er uns ein Hotel empfehlen würde, das sicherer sei. Schon wieder eine Finte, um uns zu seinem Cousin, den Hotelbesitzer, zu schicken, denken wir. Obwohl er gebetsmühlenartig seine Vorsichtsmaßnahmen wiederholt und uns abrät dorthin zu fahren setzt er uns am Campingplatz ab. Der Campingplatzwächter öffnet uns murrend und gerade als wir unser Zelt aufbauen, steigt Marc aus seinem Camping Bus aus: „Was treibt ihr hier zu dieser Stunde, Burschen?"

Die Marihuana-Felder am Fuß des Rakaposhi

„Wir kommen aus Gilgit."

Völlig verblüfft hören wir, dass vom Campingplatz nur circa einhundert Meter Luftlinie entfernt eine Bombe gezündet worden war, gerade vor dem Internetcafé, wohin wir für gewöhnlich gehen. Fünf Soldaten seien durch den Selbstmordanschlag getötet worden, zudem seien vierzehn Zivilpersonen umgekommen. Ich dachte hier eigentlich vier ruhige Tage zu verbringen, in Wirklichkeit waren es Tage voller Langeweile und Unbehagen in der feuchten Hitze von Mückenstichen übersät. Ich begleite Romain zum Flughafen, am nächsten Tag empfange ich Toni dort. Welches Glücksgefühl, sie von nun an, an meiner Seite zu wissen. Welch schöner Liebesbeweis, dass sie ihr Studium unterbricht, um sich mit mir zusammen auf den Straßen dieser Welt abzurackern.

Darauf bedacht, schnellstens die pakistanische Hauptstadt mit ihren Problemen zu verlassen, unterziehen wir uns einer fünfzehnstündigen Busfahrt und kommen spät nachts in Gilgit an. Wir gönnen uns drei Tage, um unser Wiedersehen nach diesen vier Monaten der Trennung zu genießen und um uns gemächlich auf die Weiterreise vorzubereiten.

Zuerst legen wir die zweihundert Kilometer, die uns von Sost trennen, zurück. Unglücklicherweise versperrt uns ein oft wolkiges Wetter den ungehinderten Blick auf die Berge, die die Straße säumen. In Sost müssen wir, den Bus nehmen, um nach China einzureisen, da Radfahrer nicht mehr berechtigt sind, den Khunjerab Pass zu befahren.

Vor der Abreise besteht Toni unbedingt darauf, in einem kleinen pakistanischen Restaurant essen zu gehen. Trotz meiner Bemühungen, sie davon abzubringen, beuge ich mich schließlich ihrer Beharrlichkeit. Das gibt den Anlass für eine letzte pakistanische Geschichte, eine dieser Szenen, mitten aus dem Leben gegriffen, die sich nirgendwo anders, außer hier, ereignen können: Vom Chef, zum Unterchef, zum ersten Ober, zum zweiten Ober und zu den Köchen kommt ihnen die Hälfte unser Bestellungen abhanden. Es ist ein sehr kleines Lokal und wir sind die einzigen Gäste. Man serviert uns letztlich passable Linsen (Dahl), ein im Fett schwimmendes Huhn mit einer sehr stark gewürzten Soße und einige Zwiebelringe und „Chapatis". Nicht teuer, aber auch nicht gut.

Es ist also diese Busfahrt, mit der meine zwei Monate in Pakistan enden, einem Land ohne Kompromisse, das mir in Bezug auf menschliche Beziehungen das Schlimmste, ebenso wie das Beste geboten hat. Das Schlimmste, weil man mich unzählige Male pro Tag immer wieder mit denselben Fragen bombardiert hat: „Woher kommen Sie?", „Wie geht es ihnen?", „Wohin fahren Sie?", oder aber weil den Buben nichts Besseres eingefallen ist, als mir Steine hinterher zuwerfen oder wie die Irren am Straßenrand zu gestikulieren. Das Beste, weil mir die innigsten Zeichen der Großzügigkeit und Freundlichkeit entgegengebracht wurden, weil ich mich manchmal stundenlang mit den Pakistanis unterhalten habe, weil sie sich vierteilten, um mir zu helfen, obwohl sie mich erst seit einigen Augenblicken kannten. Die pakistanische Gesellschaft bleibt mir dennoch ein Geheimnis in ihren Unterschieden und ihrer ethnischen Vielfalt.

Die Straße schlängelt sich ein sehr enges Tal entlang, führt dann auf die Höhe des Passes zu, wo sich der Blick weitet und wir erreichen eine ausgedehnte Ebene, die den Eintritt nach China markiert. Wir sind umgeben von einer Vielzahl rundlicher gletscherüberzogener Hügel, deren Gletscherzungen sich in einem unaufhörlichen Strom auf die Ebene ergießen. Wie ärgerlich, dass wir diese wunderschönen

Kilometer im Bus zurücklegen, noch dazu, wenn man weiß, dass vor fünf Jahren die Überquerung des Passes noch erlaubt war. Die Fahrt über den Khunjerab Pass mit dem Fahrrad muss ein eindrucksvolles Erlebnis gewesen sein. Am Grenzposten, einhundertvierzig Kilometer nach dem Pass, können wir endlich unsere Fahrt mit dem Rad wieder aufnehmen. Die chinesischen Zöllner durchsuchen dreimal genauestens die Pakistanis und ihre Taschen, wohingegen wir mit unseren Satteltaschen kaum beachtet werden.

Als wir die Hochebene überqueren, fahren wir nahe an einem See vorbei, der unterhalb des Muztagata liegt. Am Fuße dieses enormen Berges von siebentausendfünfhundert Metern Höhe leben Kamele, Yaks, Ziegen und Pferde von kirgisischen Nomaden, die in Jurten wohnen. Die Straße stürzt darauf in tiefe Schluchten hinab, überragt von Granitnadeln und deren zerklüfteten Gletschern. Die Berge verschwinden nach und nach und machen den Weg frei für die große Ebene, die nach Kashgar führt. Hohe Mauern aus roter Erde säumen die Straße bis hin zu einer schmutzigen Stadt, welche wahrscheinlich der Gewinnung von Aluminium gewidmet ist. In der kleinen Kneipe, in der wir unsere Suppe essen, sitzen auch die Arbeiter im Blaumann, das Gesicht vom Staub der Fabrik geschwärzt, um ihre Mahlzeit zu verschlingen.

Die Landschaft ist nun komplett flach und von Bauerndörfern übersät. Am Abend werden wir von einer Familie eingeladen. Hinter den hohen Lehmziegelmauern, die das Anwesen umgeben, befinden sich eine Gartenlaube und Holzsäulen, die mit grazilen und rührenden Motiven bemalt, das Wohngebäude stützen. Es ist eine uigurische Familie, einer muslimischen Ethnie angehörend, die eine türkisch-mongolische Sprache aus dem Westen Chinas spricht. Wie bei den Tibetern werden ihre Kultur und Identität durch die chinesische Diktatur unterdrückt, aber ihr Nachteil ist es, dass sie keinen so charismatischen Führer wie den Dalai Lama haben. Es ist der internationalen Gemeinschaft gleichgültig, dass dieser Volksstamm versucht, seine Rechte geltend zu machen.

Auch wenn die Grammatik ihrer Sprache, sich von der türkischen formal gesehen, ziemlich stark unterscheidet, stelle ich mit Freude und Überraschung fest, dass ein großer Teil des Vokabulars quasi

Die riesige Statue von Mao Zedong in Kashgar

identisch ist. Einige Gläser schwarzen Tee, ein Brot, nahrhaft und gesalzen und Weintrauben von der Laube bilden die Mahlzeit, die man uns serviert. Die Großeltern hatten sechs Kinder, eine der Töchter, die schon verheiratet ist, hat zwei. Die Ein-Kind-Politik scheint auf dem Land nicht so rigoros angewandt worden zu sein.

Kashgar ähnelt sicherlich vielen chinesischen Städten. Die Altstadt ist der Zerstörung ausgeliefert und wird von großen pompösen Neubauten mit perpendikulär angelegten Verkehrsadern umzingelt. Es ist traurig, dass dieses Erbe langsam zerstört wird. Unsere Spaziergänge, durch die engen verwinkelten Gassen der bisher noch verschonten historischen Stadtteile, hat trotz der lachenden, herumtollenden Kinder, etwas Düsteres an sich. Ebenso hat die große Statue von Mao Zedong und die Ein-Yuan-Scheine die mit seinem Abbild bedruckt sind etwas Bedrohliches an sich. Trotz der dreißig Millionen Toten während der Kulturrevolution, gibt es noch heute führende Politiker, die erklären, dass „er zwar zu dreißig Prozent unrecht, aber zu siebzig Prozent recht hatte", und sie fahren fort, den Personenkult um diesen Mörder aufrechtzuerhalten. Aber die Geschichte, wie auch viele andere Dinge, scheinen sich hier nicht auf die gleiche Art und Weise auszuwirken.

Mit dem Ziel, ethnische Minderheiten zu „integrieren", hat die Regierung Chinesen aus dem Osten in allen großen Ballungsräumen, seien es uigurische oder tibetische, angesiedelt. Diese Politik, die der Kolonialisierung ähnelt, hat die konsequente Absicht, die politischen und wirtschaftlichen Zügel dieser Regionen an die Han-Chinesen abzugeben um damit die Einheimischen noch ein wenig mehr an den Rand der Gesellschaft zu drängen.

Die Anwesenheit der Han Chinesen in dieser Region ermöglicht es uns, China besser zu verstehen. Ihr Desinteresse an uns, ist nach der nicht enden wollenden und manchmal lästigen Neugier der Pakistanis, nicht ohne Vorteil, aber es scheint, dass man bisweilen gar nichts und niemanden versteht, als ob unser Gehirn anders getaktet wäre, als das ihre. Eines Nachts um 2 Uhr morgens klopft jemand mit Nachdruck an unsere Tür. Letztendlich öffne ich, ein Bediensteter des Hotels, fordert mich auf umgehend die noch ausstehenden Übernachtungsgebühren zu bezahlen. Ich gehe zur Rezeption hinunter und setze mich auf Englisch mit dem Geschäftsführer auseinander. Wie ist es möglich, dass man uns zu solcher Stunde stört, obwohl wir rund zehnmal pro Tag an der Rezeption vorbeikommen? Er antwortet mir, dass wir uns entscheiden hätten können, in ein anderes Land abzureisen, ohne unsere Schulden zu begleichen?!

Wenn wir in die kleinen Restaurants gehen, bestellen wir „etwas zu essen", indem wir die universale Geste mit der Hand, die etwas zum Mund führt, machen. Jedes Mal gibt es eine neue Überraschung, wenn man uns die Gerichte serviert. Unglücklicherweise hört die Verständigung durch Zeichensprache hier auf. Zum Beispiel zeigt es die Zahl acht, wenn Daumen und Zeigefinger gestreckt werden, während die anderen drei Finger zur Faust geballt sind. Sind die Fingerspitzen einer Hand in der Mitte gruppiert heißt das fünf. Selbst die Art und Weise, wie man die Richtungen anzeigt, ist unterschiedlich.

Während unseres Aufenthaltes in Kashgar sind wir unentschlossen, wie unser weiterer Parcours aussehen soll. Wir schwanken in unserer Entscheidung, welchen Weg wir nehmen sollen. Wollen wir ganz Tibet auf Tausenden von Kilometern Pistenstrecke bereisen, und eine unzählbare Anzahl von Pässen überqueren, immer in der Ungewissheit nicht über den nächsten Kontrollposten zu gelangen? Oder sollen wir Tibet im Norden umgehen und auf vernünftigen Höhen auf gut angelegten Straßen dahinrollen? Es ist schließlich Toni, die mich davon überzeugt, sich für Tibet zu entscheiden, selbst wenn ich weiß, dass wir es teuer bezahlen werden. Zu sehr träumen wir davon, dieses mystische Land kennenzulernen, um jetzt, da wir die Möglichkeit dazu haben, darauf zu verzichten. Es ist quasi unmöglich, eine Einreiseerlaubnis für Tibet zu erhalten, ohne einer organisierten Gruppe anzugehören. Wir müssen also auf unser Glück hoffen und uns auf die Nachsichtigkeit der Polizisten verlassen.

Die Vorbereitungen ziehen sich ewig in die Länge, zumal hinzukommt, dass uns ein geheimnisvolles Übel im Intervall von vierundzwanzig Stunden Verzögerung niederringt. Plötzlich fühle ich mich extrem schwach, fiebrig und eine für mich neue Kategorie des Durchfalls gibt mir den Rest.

Dank Tonis Beharrlichkeit gehe ich ins Krankenhaus. Nach einer Serie von Tests, finde ich mich ausgestreckt auf einem Bett mit einer

Infusion im Arm wieder. Ein Infusionsbeutel folgt dem nächsten, ohne dass ich weiß, woran ich leide. In der Tat komme ich durch diese Rosskur schnell wieder auf die Füße. Kaum das wir im Hotel zurück sind, entwickelt Toni die gleichen Symptome. Zurück ins Krankenhaus, wo die Infusionen erneut ihre Wunder bewirken!

Nachdem wir quasi eine Woche in Kashgar zugebracht haben, gelingt es uns endlich, uns von diesem Hotelzimmer loszureißen, um die Route nach Tibet aufzunehmen.

Tibet

Die ersten zweihundertfünfzig Kilometer, die durch die Wüste von Talkamakam führen, sind ein leichtes Häppchen. Es ist flach, die Straße ist geteert, die Gegend ist bewohnt, es ist warm (manchmal sogar ein bisschen zu warm) und wir befinden uns auf niedriger Meereshöhe. Diese fünf „Zutaten" werden uns von nun an schrecklich fehlen.

Das, was uns als erstes auffällt, als wir diese heruntergekommen Dörfer durchqueren, ist der Unterschied zwischen der Armut auf dem Land, wo die Menschen sich noch in von Eseln gezogenen Karren fortbewegen und dem ausufernden Reichtum der Oberklassen in den Städten, die in klotzigen, ganz neuen Geländewagen herumfahren. Das marxistische Ideal scheint von den hervorragenden Leistungen der zweistelligen chinesischen Wachstumsrate unwiederbringlich abgelöst worden zu sein.

Grüne Landstriefen schießen hier und da hervor, Felder mit Baumwolle, Mais oder Sonnenblumen, eingerahmt von Obstgärten und Pappelalleen. Überall dort, wo die Bewässerung aufhört, gibt es nichts als Staub der in all unsere Dinge eindringt und unsere Körper bedeckt. Auch die chinesische Fahrweise lohnt es kennenzulernen: Von dem Moment an, wo die Straße geradlinig verläuft, scheinen die Fahrer das Bremspedal nicht mehr zu kennen, und sie rasen wie die Irren ununterbrochen hupend durch die Dörfer. Hinter ihrer Windschutzscheibe kann man ihren hitzig erregten Gesichtsausdruck erahnen, welcher durch die koffeinhaltigen Getränke, die sie im Laufe des Tages zu sich nehmen, um wach zu bleiben, entsteht.

Kaum wahrnehmbar verlassen wir die Ebene und nähern uns auf langsam ansteigenden Straßen den ersten Bergen. Die Städte verschwinden, die Dörfer liegen weiter auseinander, die Lebensmittelversorgung wird unsicherer und die Straße ruhiger. Man begegnet einigen Yaks und halbwilden Kamelen. In weiter Ferne erahnt man die schneebedeckten Gipfel. Wir fahren ein sehr trockenes Tal aufwärts, als plötzlich die geteerte Straße aufhört, um einer mit Schlaglöchern durchsetzten Piste Platz zu machen, auf der wir uns von nun an abmühen müssen. Jeder Meter ist ein Kampf und es gilt beinahe zweitausend Kilometer unter diesen Bedingungen zu bezwingen, bis wir in Lhasa ankommen.

Schnell lasse ich den Kopf hängen, meine Moral ist auf dem Tiefpunkt. Ich erinnere mich an die Hölle, durch die ich gegangen bin, als ich während einer vorangegangenen Reise in Südamerika, Hunderte von Kilometern Piste bewältigen musste. Aber Toni ist entschlossener als ich. Nachdem der erste Pass hinter uns liegt, schöpfe ich wieder Vertrauen und Zuversicht in diese Durchquerung Tibets. Welche Überraschung, welche Freude, als wir entdecken, dass die Straße erneut einige duzend Kilometer geteert ist. Das tut unserer Moral unglaublich gut und ist Balsam für unsere Seelen. Diese unerwartet leichten Kilometer, wissen wir wirklich zu schätzen.

Sehr schnell erwartet uns nichts desto trotz eine große Herausforderung, ein Pass von viertausendneunhundert Metern Höhe, an dessen Fuße der Asphalt endet. Am Morgen ist das Wetter nicht gerade verlockend. Eine Mischung von Schnee und Regen trommelt auf das Zelt und ein kalter feuchter Wind lässt uns bis auf die Knochen frieren. Mutig brechen wir trotz der Windböen auf und fahren so langsam wie möglich bergan, um unseren Kreislauf nicht zu überfordern. Die ersten Kilometer kommen wir gut voran, aber die letzten Steigungen sind strapaziös. Die Piste ist schlecht und der Gegenwind lässt uns erstarren.

Trotzdem bin ich überrascht, dass wir den Gipfel erreichen, sicherlich müde, aber nicht völlig erschöpft, wie ich angesichts unserer unzulänglichen Akklimatisierung befürchtet habe. Wir tauchen ohne zu zögern in die Talfahrt ab, um Sauerstoff und Wärme zurück zu gewinnen. Wir haben das Gefühl, als hätten wir eine Heldentat vollbracht. In Tibet jedoch ist diese Heldentat von beträchtlicher Banali-

Panzer, um das Nichts zu verteidigen

tät, denn es gibt noch dutzende solcher Pässe, die die Höhe des Mont Blanc übertreffen, die wir überwinden müssen.

Einige Lastautos überholen uns wie die Irren als wir ein langes Tal aufwärts fahren. Manchmal jedoch zahlen sie dafür einen hohen Preis, wie der Lkw, dessen Karosserie wir aufgeschlitzt am Rande der Straße sehen. Bald stoßen wir auf die Steigungen eines neuen Passes. An einer jäh abfallenden Steilwand sehen wir die Lastautos, wie sie langsam einen schmalen Weg hinauf, danach mit einem bläulich-rot leuchtenden Erz beladen, wieder abwärts fahren. Die haben wirklich vor nichts Angst! Kurzatmig bewältigen wir die letzten hundert Meter des Passes, welcher fast auf fünftausend Metern liegt. Werden wir niemals akklimatisiert sein?

Wir kommen in eine „Stadt" bestehend aus einigen Gasthäusern, einigen Geschäften und einem großen Militärstützpunkt. In dem Laden, in dem wir einkaufen, treiben sich mehrere komplett besoffene Soldaten herum. Einer von ihnen fällt in voller Länge zwischen den Regalen um, seine Kollegen haben große Mühe ihn wieder auf die Beine zustellen. Wir sind müde, finden aber dennoch die nötige

Energie, um zu kochen und das Zelt aufzustellen. Wir hätten ohnehin keine andere Wahl!

Der nächste Pass markiert unser Eintreten in die hohen Regionen des Himalayas. Inmitten einer Unzahl von Bergen radeln wir dahin und fahren riesige Täler hinauf. Ja, es ist eine gewaltige Leere hier! Einige, wenige Ruinen zeugen von einer vergangenen Besiedelung, ansonsten gibt es hier nichts. Ich bedauere, dass die Piste so schlecht ist und dass man deshalb ständig genau hinschauen muss, wo man fährt, um nicht sofort zu stürzen. Dadurch können wir von dieser einmaligen Landschaft, mit ihrer ganz besonderen Stimmung, nur unzureichend profitieren. Dennoch hatte ich bisher nie so deutlich das Gefühl, „die Erde zu überqueren", der Konkavität der Erdkruste zu folgen.

Überraschenderweise überholt uns plötzlich eine Kolonne von Panzern und Lastautos, beladen mit Soldaten und Kanonen. Durch den von ihnen aufgewirbelten Staub, ist es uns bald unmöglich zur gleichen Zeit wie sie auf der Straße zufahren. Wir gedulden uns drei Stunden lang, bis diese Hunderte von Fahrzeugen endlich alle vorbeigezogen sind. China und Indien haben einen territorialen Streit gerade in dieser Gegend, in der wir momentan unterwegs sind. Ohne Nachrichten aus der Welt seit zwei Wochen, fragen wir uns einen Augenblick lang, ob wir nicht mitten in einen Konflikt zwischen den beiden bevölkerungsreichsten Ländern der Welt geraten sind. Aber angesichts des eher fröhlichen Gesichtsausdrucks der Soldaten folgern wir, dass es sich wahrscheinlich um einen Schichtwechsel einer Militärbasis handelt.

Wir nehmen unseren Weg wieder auf, nachdem der Konvoi vorüber ist. Unsere Verblüffung ist noch größer, als wir auf einen Mann treffen, der zu Fuß unterwegs ist und als einziges Gepäckstück einen kleinen Jutesack bei sich hat, den er über die Schulter geworfen trägt. Ungläubig halten wir an. Sein Gesicht ist gezeichnet von der Rauheit der Tage, die er damit verbringt, ununterbrochen zu marschieren, wahrscheinlich schläft er sogar direkt auf dem Boden. Kaum dass er uns eines Blickes würdigt, setzt er seinen Weg fort. „Vielleicht ein Pilger, der vom Kailash zurückkommt", vermuten wir.

Unser Lager auf dem Aksai Chin

Nach einem kraftraubenden Anstieg erreichen wir die Hochebene Aksai Chin, eine ausgedehnte Stein- und Sandwüste, fast konstant auf über fünftausend Metern Höhe gelegen. Die Straße, die sie durchquert, wird als die höchstgelegene der ganzen Welt betrachtet. Abends in meinem Schlafsack habe ich oft das Gefühl, dass mir die Luft fehlt und ich wache nach Luft schnappend auf. Von einem Pass auf fünftausendvierhundert Metern blicken wir auf die Hochebene unter uns. Soweit das Auge reicht, umgeben uns diese einzigartigen Berge in unglaublichen Farben. Wir fahren an einem See mit türkisem Wasser entlang und die langsam untergehende Sonne projiziert unsere Schatten in überdimensionaler Große auf diese nicht enden wollende Ebene Tibets. In mein Tagebuch schreibe ich diese Zeilen: „Auf dieser hohen, vom Wind leer gefegten Ebene, wo die Luft so rar ist, der Himmel so rein und der Atem so kurz, fühlt man sich dem Weltall näher!"

Das Wasser, das man auf der Hochebene Aksai Chin findet, ist salzhaltig, das gibt ihm einen schrecklichen Geschmack, aber damit muss man sich abfinden. Wir sehen viele tibetische Antilopen, die vor uns von weitem Reißaus nehmen. Noch beeindruckender ist aber die massive Silhouette eines einsamen Yaks. Die meisten Yaks im Himalaya entstammen in Wahrheit einer Kreuzung zwischen einem wilden Yak und einer Kuh. Aber in Tibet existieren noch wildlebende Yaks, die viel größer als ihre Verwandten sind.

In einem kleinen Dorf gelingt es uns, unsere Vorräte teilweise wieder aufzufüllen: Benzin für den Kocher, Nudeln, Suppe, Kekse und Zucker. Das wird unsere bescheidene Kost für die nächsten Tage sein. Am Abend erzählt mir Toni, dass sie sich schlecht fühlt. Sie muss sich vor dem Zelt übergeben, hustet lange Zeit, irgendwann beruhigt sie sich und schläft ein.

Erschöpft von den drei Tagen, die wir über fünftausend Metern verbracht haben, verlassen wir diese Gegend, sind aber nun bestens akklimatisiert für die Höhe. Seit mehreren Tagen folgen wir den Spuren von zwei Radfahrern. Diese Spuren sind die Quelle für verrückte Prognosen, was den Abstand, der uns von unseren Vorgängern trennt, betrifft. Endlich holen wir sie ein und können nun zwei Gesichter mit diesen rätselhaften Spuren verbinden. Es handelt sich um Karlo und Primož, ein Vater mit seinem Sohn aus Slowenien. Die Felge von Karlos Rad bekommt einen Riss. Sie haben keine andere Wahl, als einen Laster nach Ali zu nehmen. Wir werden sie später wieder treffen.

Es ist schon spät, als wir an den Fuß eines Passes gelangen, aber das außergewöhnliche Licht des tibetischen Abends ermutigt uns weiterzufahren. Der Anstieg ist hart, doch auf der Passhöhe glauben wir uns in ein Fantasiemärchen versetzt. Im Schimmer der letzten Strahlen des Sonnenuntergangs nehmen die Berge einen rotvioletten Farbton an. Kleine türkisblaue Seen und Salzfelder vervollständigen diese psychedelische Kulisse. Es wird schon Nacht, als wir die Abfahrt beenden. Ich hole Wasser aus einem der Seen, während Toni das Zelt aufbaut. Hunderte von Antilopen haben ihre Spuren im Uferschlamm hinterlassen. Ich lasse die Nudeln in diesem Wasser kochen, aber bereits der erste Bissen ist ungenießbar, denn das Wasser ist in der Tat viel zu salzhaltig und bitter, unmöglich, damit etwas zu kochen oder es gar zu trinken. Wie machen die Antilopen das nur …? Wir müssen unbedingt ein Fahrzeug anhalten, denn wir haben keinen einzigen Tropfen Wasser mehr.

Nach einigen erfolglosen Versuchen gelingt es mir, einen Lastwagen zu stoppen, aber die Insassen haben kein Wasser für uns. Der Fahrer ist schon wieder in sein Führerhaus gestiegen, als er sich anders besinnt und mir ein altes Reservoir unter dem Fahrgestell zeigt. Er gibt mir vier Liter Wasser, das dermaßen viel Rost enthält, dass es orange gefärbt ist. Glücklicherweise haben wir einen Keramikfilter dabei, der Schwermetalle herausfiltert und nach einigen Pumpenstößen erhalten wir klares Wasser.

Am nächsten Tag lädt uns einer Gruppe von Tibetern ein, eine Wassermelone mit ihnen zu essen. Eine unerwartete „Melonenpause" auf viertausenddreihundert Metern Höhe. Die Männer trinken Bier und „chan", ein alkoholisiertes Getränk, das auf der Basis von „tsampa", einer Getreidesorte ähnlich der Gerste, die in Tibet wächst, zubereitet wird. Ihre aufgeschwollenen Nasen verraten ihren Alkoholismus, eine wirkliche Plage in Tibet. „Dalai Lama, Dalai Lama!", rufen sie, indem sie die Hände falten und sich mit Respekt verbeugen.

Wir erreichen den See Pangon Tso, so groß wie ein Meer. Der Tee kocht im Zelt, als wir Jordi kommen sehen. Mit seinem ausgemergelten Gesicht habe ich Probleme, den Katalanen wiederzuerkennen, den wir vor einigen Wochen in Gilgit getroffen haben. „Hola, qué tal?"

„Ah!" schreit er. „Endlich mal einer, mit dem ich normal reden kann!"

Er erklärt mir, dass er nur schlechtes Englisch spricht und noch viel weniger Chinesisch und Tibetisch und sich deshalb seit Wochen mit niemandem mehr richtig austauschen konnte.

Das Ufer des Sees ist wunderschön. Zahlreiche wilde Pferde grasen friedlich im Grünen. Anschließend kommen wir wieder auf eine Teerstraße. Nach all den Kilometern auf schlechten Pisten ist der Jubel über diesen neuen Asphaltabschnitt unbeschreiblich. Unglücklicherweise endet er schnell wieder. Die Straße ist eine Baustelle und das unablässige vorbeifahren der Lastwagen wirbelt unendlich viel Staub auf, den wir kiloweise einatmen. Dann kommt der Asphalt zum Glück wieder, aber – wie um uns die Freude zu verderben – nagelt uns nun ein heftiger, unablässiger Gegenwind buchstäblich am Boden fest. Wir holen Jordi ein. Wir sehen wie er vom Rad fällt, mit den Nerven am Ende, hebt er einen Stein auf und schleudert ihn zornig ins Nichts. Nun vereinen wir unsere Kräfte und fahren im Pulk, lösen uns gegenseitig ab, um gegen die Windböen zu kämpfen.

Ein letzter Tag bringt uns nach Ali, eine der wenigen großen Städte im Westen Tibets. Wir fahren über einen Pass am Fuße der „Kleinen Dolomiten", als die Stadt aus der Sandwüste auftaucht. Ein kleines tibetisches Stadtviertel und eine chinesische Stadt ohne Charme reihen sich an einem Flussufer aneinander. Eine solch große Stadt überrascht uns nach der menschenleeren Wüste, die wir durchquert haben. Oft haben wir Nahrungsmittel für drei Tage zwischen zwei Versorgungspunkten mitführen müssen, aber hier können wir sogar duschen, ins Internet gehen und Obst und Gemüse essen.

Da wir illegal nach Tibet eingereist sind, haben wir die Kontrollpunkte bis jetzt ohne Erlaubnis mit der Angst im Nacken überquert. Aber wenn man einmal in Tibet ist, ist es möglich, seinen illegalen Status auf einer Polizeistation zu legalisieren. Die Erlaubnis, bis Saga zu fahren, kostet uns fünfzig Yuans. Zusätzlich müssen wir dreihundert Yuans Strafe bezahlen, weil wir ohne Erlaubnis nach Tibet eingereist sind. Abends treffen wir Jordi, Karlo und Primož in einem kleinen Restaurant. Das Sprachgewirr könnte größer nicht sein: Toni spricht Französisch mit Jordi und Englisch mit Primož, ich spreche Italienisch mit Karlo und Spanisch mit Primož und Jordi. Insgesamt sprechen wir fünf neun Sprachen: Deutsch, Englisch, Französisch, Italienisch, Katalanisch, Portugiesisch, Serbokroatisch, Slowenisch und Spanisch! Das ist ein schönes Beispiel für die Vielsprachigkeit der großen europäischen Nation.

Die nächste Etappe führt uns nach Darchen am Fuße des Kailash. Außer einigen Nomaden lebt niemand in dieser Gegend mit einem solch rauen Klima. An diesem Abend schlafen wir mit Karlo und Primož zusammen neben einer Nomadenfamilie. Nachdem sie uns mit Enthusiasmus geholfen haben, unsere Zelte aufzustellen, sind wir in das ihre eingeladen. Auf dem Ofen, der mit Yak- und Ziegenmist geheizt wird, wird Tee mit Yak Butter erhitzt. Man serviert uns davon mehrere Gläser. Der Tee schmeckt eigenartig und es fällt uns schwer ihn zu trinken, da wir nicht daran gewöhnt sind. Dreißig Ziegen, etwa fünfzig Yaks und eine grenzenlose Hochebene, das ist der Alltag dieser Menschen! Inmitten diverser Haushaltsgegenstände thront auf einer

Die Tibeter bieten uns Tee mit ranziger Butter an

Holzkiste ein Foto des Dalai Lamas. Reis mit hausgemachtem Joghurt und ein wenig Zucker – das ist das einfache Mahl, das wir gemeinsam mit unseren Gastgebern essen und uns gegenseitig zulächeln.

Am Morgen frösteln wir in unserem Zelt, denn der Reisverschluss des Vorzeltes und des Innenzeltes sind kaputt gegangen. Es ist Hochsommer, aber es hat nur zwei Grad im Zelt. Selbst zu dieser Jahreszeit gibt es nicht selten mal einen Schneeschauer. Ich wage nicht, mir vorzustellen, wie es hier im Winter ist … Man muss aber natürlich verstehen, dass die Tibeter besser als wir an die Rauheit ihres Klimas gewöhnt sind. In dieser Nacht haben drei Männer der Familie im Freien genächtigt, um die Herden zu bewachen und Angriffe von Wölfen oder Schneeleoparden abzuwehren. Ohne Mütze, grade mal eingehüllt in eine alte Decke, haben sie bei dem eisigen Wind auf dem Boden geschlafen.

Die Mehrzahl der Radfahrer, denen wir begegnet sind, war in der Regel etwa ein Jahrzehnt älter als wir. Karlo mit seinem ergrauenden Haar und dem Lächeln eines Kindes, ist schon sechzig Jahre alt, aber er ist nicht der Langsamste von uns fünf. Geboren nach dem Krieg im titistische Jugoslawien, ist es ihm gelungen, trotz des Kommunismus und des „Eisernen Vorhangs" die Welt auf dem Fahrrad zu erkunden. Wir beide diskutieren heute morgen über die Integration Sloweniens in die Europäische Union. Es ist für ihn die Regulierung einer Situation, die zu lange Zeit grotesk war. In Folge des Zusammenbruchs des Österreich-ungarischen Reichs, der Annektierung einiger Territorien durch Italien, der jugoslawischen Vormundschaft, danach der slowenischen Unabhängigkeit, hatten die geografischen Grenzen dieses Teils Europas wenig zu tun mit der Wirklichkeit linguistischer und kultureller Aufgliederung. Es war allerhöchste Zeit, dass die EU diese absurden Grenzen verschwinden ließ.

Ein kleiner Umweg führt uns nach Tirthapuri, einem Wallfahrtsort. Dieser heilige Ort ist faszinierend. Eine „Kora" (ein Rundweg) zieht sich rund um ein kleines Kloster, das mit Abbildungen Buddhas, mit denen anderer Gottheiten oder manchmal sehr fremdartigen Geistern geschmückt ist. Die Kora wird gesäumt von unzähliger Gebetsfahnen, Seidenschals, ebenso wie Täfelchen aus Stein und Yak Hörnern, auf die Mantras graviert sind. In der Nähe befindet sich eine Warmwasserquelle, deren Dampf dem Ort eine mystische Atmosphäre verleiht.

Der Asphalt hört schon wieder auf und die Piste, die nach Darchen führt, ist unablässig unterbrochen von unzähligen Gebirgsbächen mit eiskaltem Wasser. Jedes Mal ist es das gleiche Theater: Schuhe ausziehen, schnellstmöglich das Rad schiebend den eisigen Bachlauf durchqueren, ohne an den Schmerz zu denken, den die Kieselsteine auf unseren Fußsohlen hervorrufen, das gegenüberliegende Ufer mit Erleichterung erreichen, die Füße trocknen und wieder losfahren.

Bald aber zeichnet sich die geheimnisvolle Silhouette des Kailash ab, des heiligen Berges, der in ganz Asien am meisten verehrt wird. Die Hindus, die Buddhisten und die Bönpa halten ihn für das Zentrum des Universums, seit Jahrhunderten pilgern die Anhänger dieser Religionen auf einem Rundwanderweg um den Berg.

In Darchen finden wir ein Zimmer für uns fünf. Wir essen mit der Familie, die uns den Schlafsaal vermietet. In dem Gemeinschaftsraum gibt es mehrere sehr schön geschnitzte und bemalte Holzmöbel, aber das was uns beschäftigt, sind die riesigen Portraits von Mao Zedong und Hu Jiantao, die an der Wand hängen. An einem solchen Ort würde man eher ein Bild vom Dalai Lama erwarten. Aber wir vermuten, dass die Tibeter streng überwacht werden und es besser ist, sich angepasst zu verhalten. Vielleicht ist es aber auch einfach Unwissenheit, weshalb diese beiden Poster hier hängen.

Am nächsten Tag brechen wir auf, um die Tour um den Kailash in Angriff zu nehmen. Die Kora ist eine Umrundung des Kailash von circa sechzig Kilometern Länge mit einem Pass von fünftausensechshundert Metern, den es zu überwinden gilt.

Unsere Ausstattung könnte nicht rudimentärer sein. Wir haben nichts anderes als unsere Radschuhe und einen schlechten Rucksack, um unsere Lebensmittel und unsere Campingsachen zu tragen. Da der Rucksack viel zu klein ist, tragen wir einen Teil unserer Sachen in der Hand. Wir starten die Kora zur selben Zeit, wie eine tibetische Großmutter mit ihren zwei Enkeln. Als wir am ersten Chörten ankommen, sehen wir, wie sie sich im Angesicht des Berges mehrfach zu Boden werfen. Es gibt mehrere Verehrungsorte rund um den Kailash. Wie in Tirthapuri, findet man auch hier Gebetsfahnen, gravierte Steine und Yak Hörner, aber auch viele Kleidungsstücke, die von den Pilgern als Opfergaben für die Gottheiten zurück gelassen wurden.

Der Kailash, ungeachtet seines legendären und heiligen Aspekts, ist ein einzigartiger Gipfel, was seine Form und Schönheit betrifft. Errichtet auf einem Fundament von vier senkrechten Felswänden, ausgerichtet nach den vier Himmelsrichtungen, wird er von einem Gletscher von herausragender Größe überstülpt, der sich in Eiszacken über der Westflanke oder in Eiskaskaden auf der Nordseite ergießt.

Am Fuße des Passes angekommen, betreten wir ein Kloster. Zwei Mönche laden uns ein, uns zu ihnen zu setzen. Dann servieren sie uns in einer Schale ein wenig Tsampamehl, Yak-Butter und gesalzenen Tee. Anschließend muss man die drei Zutaten mischen und erhält eine weiche Kugel. Das Mischen mit den Fingern ist mühsam und es fällt uns schwer, aus den Zutaten einen homogenen Teig zu kneten. Aus dieser hochkalorischen Mischung besteht die Basisnahrung der Tibeter. Als wir unsere Nahrung bezahlen möchten, sagt uns der Lama, der von mehreren westlichen Pilgern begleitet wird, dass wir uns damit nicht beschäftigen sollen, sondern eher einen Wunsch für den weltlichen Frieden aussprechen sollen, wenn wir morgen auf dem höchsten Punkt des Passes stehen.

Der Pass ist trotz unserer guten Akklimatisierung ziemlich hart zu bezwingen. Kann sein, dass unsere Muskeln das Marschieren nicht mehr gewohnt sind. Die Nordflanke funkelt im Morgenlicht der Sonne. Nachdem wir unseren Wunsch ausgesprochen haben, beginnt der Abstieg. Meine Radschuhe verursachen mir das Leid eines Märtyrers und die Rückkehr nach Darchen ist sehr strapaziös. Die Großmutter und ihre zwei Enkel sind ebenfalls furchtbar müde, aber alle wandern voller Selbstlosigkeit und Opferbereitschaft nach Darchen hinunter. Es scheint, als ob der Ort niemals näher kommen wolle! Mit großer Erleichterung erreichen wir endlich unseren Schlafsaal. Wie anstrengend ist sie doch diese Kailash-Umrundung! Aber sie ist ebenso grandios, es ist wirklich ein unvergessliches Erlebnis.

Wir fahren wieder zur Piste entlang des Manasarovar-Sees zurück, dessen Gewässer, überragt von hohen Gletschern und Gipfeln eine außerordentliche Landschaft bietet. Der Manasarovar-See ist für die Hindus heilig, denn gemäß der Überlieferung entspringen hier vier heilige Flüsse des indischen Subkontinents. In Wahrheit hat nur der Brahmaputra hier seinen Ursprung, obwohl die Quellen der ande-

Kailasch, der heiligste Berg der Welt

ren drei geografisch sehr nahe liegen. Wir durchfahren anschließend weniger spektakuläre Landschaften, die ein bisschen denen ähneln, die wir vor der Hochebene Aksai Chin vorgefunden haben. Die Gegend ist sehr einsam, was das Vorhandensein der wilden Fauna erklärt: Kiangs (eine Art Pferde-Zebras), Murmeltiere, Riesenstörche, Pfeifhasen (eine Sorte Maus-Hasen) und Tibet-Antilopen. Da Guillaume uns seine Ankunft in Bangkok für den 13. November zugesichert hat, haben wir nicht mehr die Zeit, die ganze Strecke mit dem Rad zu bewältigen, wenn wir über die Basislager der drei Achttausender, die sich in dieser Gegend befinden, fahren wollen: Shishapangma, Cho Oyu und Everest (oder Qomolangma auf tibetisch, wörtlich übersetzt: Muttergöttin der Winde).

Angesichts des Gefühls des „Déjà-vu" und der Tatsache, dass wir irgendwo ein Transportmittel nehmen müssen, festigt sich die Idee in unseren Köpfen, ein Stück mit einem Lastwagen zurückzulegen. Wir halten also den ersten Laster an, der vorüberfährt. Sein Fahrer ist bereit, uns bis zum nächsten Kontrollpunkt mitzunehmen, aber keinesfalls weiter. In der Tat ist Autostopp in Tibet untersagt und die Fahrer riskieren große Geldstrafen, wenn sie Fremde mitnehmen. Allerdings wollte uns am nächsten Tag, obwohl wir den Kontrollposten schon passiert hatten, niemand mehr mitnehmen. Den ganzen Tag über rollen wir auf einer abscheulichen Piste dahin. Obwohl sie flach ist, ist sie so steinig und sandig, dass wir nicht mehr als zehn Kilometer pro Stunde schaffen.

Am späten Nachmittag hält ein Militärlastwagen an und akzeptiert es, uns die vierzig Kilometer mitzunehmen, die uns vom nächsten Kontrollposten trennen. Der Soldat zeigt mir zwei Finger. Naiv glaube ich, dass er mich fragt, ob wir nur zwei Personen seien und ich bejahe es. In Payang angekommen, laden wir unsere Räder ab. Die Soldaten zieren sich. Was erwarten sie? Endlich verstehe ich, dass sie Geld wollen und nehme zwanzig Yuan aus meiner Geldbörse.

Sie brechen in schallendes Gelächter aus, zweihundert Yuan fordern sie. Im Angesicht dieser offensichtlichen Korruptionssituation – es handelt sich weder um ihr Fahrzeug, noch um ihren Sprit – lassen wir uns das nicht gefallen. Alles ist verhandelbar in Asien, insbesondere in solchen Situationen. Schließlich verschwinden sie mit fünfzig Yuan.

Dazu ein kleiner Exkurs darüber, wie die Chinesen handeln und mit Geld umgehen: Es gibt keinen härteren Geschäftsmann als einen chinesischen Händler. Dieses Volk, dem Kapitalismus verschrieben, hat dennoch unter dem fundamentalistischen Regime von Mao Zedong der kommunistischen Doktrin gehorcht. Wie konnte er nur die jahrhundertealte chinesische Tradition des Handels brechen? Ich habe mich das sehr oft gefragt, denn der Chinese ist im Grunde seines Herzens und seines Charakters ein Kaufmann. Die Antwort beziffert sich leider auf mehrere Millionen von Toten.

Es ist uns also passiert, dass sich die Preise zwischen einem tibetischen und einem chinesischen Laden verdoppeln, weshalb wir beginnen vor betreten eines Ladens systematisch das Gesicht seines Besitzers zu studieren. Ein Chinese: Wir setzen unseren Weg fort. Ein Tibeter: Hier können wir unsere Besorgungen in aller Ruhe erledigen. Die meisten Tibeter sind viel zu besorgt um ihr Karma, als dass sie es riskieren würden, wegen ein paar Yuan, die sie einem Reisenden abluchsen, nach ihrem Tod als Schwein wiedergeboren zu werden.

Den Rest der Strecke bis nach Saga, gestaltet sich der Autostopp als weniger problematisch. Nachdem wir den Kontrollposten passiert haben, hält der erste tibetische Lastwagenfahrer an und bringt uns auf seiner Rückbank unter. Der LKW ist wirklich eine lahme Kiste, der nur mühsam seine Spitzengeschwindigkeit von fünfzig Kilometern pro Stunde erreicht. Paradoxerweise hat das für uns den Vorteil, die Landschaft besser genießen zu können, als mit dem Fahrrad, wo man die ganze Zeit die Augen auf die Piste richten muss, um nicht im Sand stecken zu bleiben. Jedes Mal, wenn der Lastwagen einen Pass überquert, der wie immer mit Gebetsfahnen und Seidenschals geschmückt ist, stimmen die Tibeter in unserem LKW in ein Gebet ein. Während der Fahrt bieten sie uns Essen und Getränke an, lehnen aber alles ab, was wir ihnen anbieten und sei es nur ein armseliges Päckchen Kekse. Wie um sich zu rechtfertigen, sagen sie uns: „Wir sind Tibeter, nicht Chinesen!" Diesen Unterschied haben wir schon begriffen.

In Saga treffen wir Tesha. Ich habe sie zum ersten Mal in Göreme in der Türkei getroffen und wir sind uns, ohne es beabsichtigt zu haben, immer wieder begegnet. Sie ist fünf Tage vor uns in Kashgar aufgebrochen und hat die ganzen Kilometer auf dem Rad zurückgelegt. Nur wegen der vierhundert Kilometer, die wir mit dem Lastwagen gefahren sind, haben wir sie eingeholt. Ich bin wirklich beeindruckt. Jetzt trennen sich unsere Wege, aber wir hoffen auf ein Wiedersehen in Shigatse.

Wir verlassen die Route, die nach Lhasa führt, und überqueren den Brahmaputra, um zum Basislager des Shishapangma zu gelangen. Unsere Aufenthaltsgenehmigung geht geografisch nicht über Saga hinaus, insofern befinden wir uns nun theoretisch wieder außerhalb des Gesetzes. Als ein Militärlaster neben unserem Zelt anhält, frage ich mich, ob das der Anfang großer Scherereien ist … Keineswegs, der Offizier möchte lediglich mit uns zusammen ein Foto machen. Nach einigen Schnappschüssen filmt er uns, danach, sichtlich zufrieden mit sich selbst, fährt er mit seinen Soldaten wieder weiter.

Wir nähern uns dem Hauptkamm des Himalayas und beim Verlassen eines tief eingeschnittenen Tales tauchen die Berggipfel und deren Gletscher plötzlich unmittelbar an das Hochplateau grenzend auf. Im Licht der Abenddämmerung färben sie sich malvenfarbig, welch magischer Moment! Tags darauf erreichen wir, über eine schlechte Piste, das Basislager des Shishapangma. Das tibetische Plateau liegt so hoch, dass man die Basislager mit dem Rad erreichen kann. Lange Zeit von Wolken verdeckt, enthüllt sich der Shishapangma genau in dem Moment, als wir im Basislager ankommen. Er empfängt uns mit seiner massiven Silhouette und der Reinheit seiner Eismassen. Ein hart verdienter Augenblick von Glückseligkeit, den dieser Sonnenuntergang über dem riesengroßen Gebirge hervorruft!

Wir unterhalten uns mit dem Verantwortlichen des Basislagers. Der Monsun hat länger als gewöhnlich gedauert. Wir haben Ende September, aber es ist das erste Mal in dieser Saison, dass der Gipfel wolkenfrei ist. Wir haben Glück! Eine Tibeterin lädt uns ein, Tee in ihrem Zelt zu trinken. Uns offenbart sich ein trauriges Schauspiel! Während sich diese kleine Frau eifrig zu schaffen macht, sitzen drei Männer mit finsterem Blick und vom Alkohol aufgeschwemmten Gesichtern, um einen Tisch herum. Sie spielen mit Würfeln und schlagen vom Alkohol verblödet, begleitet von rohen Schreien des Irrsinns, mit Gewalt und Hysterie, den Würfelbecher ohne Unterlass auf die Unterlage. Was für ein Trauerspiel! Wie konnte es soweit kommen, dass sie am Fuße eines so wunderschönen Berges, in einen derartigen sozialen und intellektuellen Abgrund gerutscht sind?

Anschließend erreichen wir die „Straße der Freundschaft", den „Friendship Highway", der Lhasa mit Katmandu verbindet. Zu unserer Überraschung ist das gesamte Tal mit Tsampa bepflanzt und von kleinen Dörfern durchzogen. Welcher Kontrast gegenüber der menschenleeren Wüste, die wir gerade durchquert haben. Eine weitere Spezies findet man nun in rauen Mengen: die Touristen! Es scheint, als ob ihre Anwesenheit bedauerlicherweise die Verhaltensweisen der Einheimischen stark verändert hat. Die Tibeter, zuvor so höflich, so respektvoll, so zuvorkommend, sehen gegenwärtig in uns nichts anderes als einfältige Geldscheinverteiler. Ich bestreite nicht die Tatsache, dass wir viel reicher sind als sie, aber ich finde es sehr schade, dass sich der zwischenmenschliche Kontakt nur noch auf Betteleien reduziert. Meiner Meinung nach sollte sich das Verhältnis nicht auf die Menge des Geldes begrenzen, das irgendeiner im Vergleich zum anderen besitzt. Die Nomaden aus den westlichen Regionen Tibets, haben uns den besten Beweis dafür gegeben, aber hier scheinen die Leute jegliche Würde verloren zu haben.

Trotz allem schätzen wir diese Kilometer auf einer guten Piste. Naja alles ist relativ, wir können jetzt immerhin fünfzehn Kilometer pro Stunde fahren. Man erkennt bereits in der Ferne die Bergmassive des Everest und des Cho Oyu. Auch wenn sie noch weit weg sind, erscheinen sie majestätisch. Wir legen eine kleine Pause in einer Therme ein. Mit uns badet eine alte Großmutter mit ihrem Enkel. Es ist die Waschgelegenheit für alle, aber das zweiundvierzig Grad warme Wasser ist beinahe zu heiß.

Wir verlassen die „Straße der Freundschaft" und nehmen jene, die zum Basislager des Cho Oyu führt. Der Himmel ist unglücklicherweise wieder bewölkt. Unweit vom Basislager hält ein Polizeiauto auf unserer Höhe. Die Polizisten lassen die Scheibe herunter und geben uns ein Zeichen, dass wir umkehren sollen. Angesichts ihrer Sturheit, uns zur Kehrtwendung zu zwingen, setze ich alles auf eine Karte. Ich zeige ihnen unsere Aufenthaltsgenehmigung, wohlwissend, dass sie für diese Region nicht gültig ist. Nachdem sie diese überprüft haben, zeigen sie auf ein Ideogramm und sagen gleichzeitig „Saga". Erneut fordern sie uns auf zurückzufahren. Bestimmt deute ich auf die Aufenthaltsgenehmigung und zeige ihnen, dass sie noch zwei Tage gültig ist. Die Scheine werden wieder in den hinteren Teil des Wagens gereicht, endlich gibt man sie uns zurück und zeigt uns an, dass wir weiterfahren können, unbegreiflich! Wir sind viel zu erleichtert und zufrieden, um nach einer Erklärung zu fragen. Bei Regen kommen wir im Basislager an. Wir bleiben dort zwei Tage, bevor wir uns den Tatsachen beugen: es regnet immer noch und wir haben weder Lebensmittel noch Geduld, wir geben auf und fahren ohne den Cho Oyo gesehen zu haben, ins Dorf zurück.

Nun, nachdem wir uns ausreichend mit Nahrungsmitteln versorgt haben, machen wir uns auf den Weg zum Basislager des Everest und nächtigen da, wo sich die Wege vom Cho Oyu und dem Everest gabeln, für den Fall, dass …

Tatsächlich, tags darauf ist strahlendes Wetter und wir können endlich den Cho Oyu bewundern. Die Landschaft ist wunderschön und seine Gletscher funkeln in der gleißenden Sonne, der Anblick lässt uns die schlechte Piste mit all seinen Schlaglöchern vergessen. Zu diesem Augenblick sind wir weit davon entfernt, uns vorzustellen zu können, dass das für lange Zeit unser letzter Tag auf dem Fahrrad sein wird.

Als wir bereits in unmittelbarer Nähe des Basislagers des Everest sind, fühlt sich Toni plötzlich unwohl. Die Nacht überrascht uns und wir schlafen unter einer Brücke. Toni hat Schüttelfrost, begleitet von heftigem Husten und hohem Fieber. Ich nehme das Ganze nicht so ernst und sage mir, dass alles schnell wieder in Ordnung kommen wird. Am nächsten Morgen geht es Toni immer noch sehr schlecht, aber trotzdem packen wir schnell unser Gepäck zusammen, damit der Mount Everest nicht wieder hinter den Wolken verschwindet. Endlich taucht er hinter einer Kurve auf. Wir fahren noch ein wenig weiter und frühstücken dann mit Blick auf die Nordflanke des Everest. Wenn es auch nicht der schönste Berg ist, den ich je gesehen habe, ist er auf jeden Fall der höchste. Nachdem ich so viele Jahre das Poster vom Everest in meinem Zimmer betrachtet habe, erfüllt mich nun sein wahrer Anblick mit großer Zufriedenheit.

Bedauerlicherweise verschlimmert sich der Gesundheitszustand von Toni dramatisch. Sie, die in letzter Zeit eine so gute Kondition hatte, sieht im Moment eher aus, wie ein wandelnder Leichnam. Das Fieber steigt immer weiter, bis zu einundvierzig Grad und Kopfschmerzen quälen sie unentwegt. Wir gedulden uns einen Tag im

Basislager, in der Hoffnung, dass uns morgen ein Lastwagen mitnehmen kann, denn uns ist beiden klar, dass Toni keinen einzigen Meter mehr mit dem Fahrrad zurücklegen kann.

Toni wird sich zweifellos ihr ganzes Leben an ihren vierundzwanzigsten Geburtstag erinnern. Auf einen zerbrochenen Keks stelle ich eine kleine Kerze und singe in weinerlichem Tonfall „Zum Geburtstag viel Glück". Ich überreiche ihr mein bescheidenes Geschenk, ein kleines Armband. Es macht mir so viel Kummer und Sorgen, sie in diesem Zustand vor mir zu sehen, die Augen aufgequollen, das Gesicht unkenntlich aufgrund von Schwellungen und Müdigkeit. Glücklicherweise begleiten diesen Morgen Tibeter eine Gruppe von Touristen zurück bis zur „Straße der Freundschaft". Sie willigen ein uns bis zum nächsten Kontrollposten mitzunehmen. Als ich einen von ihnen frage, wie viel der Fahrer für die Strecke verlangt, antwortet dieser: „Das, was dein Herz dir sagt!"

Wir verlassen also das Basislager mit dem Kleinlaster und legen die letzten neunzig Kilometer Piste zurück, bevor wir wieder auf eine asphaltierte Straße stoßen. Dieser Asphalt erstreckt sich nun über Tausende von Kilometern bis Singapur. Dieser Asphalt, von dem wir so lange geträumt haben, er sollte die Befreiung von Schlaglöchern bedeuten, für den Beginn von Leichtigkeit und Genuss stehen. Jetzt rollen wir über ihn mit einem Lastwagen, aber unsere Sorgen gelten nun ganz anderen Dingen. Die Tibeter setzen uns einige hundert Meter vor dem Kontrollposten ab. Toni hat gerade eine Fieberspitze. Ihr Puls ist sehr schnell und kaum noch tastbar. Sie weint am Straßenrand, hat Angst hier zu sterben. Ich habe alle Mühe der Welt, sie dazu zu bewegen, sich die letzten hundert Meter, die sie vom Kontrollposten trennen, zu schleppen. Einen kurzen Moment bekommen wir es mit dem Angst zu tun: Alle Touristen zeigen ihre Aufenthaltsgenehmigung. Es wäre dramatisch in dieser Situation Probleme mit der Polizei zu bekommen. Der Polizist aber schaut unsere Pässe kaum an und lässt uns passieren. Wir müssen so schnell wie möglich Shigatse erreichen, um ein Krankenhaus aufzusuchen. Nach einer unendlich langen Fahrt in einem Lastwagen kommen wir dort an.

Unglücklicherweise entpuppen sich die beiden Krankenhäuser von Shigatse als unfähig, uns zu helfen. Aus dem ersten schickt die Frau Doktor Toni nach drei Infusionen mit vierzig Grad Fieber ins

Das Kloster von Shigatse

Hotel zurück. Im zweiten erklärt sich der Herr Doktor, trotz seines guten Willens, nach drei Tagen mit Infusionen, Tests und Untersuchungen für inkompetent, die Sache in den Griff zu bekommen und rät uns, ein Krankenhaus in Lhasa aufzusuchen. Toni geht es kaum besser, sie beißt aber die Zähne zusammen, damit wir die Busfahrt nach Lhasa antreten können. Aufgrund unserer Erfahrungen mit chinesischen Krankenhäusern, lassen wir uns in Lhasa erst einmal Zeit, quartieren uns in einem Hotel ein und fragen in Deutschland um Rat. Dr. Landvogt, ein Freund, der Mediziner ist, diagnostiziert aus der Ferne ein Pfeiffersches Drüsenfieber. Er drängt uns dazu, die tibetische Hochebene sofort zu verlassen, denn durch den körperlich stark geschwächten Zustand, besteht die Gefahr der Entwicklung eines Lungenödems. Tonis unaufhörliche Hustenanfälle sind übrigens die ersten Anzeichen dafür.

Ich telefoniere also mit unserer Krankenreiseversicherung, dann geht alles sehr schnell. Die Versicherung entscheidet uns auszufliegen. Mit den Rädern auf dem Dach eines Krankenwagens fahren wir zum Flughafen von Lhasa, um von dort aus nach Chengdu zu fliegen. Toni hat kaum die Zeit, den Potala-Palast aus dem Fenster des Krankenwagens zu sehen. Ich hatte zuvor eine schnelle Besichtigungstour durch den historischen Kern von Lhasa gemacht. Der Rest der Stadt ist durch die neuen chinesischen Bauten komplett entstellt.

Obwohl uns ein Arzt begleitet, wurde uns gesagt, dass Toni eine möglichst gute Figur machen muss, denn wenn das Flugpersonal ihren schlechten körperlichen Zustand bemerkt, kann der Pilot sich weigern, sie an Bord zu nehmen. Tapfer versucht sie, sich die Krankheit, die versucht ihren Körper zu Grunde zu richten, nicht anmerken zu lassen und wir können an Bord gehen.

Der Flug über den Himalaya bleibt unvergesslich trotz einiger Wolken, die Teile des Panoramas verdecken. Die Menge der Berge und die Unzahl der Gletscher, die es in Tibet gibt, kann man sich einfach nicht vorstellen. Gigantisch, der Mensch scheint bedeutungslos in dieser Welt voller Gesteinsmassen. Es gibt dort ohne Zweifel Hunderte von noch unerforschten Tälern, Tausende von noch jungfräulichen Gipfeln. In einer Zeit großer ökologischer Verwüstung beruhigt es einen zu wissen, dass es noch Orte wie diese auf der Erde gibt.

In Chengdu wartet bereits ein Krankenwagen auf uns. Er hat keinen Dachträger, aber das macht nichts, die Räder haben innen noch Platz! Man bringt uns in ein sauberes, modernes Krankenhaus. Erneut muss Toni eine nicht enden wollende Odyssee von Untersuchungen und Infusionen über sich ergehen lassen, obwohl wir unseren chinesischen Freunden bei unserer Ankunft darauf hinwiesen, dass es sich vermutlich um eine Mononukleose handelt und dass es sinnvoller wäre diesbezüglich einen Test durchzuführen, als blind mit Medikamenten um sich zu pulvern. Aber nein, sie glauben uns nicht! Sie schlagen uns sogar noch eine Knochenmarkspunktion vor, um eine Leukämie auszuschließen?! Dieses Theater dauert vier Tage, bis ein Professor der Universität kommt, Toni fünf Minuten zuhört, den Verdacht einer Mononukleose bestätigt und den entsprechenden Test anordnet. Endlich führen die diensthabenden Ärzte den Test durch und teilen uns am nächsten Tag mit: „Sie leiden an einer Mononukleose!"

Obwohl diese Virusinfektion in Europa ohne Medikamenteneinsatz behandelt wird, wollen sie Toni erneut mit Infusionen quälen, die wir aber zurückweisen, indem wir argumentieren, dass man auch auf natürliche Weise von dieser Krankheit gesunden könne. Das Fieber ist bizarrerweise an dem Tag gefallen, als sie aufgehört haben, ihr Infusionen zu verabreichen – und die Ärzte endlich ihren Stolz überwinden konnten und sie in Ruhe gelassen haben. Eine große Erleichterung für Toni, gequält von den Plastikbeuteln, die mit undefinierbaren Flüssigkeiten gefüllt, den ganzen Tag über, von der Morgendämmerung bis spät in die Nacht, in sie hineingepumpt wurden.

Endlich ist Toni jetzt in der Lage, in die „Heimat zurückgebracht" zu werden, das heißt, dass sie nun gesundheitlich ohne Risiko einen Langstreckenflug durchhalten kann. Die Versicherung schlägt uns eine Rückkehr nach Deutschland vor, aber wir sind unentschlossen. Guillaume kommt in einem Monat in Bangkok an. Danach ist geplant, dass unsere Mütter und meine ältere Schwester die Weihnachtsferien mit uns in Singapur verbringen. Sollen wir nicht lieber direkt nach Thailand fliegen, um dort auf Guillaume zu warten? Werden wir nicht im europäischen Komfort kleben bleiben und die Reise abbrechen? Ein kleiner Spaziergang mit Toni schafft Klarheit: Sie ist so schwach und erschöpft, dass sie schon Probleme hat, einhundert Meter zu Fuß zu gehen. Bevor man darüber sprechen kann, die Reise fortzusetzen, müsste man sicher sein, dass sie sich nach dieser Krankheit wieder vollkommen erholt. Das ist die unerlässliche Bedingung! Wir entscheiden uns schließlich, nach Deutschland zurückzukehren.

Am frühen Morgen halten wir ein Taxi vor dem Krankenhaus an. Wir zeigen dem Taxifahrer einen Zettel mit einigen Schriftzeichen, um ihm verständlich zu machen, dass er uns zum Flughafen bringen soll. Er legt die Hände an die Ohren und „schlägt die Flügel". Ja, das ist es, fliegen, die Flugzeuge, der Flughafen, er hat es kapiert. Er betrachtet uns amüsiert, als wir unsere Räder auseinander bauen, sie auf der Rückbank seines kleinen Wagens verstauen, seinen Kofferraum mit all unseren Satteltaschen vollstopfen und uns beide dann noch auf den Beifahrersitz quetschen. Unser Chauffeur startet. Mehrere Male wäre er fast gegen den Randstein und die Leitplanke gefahren. Er ist total betrunken oder steht gar unter Drogen! Zum Glück sind zu dieser Stunde nicht zu viele Fahrzeuge auf der Straße und wir erreichen unser Ziel unbeschadet.

Der erste Flug bringt uns nach Peking. Anschließend fliegen wir über die Mongolei, den Baikalsee, das riesige Sibirien, den Ural und Osteuropa, nach München, wo uns bereits Sigi, der Vater von Toni erwartet. Zehn Flugstunden, während denen ich ungläubig diese enormen Weiten vorbeiziehen sehe. Zehn Flugstunden, die den zwölf Monaten Fahrradreise, die mich von La Boutière bis zum Basislager des Everests geführt haben, ein Ende setzen. Sicher sind wir ein weinig enttäuscht. Die Ereignisse seit dem letzten Pass haben eine derart unerwartete Wendung genommen. Wir haben uns so sehr auf den schlechten Pisten abgemüht, dass es bitter ist zu sehen, wie die Asphaltstraße und einer der schönsten Abschnitte der Reise, die Durchquerung des östlichen Teil Tibets, uns entgehen. Nach all diesen Anstrengungen, waren wir dem Ziel so nahe und hätten uns einen glücklicheren Ausgang gewünscht.

Andererseits, wenn man von einem Krankenrücktransport hört, denkt man oft an ein dramatisches Ereignis. Gott sei Dank ist nichts Schwerwiegendes passiert. Toni sollte nicht die geringste Folgeerscheinung ihrer Erkrankung haben und das ist das Wichtigste.

Daheim in Bayern angekommen, verbringen wir einen Monat in aller Ruhe. Es ist die Gelegenheit, alte Freunde zu treffen, europäische Kost zu essen, die Batterien wieder aufzuladen mit Blick auf einen neuen Aufbruch. Toni geht es bald viel besser, jedoch raten uns die meisten Ärzte davon ab, jetzt schon wieder aufzubrechen, denn es dauert oft sehr lange sich von einer Mononukleose zu erholen und oft wird die eigentliche Krankheitsphase von mehreren Monaten lähmender Müdigkeit gefolgt. Ausschließlich Dr. Landvogt sagt uns, dass wir ohne Furcht unsere Reise fortsetzen können, denn es ist ebenso möglich, dass die Symptome sich schnell abschwächen. Wir können Guillaume nicht versetzen und auch nicht unsere Familie beim Besuch in Singapur. Wir entscheiden uns also, unsere Reise wieder aufzunehmen, es bis Januar zu versuchen und erst dann, gemäß dem Gesundheitszustand von Toni, alles Weitere zu entscheiden.

Nach einem Monat der Erholung, verlassen wir also die Rauheit des europäischen Winters Mitte November und tauschen ihn gegen die Feuchtigkeit und die Wärme des tropischen Klimas in Südostasien.

Klettern in Thailand

Zum vierten Male in weniger als zwei Monaten nehmen wir ein Flugzeug. Mit jedem Kilometer, den wir fliegen, stößt der Motor des Flugzeugs Hunderte von Kilogramm Kohlendioxid aus. Diese Luftverschmutzung ist eines der wenigen Dinge, die ich an meiner Weltreise bedauere. Ich hatte zwar meinen Parcours im Voraus so geplant, dass ich nur zwei interkontinentale Flüge nehmen muss: Asien-Amerika und Amerika-Europa, aber die Rückkehr in die Heimat wirft diese Pläne vollkommen über den Haufen. Dennoch, ich suche nicht nach irgendeiner Ausrede, sondern bin mir der ökologischen Auswirkung und meiner Verantwortungslosigkeit gegenüber der Umwelt durchaus bewusst. Trotzdem habe ich die Wahl getroffen, die Meere zu überqueren, eine Entscheidung, die ich persönlich trage.

Phuket! Aus europäischer Sicht, ist Phuket das Synonym für feinen Sand, Palmen und Prostitution. Für uns steht es einzig und allein für einen mühseligen Transfer bis Krabi, mit unseren zwei Kartons, die unsere beiden Räder und elf Satteltaschen enthalten. Guillaume treffen wir problemlos am vereinbarten Treffpunkt. Es ist immer faszinierend, einen nahen Freund, an einem so fremden Ort, plötzlich auf einen zustürmen zu sehen. Es ist, als sei er aus einem Hut hervorgezaubert worden! Wir bleiben nicht in Krabi, sondern nehmen sofort einen Bus und anschließend ein Boot nach Tonsai. Der Krempel, den wir mit uns herum schleppen, ist beeindruckend, denn auch Guillaume ist nicht mit leeren Händen gekommen. Er bringt neben seinem auch unser ganzes Material mit, das wir zum Klettern und für den Strand (Schwimmbrille und Schnorchel) brauchen. Nach einigen heftigen Schweißausbrüchen, die wir beim Ein- und Ausladen unseres Hab und Guts haben, kommen wir endlich in Tonsai an. Der Ort ist sensationell. Hohe, steile Kalksteinwände umranden die Bucht. An einzigartigen Felsvorsprüngen hängen riesige Stalaktiten, die überreifen Früchten ähneln, die kurz vorm Abfallen sind. Kaum dass wir auf dem sandigen Uferstreifen Fuß gefasst haben, sind wir uns bereits sicher, dass wir hier einen fantastischen Monat verbringen werden.

Auf gut Glück folgen wir einem Feldweg, der durch einen Wald aus Kokospalmen führt und sehen einen kleinen Bungalow-Komplex, der von einer sympathischen Familie unterhalten wird. Nach einigen Verhandlungen entscheiden wir uns, zwei Bungalows im Wald zu mieten. Der Komfort ist dürftig, eine Hütte aus einigen Brettern und Blechen mit einem Bett, einem Moskitonetz und einer Röhre mit kaltem Wasser als Dusche, reicht aber für unser Glück in diesem tropischen Kletterparadies völlig aus.

Aber auch dieses Paradies hat sein Fegefeuer, die Tropen eben: Gefräßige Mücken fallen ohne Unterlass über uns her, weswegen wir andauernd eine Anti-Mücken-Spirale brennen lassen. Ohne die wären wir in wenigen Minuten mit Stichen übersät. Die Hölle scheint angesichts der extremen Hitze, die Tag und Nacht herrscht, auch nicht weit entfernt zu sein. Eine Hitze, die obendrein sehr feucht ist und an die wir uns nur mit Mühe gewöhnen können.

Wir werden hier vier Wochen verbringen. Für Guillaume und mich stehen viele Kletterrouten auf dem Programm. Für Toni steht der Strand, das Meer und einfach einmal Nichtstun auf der Tagesordnung, damit sie sich völlig von ihrer Krankheit erholen kann. Nach einem ersten ruhigen Tag, um die Zeitverschiebung zu verkraften, erkunden wir die Felsklippen, die uns umgeben. Von Anfang an sind wir verzaubert von diesem Kalkgestein mit all seinen einzigartigen Farbschattierungen und schwindelerregenden Formen. Das salzhaltige, feuchtwarme und äußerst aggressive Klima, hat den Fels mit Genialität und Erfindungsgeist gemeißelt, der die verrücktesten Kreationen moderner Kunst übertrifft. Es ist, als ob man auf riesigen Kubismuskunstwerken klettern würde.

Das Klima greift jedoch ebenso die Sicherungspunkte der Kletterer an. Die Haken aus rostfreiem Stahl, die man in Europa benutzt, überstehen hier im Allgemeinen kaum mehr als zwanzig Monate. Danach haben sie, bis ins Innerste verrostet, die fatale Tendenz aus der Wand heraus zu brechen wenn man an ihnen zieht. Wir haben sogar einige gesehen, die so korrodiert waren, dass sie zerbröckelten, sobald man sie berührte. Ebenso löst sich Kleber guter Qualität unter den kombinierten Einflüssen des thailändischen Klimas langsam auf. Tonsai hatte deshalb vor einigen Jahren eine schlechte Presse, was die Sicherheit betraf, denn Unfälle, die dem Versagen der Sicherheitspunkte geschuldet waren, waren gang und gäbe. Erfreulicherweise haben die einheimischen Kletterer die Lage geschickt in den Griff bekommen: Man verwendet nun Kleberbohrhaken aus Titan, mit einem Spezial-

Mehr-Seillängen Routen

kleber aus roter Farbe, die einen Sicherheitsgrad ähnlich dem europäischen Standart bieten.

Die alten Routen wurden größten Teils neu ausgestattet. Die neuen sind gleich mit Titan versehen worden. Es bleiben noch einige Routen, die ein potentielles Risiko in sich tragen und bei denen es sich empfiehlt, die Bohrhaken zuerst zu testen, bevor man ihnen sein Leben anvertraut.

Hunderte von Affen leben in dem Dschungel, der Tonsai umgibt. Ihre Flinkheit ist verblüffend, sogar für die besten Kletterer. Als wir uns abseilten, ausstaffiert mit Klettergurt, Seilen, Prusikknoten und Karabinerhaken haben wir des Öfteren gesehen, wie einer von ihnen mit Leichtigkeit in mehreren Dutzend Metern Höhe von einem Ast auf eine Liane oder von einem Felsen auf einen Baumstumpf springt. In solch einem Augenblick kommen wir uns lächerlich vor mit all unserer Ausrüstung und unserer Unbeholfenheit.

Nachdem wir mehrere Tage damit verbracht haben, die Ein-Seillängen-Routen abzuklappern, das heißt Routen aus einer Seillänge und einer maximalen Höhe von vierzig Metern, nehmen wir nun die Mehr-Seillängen Route in Angriff. Diese zeichnen sich durch einen

Aufstieg von mehreren Seillängen hintereinander aus. Sie sind eine Offenbarung: Wir klettern in diesen gigantischen Überhängen inmitten der riesigen Stalaktiten, die uns seit unserer Ankunft hochmütig von oben herab verhöhnen. Sowohl Guillaume als auch ich, sind erfahrenen Kletterer, dennoch hatten wir niemals vorher in unserem Kletterdasein ein solches Gefühl der Leere, dieses Nichts, das uns im Verlauf der Seillängen versucht nach unten zu ziehen. Diese Felsabbrüche und Überhänge sind die steilsten und abschüssigsten, die wir je geklettert sind. Von nun an konzentrieren wir uns fast ausschließlich auf Mehr-Seillängen Touren und machen nur noch einige wenige Ein-Seil-Routen, die für ihre Schönheit berühmt sind oder um Toni auf einfacherer Felskletterei zu begleiten.

Drei Routen sind uns besonders in Erinnerung geblieben. Die erste befindet sich auf dem Turm von Ao Nang, einer felsigen Inselspitze von etwa einhundert Metern Höhe, zu der wir mit dem Kajak über das Meer fahren. Die Anfahrt mit dem Kajak und der Zustieg sind eine interessante Herausforderung, besonders weil man an dieser felsigen Spitze, deren Steilklippen direkt ins Meer fallen, anlegen muss. Nach einigen akrobatischen Einlagen gelingt es uns, das Kajak mit dem Tau festzuschnüren, nicht ohne mehrmals mit unserer gesamten Kletterausrüstung fast ins Meer gefallen zu sein. Von einem Felsvorsprung führen drei Seillängen den Pfeiler hinauf. Welch einzigartige Stimmung über diesem türkisfarbenen Meer zu schweben!

Die Kletterei ist schön und schnell erreichen wir den Gipfel. Wir sind euphorisch, an diesem wunderschönen Tag ist für uns Klettern mit purem Vergnügen gleichzusetzen. Nachdem wir uns abgeseilt haben, müssen wir das Kajak wieder ins Wasser zurücksetzen, ein Unterfangen, das uns beiden bei mittlerweile eingetretener Ebbe starke Schwierigkeiten bereitet. Einige Schrecksekunden und Lachanfälle später sitzen wir endlich im Kajak, fröhlich paddelnd, um wieder nach Tonsai zurückzukehren.

Früher war die Bucht von Tonsai durch ein Korallenriff abgeschirmt. Das Hin- und Herfahren der Motorboote jedoch, die Touristen und Lebensmittel auf die Halbinsel brachten, haben nach und nach die Korallen zerstört. Aus den Motoren ausgetretenes Öl und Benzin haben das Riff erstickt, so dass jetzt nur noch einige verkümmerte Stümpfe und ein ausgedehnter Korallenfriedhof zurückgeblieben sind. Aber einige Seemeilen von Tonsai entfernt, befinden sich eine handvoll Felsklippeninseln, die ihre Korallenriffe unbeschadet behalten haben, da sie sich auf offener See befinden, weit ab vom Schiffsverkehr. Wir brechen zu einer Exkursion mit einem Boot auf, ausgerüstet mit Schwimmflossen, Tauchermasken und Schnorcheln, um uns an dieser wundervollen Welt der Korallenriffe zu erfreuen. Nur einige Meter unter unseren Füßen breitet sich eine Vielzahl von Farben und Formen aus, eine blühende Unterwasserwelt. Welch verzauberndes Schauspiel, wie diese unterschiedlichen tropischen Fische in unüberschaubaren Schwärmen ruhig und friedlich zwischen den Korallenästen hin- und herschwimmen. Ein weiteres faszinierendes Spektakel sind die phosphoreszierenden Algen. Diese Urtierchen stoßen grünes neonfarbenes Licht aus, sobald die Nacht hereinbricht und man das Wasser, in dem sie sich befinden, in Bewegung versetzt. Wir schwimmen also in der Finsternis, umgeben von diesem einzigartigen Farbspiel.

Die beste Erinnerung an die Kletterei auf Tonsai ist zweifelsohne die unvergessliche Tour inmitten der eindrucksvollsten Überhänge und der größten Stalaktiten von Tonsai. Die erste Seillänge lässt sofort den Schwierigkeitsgrad erkennen: körperlich äußerst anstrengend und überhängend. Total erschöpft erreiche ich den Standplatz, wo Guillaume auf mich wartet. Einen Augenblick lang habe ich Zweifel, ob ich die Route bis ganz nach oben schaffe, Guillaume übernimmt wieder die Führung. Diese Kletterei ist zum einen äußerst anspruchsvoll, zum anderen jedoch von einer solchen Ästhetik und beeindruckenden Leere geprägt, dass man die Lust verspürt, über sich selbst hinauszuwachsen. Beim Aufbruch zur vierten Seillänge sind wir dennoch perplex: die Reihe der Bohrhacken verschwindet nach circa zwanzig Metern in einem überwältigenden System von Stalaktiten, ohne dass man den nächsten Standplatz erkennen könnte.

Guillaume klettert systematisch Stück für Stück weiter, plötzlich lässt er einen Jubelschrei los. Der Weg führt innerhalb der Riesenstalaktiten weiter, ein natürlicher Kamin durchzieht sie. Ich sehe ihn also zwischen den Tentakeln dieses Mineral-Tintenfisches verschwinden, danach taucht er einige dutzend Meter weiter oben wieder auf. Jetzt begreifen wir, warum diese Route „zum Herzen der Finsternis" genannt wird. Eine letzte Seillänge führt uns zum Gipfel der Steilwand. Die Aussicht von hier oben umfasst die gesamte Bucht von Tonsai, die von diesen kolossal steilen Felsen umrahmt ist. Welch außergewöhnliche Landschaft!

Das Abseilen ist zweifelsohne ebenso schwierig und ermüdend wie der Aufstieg. Der Überhang ist so ausgeprägt, dass wir gezwungen sind, uns an den vorherigen Bohrhaken wieder einzuhängen, um den nachfolgenden Standplatz zu erreichen. Ohne diese Technik würden wir im Leeren hängen, mehrere Meter von der Felswand entfernt, wie eine Spinne am Ende ihres Fadens! Durch Pendeln und Verrenkungen können wir den Einstieg wieder erreichen. Was für ein Erlebnis! Befestigt in diesen überhängenden Dächern, hatten wir das Gefühl, dass wir wie diese Steine, die mit dem Kopf nach unten baumeln, einige Stunden lang der Schwerkraft dieser Welt entrinnen.

Die Schwerkraft ist jedoch auch auf Tonsai ein geltendes Gesetz. Zwei Tage vor unserer Abfahrt erfahren wir, dass sich ein großer Stalaktit von einem der unzähligen Überhänge der Halbinsel gelöst hat. Wir begeben uns vor Ort und stellen das Ausmaß der Verwüstungen fest: ein Stalaktit von circa sechs Metern Länge und einem guten Meter Durchmesser ist aus über fünfzig Metern Höhe herabgestürzt. Mitten im freien Fall hat er einen Felsvorsprung gestreift und die Hitze, die durch die Reibung entstanden ist, hat den nahe gelegenen Urwald in Brand gesetzt. Beim Aufprall am Ende seines Absturzes hat er sich senkrecht einen Meter in den Boden eingegraben und ist anschließend in zwei Teile zerbrochen. Für den Tag vor der Abreise haben wir eine letzte Kletterei durch die Stalaktiten geplant. Dieses Ereignis ist zwar spektakulär, passiert aber äußerst selten und wird uns nicht dazu bringen unsere Pläne zu ändern. Wir starten also zu einer letzten großen Klettertour und wissen im Vorhinein, dass wir dabei jeden Augenblick genießen müssen, denn mit Sicherheit werden uns diese außergewöhnlichen Felsen in der Zukunft fehlen.

Kaum haben wir die erste Seillänge in Angriff genommen, bricht ein tropisches Gewitter über uns herein, aber die Überhänge oberhalb von uns sind derart ausladend, dass uns kein Tropfen erwischt. Ein Vorhang aus Wasser stürzt zwanzig Meter von uns entfernt herunter. Die zweite Seillänge führt durch eine Grotte. Als wir in sie einsteigen, reißen wir einige Fledermäuse aus ihrem Tagesschlaf. Nachdem wir uns etliche Meter in der Finsternis vorangetastet haben, sehen wir einen Lichtstrahl, der uns zum Ausgang führt. Anschließend setzen wir unseren Anstieg auf einem gewaltigen Stalaktiten, er muss ungefähr dreißig Meter hoch sein, fort. Schon sind wir bei der letzten Seillänge angekommen, wir wünschen sie würde niemals enden. Der Gipfel ist jedoch erreicht. Ein letztes Mal schauen wir bewundernd in die Bucht hinab und schließlich seilen wir uns ab.

Am nächsten Tag verabschieden wir uns von der Familie, bei der wir die Bungalows gemietet haben und nehmen das Schiff nach Ao Nang. Tonsai war definitiv der perfekte Ort, um diese Reise, welche nach der Krankheit von Toni kurz vor dem Aus stand, wieder aufzunehmen. Wir holen die Räder aus den Kartons, bauen sie zusammen und sortieren unsere Sachen. Dann ist es Zeit, Guillaume auf Wiedersehen zu sagen. Er kehrt nach Bangkok zurück, Toni und ich fahren mit dem Rad nach Malaysia und Singapur. Eine letzte Umarmung und er verschwindet so plötzlich wie er erschienen ist.

Der Südosten Asiens

Es ist beinahe zweieinhalb Monate her, seit wir das letzte Mal in die Pedale traten, um das Basislager des Mount Everest zu erreichen. Erste Feststellung: Trotz der abscheulichen Hitze sind die ersten Kilometer hier wesentlich leichter zu bewältigen als die letzten, die wir in Tibet hinter uns gebracht haben. Auf über fünftausend Metern Höhe, mit vollkommen überladenen Rädern, auf den mit Schlaglöchern übersäten Pisten zu radeln, ist wahrhaftig eine Sache für Masochisten! Zweite Feststellung: Nach Tibet scheint jede andere Straße viel befahren. Die Kilometer sind zwar einfach, der Verkehr ist jedoch lästig. Erfreulicherweise gibt es eine Fahrspur für langsame Fahrzeuge, die es uns ermöglicht, sicher dahinzurollen.

Wenn gleich wir auch unseren Aufenthalt in Tonsai sehr genossen haben, hat doch die Masse an Touristen, wir zählen uns natürlich auch dazu, unvermeidlich die Authentizität der Halbinsel und ihrer Bewohner verändert. Nun brechen wir auf, um das wahre Thailand kennen zu lernen. Wir stellen die relative Armut der Landbevölkerung fest; relativ, da sie trotz ihrer Armut voller Würde und Freude sind. Egal in welcher Situation man die Thailänder antrifft, begegnen sie einem zu jeder Zeit mit einem herzlichen und strahlenden Lächeln. Das ist zweifelsohne das Merkmal diese Gesellschaft, welches uns am meisten beeindruckt hat.

Ein tropischer Regenschauer hindert uns gegen Ende des Tages an der Weiterfahrt. Ein Mann grüßt uns höflich, wir bitten ihn um Gastfreundschaft für diese Nacht. Vivat schlägt uns vor, in seiner kleinen Dienstwohnung zu schlafen. Das Appartement ist mit Bedacht eingerichtet. Er nimmt uns zum Essen in eine kleine Kneipe mit. Zu dritt fahren wir mit seinem kleinen Roller. Für unsere Verhältnisse erscheint das Moped überladen, in Südostasien jedoch herrschen andere Maßstäbe. Die Thaiküche ist sehr speziell und man sollte seine Gerichte überlegt auswählen, andernfalls muss man damit rechnen, sie wegen scharfer Gewürze nicht essen zu können.

Zurück im Appartement bietet uns Vivat sein Bett an und rollt für sich eine Matte auf dem Fußboden aus. Wir protestieren und versuchen ihn davon zu überzeugen, die Schlaflager zu tauschen, aber er lässt sich nicht davon abbringen.

Wir fahren durch große Bananen-, Papaya- und Kautschuk-Plantagen. Interessiert betrachten wir die Kautschukbäume aus der Nähe und sehen Kerben, die in die Baumstämme geritzt sind. Aus ihnen quillt eine weißliche Flüssigkeit hervor, der Naturkautschuk. Häufig bietet man uns Bananen an. Diese Zeichen von Großzügigkeit bestätigen unseren ersten Eindruck. Die meisten Leute, denen wir begegnen, sind ausgeglichen und lächeln. Bis auf einige Jugendliche, die auf unsere Anwesenheit mit dümmlichem Gelächter reagieren, erweist man uns viel Respekt und Aufmerksamkeit.

An diesem Abend halten wir neben zwei Häusern. Die Menschen, die in diesen Häusern leben, sind sowohl verwandt als auch Nachbarn und empfangen uns sehr herzlich. Da sich die Unterhaltung trotz unseres Sprachführers als äußerst schwierig entpuppt, ist Toni ständig in telefonischer Verbindung mit einer der Töchter, die in Bangkok lebt und Englisch spricht. Somit können wir mit unseren Gastgebern dank der Übersetzerin aus der Ferne, gut kommunizieren. Sie erklärt uns, dass König Rama IX. in seiner Rede am 5. Dezember, dem thailändischen Nationalfeiertag, verkündet hat, dass alle seine Untertanen besonders gastfreundlich gegenüber Fremden sein sollten. In einem wahren Personenkult verehren die Thailänder ihren König wie einen Halbgott. Es gibt nicht einen einzigen Ort in Thailand, an dem man nicht ein riesiges Portrait des Königs vorfindet.

Ein goldiger kleiner Hund spielt ununterbrochen zwischen unseren Beinen und hüpft freudig ums Haus herum. Plötzlich überquert er die Straße und gerät unter die Räder eines Autos. Einer der Männer holt ihm vom Straßenrand, stellt fest, dass er tot ist und begräbt ihn in einiger Entfernung. Wir sind scheinbar die Einzigen, die durch dieses tragische Ende traurig gestimmt sind. Um uns herum scheint es keinen zu berühren, nicht einmal die kleinen Kinder, die vor einigen Minuten noch mit dem Hund gespielt haben. Ist ihr Verhalten als Gleichgültigkeit gegenüber der Tierwelt zu verstehen oder sind es religiöse Gründe? Glauben sie, dass das Karma des Hundes bereits in einem Individuum wiedergeboren ist, dessen Existenz vorteilhafter ist als sein vorheriges Dasein? Am morgen bereiten uns die Bewohner beider Häuser ein Frühstück zu, ohne dass sie uns darüber in Kenntnis gesetzt haben.

Wir frühstücken ausgiebig bei der ersten Familie. Einmal mehr stellen wir fest, dass unsere Gastgeber zufriedener sind, je mehr Zuspruch wir der Nahrung schenken, die man uns serviert. Gerade wollen wir uns von allen verabschieden, als man Toni erneut das Telefon reicht. Es ist die Tochter aus Bangkok, die uns sagt, dass wir jetzt in das Haus ihrer Mutter eingeladen sind. Sie sei die letzten zwei Stunden in der Küche gestanden, um für uns viele verschiedene thailändische Spezialitäten zuzubereiten. Anlässlich dieser Liebenswürdigkeit können wir nicht ablehnen, obwohl wir eigentlich schon mehr als satt sind.

Wir folgen Tawee ins Haus, wo uns tatsächlich erneut eine riesige Anzahl von Tellern, gefüllt mit verschiedenartigen, abwechslungsreichen Speisen erwartet: frittierte Bananen, Fleisch mit Soße, Fische, Reis, Garnelen, Linsensprossen, getrockneter Fisch. Wir zwingen uns dazu, von allem zu kosten, es schmeckt oft sehr speziell, aber gleichzeitig auch sehr lecker. Tawee ist ganz entschieden eine außergewöhnliche Köchin. Toni wagt es, eine rosafarbene Soße zu probieren. Sie hat nur die Löffelspitze in die Soße eingetaucht, kaum hat sie diese jedoch in den Mund geführt, schwitzt sie großen Tropfen und ich

Frühstück bei Tawee

sehe, wie sie sich auf den Reis stürzt, bei dem Versuch, den Brand zu löschen, der in ihrem Mund entfacht ist. Toni ist scharfen Gewürzen gegenüber zwar ziemlich unempfindlich, aber das überschreitet an Intensität all das, was sie bislang kannte. Tawee bricht in schallendes Gelächter aus, dann steht sie auf und bringt uns weitere Gerichte. Völlig überfressen brechen wir schließlich auf, nachdem wir uns bei all diesen Leuten bedankt haben, die uns mit solch rührendem Enthusiasmus aufgenommen haben.

Die ersten Kilometer sind anstrengend. Bedingt durch die Hitze und die Luftfeuchtigkeit ist uns schlecht und wir haben das Bedürfnis all das, was wir zu viel gegessen haben, wieder von uns zu geben. Aber allmählich lässt der Brechreiz nach und wir amüsieren uns über diese lustige Geschichte. Tausend mal bevorzugen wir Begegnungen wie diese, als neben einem Haus zu zelten, dessen Bewohner uns nur Desinteresse entgegen bringen.

Eine breite, komplett unbefahrene Straße bringt uns an einen endlosen Strand, der ebenso einsam und verlassen ist. Hier gibt es nicht mal ein Dorf. Millionen wunderschöne Muscheln, welche an den Sand gespült wurden und mehrere bewaldete Inseln in der Ferne, gibt es zu bestaunen. Wir verbringen den Nachmittag in diesem kleinen Paradies und wir fragen uns, wieso hierher eine so große Straße gebaut wurde. Wird dieser gottverlassene Strand das neue Phuket werden? Wird es in einigen Jahren entlang dieser Küste eine Kette von Hotels geben? Wir sind perplex und fühlen uns privilegiert, dass wir diesen wunderschönen Ort vor den in naher Zukunft zu erwartenden Verwüstungen kennen lernen durften.

Mit Lebensmitteln decken wir uns meist in kleinen Kramerläden ein, deren Sammelsurium an Produkten einer Rumpelkammer gleicht. Die Waren füllen jede freie Nische und scheinen ohne jegliche Logik eingeräumt zu sein. Schwämme liegen inmitten von Konservenbüchsen und Gemüse, die Zahnpasta zwischen Stiften und Keksen. Man muss also inmitten dieser staubigen Regale ein wachsames Auge haben, um genau die Dinge zu finden, die man sucht und aufpassen, dass man die hohen Stapel nicht zum Einsturz bringt. Die Händlerin ist meistens eine alte Oma, die uns mit Interesse hinter ihren dicken Brillengläsern beobachtet.

Die große Mehrheit der Thais ist buddhistisch, der religiöse Glaube ist in Asien sehr stark verankert. Vor jedem Haus kann man einen kleinen Altar, überhäuft mit Opfergaben und bedeckt mit Asche von abgebrannten Räucherstäbchen, finden. Ebenso ist das Land reich an Tempeln, wo die buddhistischen Mönche in safranfarbener Kleidung inmitten von Buddhastatuen auf und ab schlendern. Die Dekorationskunst dieser Tempel ist gleichermaßen prachtvoll und lässt einen stauen. Wenn man mich so hört, könnte man glauben, dass ich Thailand und die Thailänder voller Naivität idealisiere, aber ich könnte mich ebenso über die alles dominierende Korruption oder Prostitution auslassen. Als wir in Tonsai waren, haben wir oft alte Europäer, die nicht besonders attraktiv waren, mit jungen hübschen thailändischen Frauen herumspazieren gesehen. Obwohl die Regierung vor kurzem versucht hat, Maßnahmen gegen Pädophilie zu ergreifen, bleibt der Sextourismus eine traurige Realität.

Ein anderes beunruhigendes Indiz, sind die vielen Flaschen Hustensirup, die man in der Nähe von Bushaltestellen findet. In großen Mengen vertilgt, hat dieser Hustensaft eine ziemlich ähnliche Wirkung wie Cannabis. Wir aber sind relativ wenig mit diesen Problemen konfrontiert gewesen und das was wir besonders im Gedächtnis behalten haben, sind das Lächeln und die Höflichkeit der Einheimischen.

Mitten im Urwald überqueren wir die Grenze nach Malaysia. Wie so oft auf dieser Reise betreten wir „Neuland", ohne das Geringste über diesen Ort zu wissen. Das Einzige, was uns bekannt ist: Es ist ein muslimisches Land. Malaysia jedoch ausschließlich darauf zu reduzieren, ist in Wahrheit eine sehr begrenzte und auch irrtümliche Sichtweise. Mit jedem vergangenen Tag in diesem Land stellen wir erneut das Ausmaß unserer Unkenntnis fest. Aber es wäre auch langweilig, nur in Länder zu reisen, von denen man schon alles weiß. Im Gegenteil, wenn man nichts als den Namen kennt, fällt man von einer Überraschung in die nächste. Das ist eine wunderbare Bereicherung!

Unser erster Kontakt mit den Malaysiern hätte besser nicht sein können: Ahmed und Lisa laden uns zum Abendessen und zur Übernachtung ein. Sie sprechen ein bisschen Englisch und lachen viel. Sie kramen das Fotoalbum mit ihren Hochzeitsbildern hervor, neun

Jahre sind sie schon verheiratet. Haben sie noch keine Kinder? Ihre Gesichter werden traurig. Es habe bisher noch nicht geklappt, das sei ein großes Problem, erzählen sie uns. Aus ihren Blicken spürt man jedoch mehr die Unvermeidbarkeit des Schicksals als einen Vorwurf gegen den anderen.

Am Morgen macht sich Lisa zurecht, um zur Arbeit zu gehen. Nachdem sie sich etwas geschminkt hat, schlingt sie ein großes Seidentuch um ihren Kopf. Man glaubt im Westen oft, dass die muslimischen Frauen den islamischen Schleier nur unter Zwang tragen. In Wirklichkeit würde sich die große Mehrheit der Frauen um nichts in der Welt davon trennen wollen. Der Schleier ist für sie zum einen zwar ein Zeichen des Glaubens, zum anderen jedoch vor allem ein Modeaccessoire (wir haben wunderschöne Tücher gesehen!) und ein Mittel, sich effizient gegen die Sonne zu schützen, die in diesen Ländern unerbittlich herunter brennt.

Motiviert brechen wir nach dieser Begegnung am nächsten Morgen wieder auf. Wir haben hier die ganze Spontanität der muslimischen Empfangskultur erfahren, die wir schon in der westlichen Türkei so sehr geschätzt haben. Diese zwei Gegenden der Welt teilen sich den gleichen moderaten Islam und den gleichen Sinn für wirklich aus tiefstem Herzen kommender Gastfreundschaft.

Die Straße, die wir im Moment befahren, frustriert uns: Der Verkehr ist dicht und ohrenbetäubend, es scheint, als bliebe uns keine Alternative, um bis nach Singapur hinab zu fahren, als diese große Nationalstraße zu nehmen, die sich an der Westküste entlang zieht. Toni entdeckt aber schnell einen Asphaltstreifen entlang eines Kanals. Das ist der Anfang der großen Liebesgeschichte: Malaysia mit dem Fahrrad. Diese kleinen Wege durchqueren das Land inmitten von Reisfeldern und Palmenplantagen, führen durch zahlreiche abgelegene Dörfer und entlang kleiner Fischerhäfen. Immer wieder erweisen sich manche dieser Nebenstraßen als Sackgasse und es ist offensichtlich, dass wir für dieselbe Strecke auf der Karte viel mehr Kilometer zurücklegen müssen als auf der Nationalstraße. Aber wie genießen diese perfekten Radkilometer. Immer wieder überqueren eine Art Ratteneichhörnchen und große Warane vor uns die Straße, ein Paradies für jeden Radfahrer.

Seit unserem erneuten Aufbruch aus der Heimat, hat unsere Reise eine etwas andere Gestalt angenommen. Früher war das Fahrrad unser vorrangiges Transportmittel und nur widerwillig haben wir unser Rad auf einen Laster oder auf das Dach eines Autobusses verfrachtet. Wir zogen es vor, auch die mühseligsten Kilometer mit dem Rad zurück zu legen. Diese Sichtweise mag ein wenig fundamentalistisch scheinen, aber man muss sich dieses einzigartige Gefühl vorstellen, das man erfährt, wenn man aus eigener Kraft Tausende von Kilometern hinter sich gelegt hat: man hat das Gefühl die Krümmung der Erde wahrzunehmen. Man merkt, dass man sich nicht auf einer ebenen Fläche bewegt, sondern all die Kilometer auf eine Kugel vorwärts fährt. Man spürt in seinen Knochen die immensen Dimensionen der Erde.

Unglücklicherweise haben uns die vielen Flüge in der letzten Zeit dieses wunderbare Gefühl genommen, weshalb wir nun eher ein lustorientiertes Reisekonzept verfolgen und das Fahrrad als Mittel für neue Entdeckungen betrachten. Diese kleinen Nebenstraßen sind ein guter Beweise dafür.

Groß ist unsere Enttäuschung, als wir uns dem Ballungsraum von Butterworth nähern und unsere so geliebten Radwege verschwinden. Die Stadt scheint niemals enden zu wollen. Nichts desto trotz nehmen wir mit Interesse die beeindruckende Menge an Chinesen und Indern wahr, die diese Stadt beheimatet. Es gibt ganze Stadtviertel, in denen man nicht auf einen einzigen Malaien trifft und die Immigranten eine Vielzahl hinduistische, buddhistischer und taoistischer Tempel erbaut haben. Diese zwei Völkergemeinschaften sind in Malaysia vor vielen Jahrzehnten eingewandert. Es sind oft die Großväter der derzeitigen Großväter, die die ersten Einwanderer waren. Das Unglaublichste an dem Ganzen ist die Tatsache, dass sowohl die Inder als auch die Chinesen die Sprache, die Gastronomie, die Schrift, die Religion und die Kultur ihrer Vorfahren quasi ohne Veränderungen bewahrt haben. Die Malaien, Inder und Chinesen haben sich kaum vermischt und so leben diese drei völlig verschiedenen Völker zusammen, die einen neben den anderen, ohne viel gegenseitige Interaktion.

Das europäische Konzept der Einwanderung fordert für die Integration der Neuankömmlinge die Leugnung ihrer Herkunft und die

Angleichung an die Werte und an die Traditionen des Aufnahmestaates. Hier ist es komplett anders, eigentlich das absolute Gegenteil. Während die Malaien und die Inder eine sehr freundliche Art haben, sind die Chinesen im Allgemeinen zurückhaltend und reserviert. Das zeigt sich im Besonderen abends, wenn man einen Platz zum Zelten braucht.

An einem zermürbenden Abend, an dem uns mitten in der Pampa prasselnder Regen und der Einbruch der Dunkelheit überraschen, nähern wir uns unverhofft einem Dorf. Es ist ein chinesisches Dorf. Wir klopfen an mehreren Türen mit der Bitte, im Hof campieren zu dürfen. Insgeheim hoffen wir, dass man uns angesichts unserer niedergeschlagenen Mienen im trockenen Unterschlupf gewähren würde. Aber an jedem Haus schickt man uns weiter. Wir fangen schon an zu verzweifeln, als ein Auto mit drei jungen Leuten zu uns herüber fährt. Wir erklären ihnen unser Problem und sie arrangieren, dass wir unser Zelt unter dem Vordach eines Hühnerstalls aufbauen können. Trotz dieses beißenden Geruchs des Hühnermistes nehmen wir dankend an. Als wir am nächsten Morgen unsere Sachen zusammenpacken, ist die Eigentümerin der Hühnerfarm bereits im Stall beschäftigt. Da wir sie am Vorabend kaum gesehen haben, gehen wir zu ihr, um uns von ganzem Herzen für ihre Hilfe zu bedanken. Unser Lächeln trifft jedoch auf eine kalte, verschlossene Miene, als wären wir gar nicht anwesend. Ihre Haltung bringt uns völlig aus der Fassung!

Am nächsten Tag haben wir mehr Glück. Diesmal kommen wir bei Einbruch der Dunkelheit in einem indischen Dorf an. Man quartiert uns in der Bibliothek ein. Danach werden wir eingeladen, den Abend mit einer Familie zu verbringen. Für Toni, die während einer früheren Reise sechs Monate in Indien war, wirkt dieser Abend wie ein Déjà-vu. Man hat wirklich das Gefühl statt in Malaysia in Indien zu sein: die kitschige Dekoration im Haus, das Portrait von Gandhi, das an der Wand hängt, indisches Fernsehen via Satellit, die Saris der Frauen ... Das Erstaunlichste ist, dass keiner der Anwesenden in Indien geboren ist und dass auch niemand von ihnen jemals dort war.

Wir sitzen alle zusammen am Tisch: Es gibt indisches Essen, dass natürlich mit den Fingern gegessen werden muss. Als sie sehen, dass ich mit der linken Hand esse, brechen unsere Gastgeber in schallendes Gelächter aus und klären mich auf. Schnell werde ich mir meiner Ungeschicktheit bewusst. Ebenso wie man hier kein Besteck auf dem Tisch findet, gibt es auch kein Klopapier in den Toiletten! Die rechte Hand dient zum Essen, die linke, um sich nach getanem Geschäft den Po zu waschen. Mit der linken Hand zu essen, ist der größte Fauxpas, den man sich hier erlauben kann. Mein Glück ist es, das sich auch der älteste Enkel, welcher ein paar Jahre alt ist, nicht an die Etikette hält und sich das Essen mit beiden Händen in den Mund stopft. Er ist das Zentrum der Aufmerksamkeit der ganzen Familie und einer seiner Onkel sagt mir: „In unserer Kultur ist der erstgeborene Enkel von besonderer Bedeutung!"

„Ist die Rheinfolge der Geburt denn so entscheidend?"

„Natürlich! Zum Beispiel darf der älteste Sohn einer Familie nicht die älteste Tochter einer anderen Familie heiraten."

„Und warum nicht?"

„Das ist eben so! Das ist die hinduistische Religion. Es ist verboten."

„... ?!"

Die Religion scheint einen großen Teil ihres Lebens und ihres Schicksals zu bestimmen. Das ist schwierig für Europäer zu begreifen, die daran gewöhnt sind, in einer westlichen Gesellschaft zu leben. Die Spiritualität spielt in Asien jedoch eine extrem wichtige Rolle. Sie bildet die Grundlage des sozialen Zusammenhalts. Wenn uns das Wort „Harmonie" so passend erscheint, um diese Länder zu beschreiben, ist das wahrscheinlich zum Großteil der Religiosität zu verdanken.

Entlang der Westküste radeln wir weiter. Leider ist sie wenig zum Baden geeignet. Es gibt nichts außer Mangrovenwäldern und schlammigen Stränden, an denen die Bäume ihre Wurzeln durcheinander schlingen. Die Ostküste ist berühmt wegen ihres feinen Sandes und des klaren Wassers, aber im Moment ergibt es keinen Sinn, dorthin zu fahren. Dort ist nämlich Monsunzeit und alles ist überschwemmt. Erstaunlich, wie die Monsunzeiten im selben Land so verschoben sein können, die beiden Küsten liegen nur gut einhundert Kilometer Luftlinie voneinander entfernt.

Das Meer ist also in Malaysia niemals weit weg, und der Fischfang ist eine wichtige Beschäftigung für die Bevölkerung. In unmittelba-

Die Fische trocknen in der Sonne entlang der Straßen

rer Umgebung der kleinen Fischerdörfer gibt es unzählige Bambusmatten, auf denen Fische trocknen. Trotz der Hitze ist der Geruch erträglich und überraschenderweise gibt es keine einzige Fliege, möglicherweise deshalb, weil die Fische mit äußerster Sorgfalt ausgenommen wurden.

Wir klopfen an die Tür einer malaiischen Familie. Die Großeltern empfangen uns zusammen mit zwei ihrer dreizehn Kinder. Anna und Zaharri erzählen uns von dem großen Fest der Muslime, das morgen stattfindet: das Fest von Mekka. Ihre Mutter steht bereits seit mehreren Stunden in der Küche, um dass Essen für Morgen zu kochen und kommt in regelmäßigen Abständen, um uns das neue Gericht kosten zu lassen, das sie gerade zubereitet. Ich frage Zaharri, ob er eines Tages vorhat, die Pilgerreise nach Mekka anzutreten. Er antwortet mir dies: „Das ist nicht etwas, was man machen muss, weil es sich so gehört oder um gut dazustehen. Die Pilgerreise nach Mekka ist eine persönliche, innere und tiefgründige Reise. Meine Seele muss bereit sein, um nach Mekka zu reisen und meine Spiritualität ist noch nicht genügend vorangeschritten, um jetzt dorthin zu gehen."

Am nächsten Tag sind alle Malaien wie aus dem Ei gepellt. Die Moscheen füllen sich und die Imame plärren über die Lautsprecher. Einzig und allein die indischen und chinesischen Geschäfte haben geöffnet.

Wir sind regelmäßig Zeugen tropischer Gewitter, in der Regel kümmern wir uns nicht zu sehr um diese täglichen Duschen. Am Ende eines sengend heißen Nachmittags jedoch, sehen wir eine riesige schwarze Wolke mit rasender Geschwindigkeit auf uns zujagen. Kaum haben wir noch Zeit, eine Bushaltestelle als Unterstand zu ergattern, als der Himmel sich mit unerhörter Heftigkeit entlädt. Das Dach der Haltestelle misst drei mal fünf Meter, aber die Windböen sind so stark, dass wir von Kopf bis Fuß durchnässt sind. Ein sintflutartiger Regen „erschlägt" die Landschaft und überall krachen Blitze. Der Vorhang der Wassertropfen ist dermaßen dicht, dass der Himmel sich verdunkelt wie in tiefster Nacht. Nach fünf Minuten der Apokalypse verschwindet das Gewitter so schnell wie es gekommen ist. Das Licht kehrt zurück und die Wolke wird ihren Schrecken woanders verbreiten.

Wir erreichen Melaka, eine malerische Stadt von vergangenem kolonialem Reichtum. Wir zelten entlang der Promenade und freunden uns mit einem ungewöhnlichen Paar an. Antonio gehört zu den letzten Nachfahren portugiesischer Kaufleute, die im vierzehnten Jahrhundert in Melaka eine Handelsniederlassung errichtet haben. Er hat die Sechzig überschritten und vor kurzem wieder geheiratet, Boon eine Thailänderin, die zwanzig Jahre jünger ist. Miteinander sprechen sie ein urkomisches Englisch und erzählen noch urkomischere Geschichten über ihre Abenteuer auf dieser Erde. Ein wirklich elektrisierendes Duo!

Es ist der 23. Dezember und Singapur ist immer noch zweihundert Kilometer entfernt. Unsere Mütter und Cécile kommen morgen dort an. Bis zur Grenze, die wir dann mit dem Fahrrad überqueren, nehmen wir einen Bus. Jetzt sind wir am Ende des euro-asiatischen Kontinents und man muss zugeben, das hat schon etwas, nach dreizehnmonatiger Reise nun an diesem Punkt angekommen zu sein.

Frédéric, der aus meiner Heimatgemeinde stammt, empfängt uns am Ausgang des Zollgebäudes. Er und seine Frau Mariem arbeiten und leben momentan mit ihren drei Kindern in Singapur.

Wir kennen uns nicht direkt, aber sie haben von unserem Abenteuer gehört und angeboten, dass wir während unseres Aufenthaltes in Singapur bei ihnen wohnen können. Welch schöne Geste der Großzügigkeit!
Tags darauf holen wir unsere Mütter und Cécile vom Flughafen ab. Für Toni liegt das letzte Treffen mit ihrer Mutter einen Monat zurück. Ich habe nicht ein einziges Mitglied meiner Familie seit mehr als einem Jahr gesehen. Mit Freude und einem ganz außergewöhnlichen Gefühl begegne ich meiner Mutter und meiner älteren Schwester. Wir feiern Weihnachten mit Frédéric und Mariem, ihren Kindern und ihren Freunden. Welch ein Kontrast zum Vorjahr, wo ich in Griechenland allein und deprimiert auf einer eisigen Betonplatte lag.

Nachdem wir die Weihnachtsschnecken, welche nach französischer Tradition zubereitet waren, verdaut haben, verlassen wir Singapur, obwohl die Tasche meiner Mutter am Flughafen von Amsterdam hängen geblieben ist, da uns die nächsten zehn Tage ein vollgepacktes Programm erwartet. Mit dem Bus fahren wir zunächst nach Melaka, um diese schöne Stadt zu besichtigen, die eine gute Einführung für Asien im Allgemeinen und insbesondere für die kulturelle Durchmischung Malaysias bietet. Für unsere drei Urlauberinnen ist es der erste Aufenthalt in Asien und der Kulturschock ist groß: kulinarisch, kulturell, architektonisch, sprachlich, einfach alles ist anders ... und wir amüsieren uns darüber mitanzusehen, wie sie eine Überraschung nach der nächsten erleben, so wie wir als wir nach Süd-Ost-Asien eingereist sind.

Anschließend pferchen wir uns in ein winziges Mietauto, um in das Gebirge, das in der Mitte der malaysischen Halbinsel liegt, zu fahren. Das abschüssige Relief der Cameron Highlands ist mit einem außergewöhnlichen Regenwald bedeckt, wo riesige Bäume neben baumhohen Farnen, fleischfressenden Pflanzen und Blumen jeglicher Gattung wachsen. Die Gegend ist ebenso berühmt für ihre Teeplantagen, die einen eleganten Pflanzenteppich über die steil abfallenden Anhöhen bilden.

Wir setzen unsere Reise nach Norden fort, um das Mietauto in Penang zurückzugeben und verbringen eine Nacht in der alten Stadt George Town, wo die Kolonialbauten, als Zeugen britischer Besatzung, neben chinesischen und indischen Vierteln liegen.

Entlang der Straße gibt es zahlreiche Obsthändler. Ebenso wie bei unserer Reise mit dem Fahrrad nach Singapur, halten wir oft an, um uns mit dem langhaarigen roten Litschis (Rambutan), Ananas, Mangos und den kleinen Bananen mit dem einzigartigen, umwerfenden Geschmack zu verwöhnen.

Eine Obstsorte ist jedoch stark umstritten, es ist die Durianfrucht. Diese atypische Frucht, die sich als große stachelige Kugel präsentiert, hat ihre bedingungslosen Anhänger, ebenso wie ihre Feinde, Malaysier eingeschlossen, und lässt niemanden gleichgültig. Der sehr intensive Geruch der Durianfrucht, ähnlich modriger Zwiebeln, untersagt ihm den Zugang zu öffentlichen Transportmitteln und auch manchen öffentlichen Plätzen. In ihrem Inneren befinden sich ungefähr ein Dutzend hodenförmiger Gebilde, von denen man nur die Hülle essen kann. Der Geschmack ist sehr stark und veranlasst Cécile zu der Aussage: „Das ist das Abscheulichste, was ich je gegessen habe!" Toni und ich sind widerstandsfähiger und es gelingt uns, mehrere Testikel zu verschlingen, bevor auch unsere Geschmacks- und Geruchsnerven am Ende sind. Die Malaysier lachen sich krumm über diese Szene, insbesondere über das Geschrei und Gekreische unserer Mütter.

Eine Überfahrt mit der Fähre führt uns anschließend auf die Insel von Langkawi, ganz in der Nähe von Thailand, wo wir unsere Zeit damit verbringen, mehrere kleine Inseln zu erkunden, zu baden und im Dschungel zu wandern. Hier feiern wir bei einem schönen Feuerwerk am Strand Silvester.

Bedacht darauf, unserer Familie die ganze Bandbreite der Verschiedenartigkeit dieses Landes zu zeigen, reservieren wir eine organisierte Tour, um das Leben auf dem Meeresgrund entdecken und bewundern zu können. Das Boot bringt uns mit circa einhundert anderen Touristen zu einer kleinen Insel im offenen Meer. Das Riff ist erstklassig! Man kann außer einer Vielzahl von Korallen und kleinen tropischen Fischen ebenso Haie, Zackenbarsche und großen Barrakudas beobachten.

Trotz allem hinterlässt dieser Ausflug in mir gemischte Gefühle. Die Mehrzahl der hier beteiligten Touristen hat sich niemals vorher eine Taucherbrille und einen Schnorchel übergezogen und trotz der obligatorischen Rettungsweste kommt es häufig vor, dass sie Wasser schlucken. Bei dem Versuch wieder Boden unter den Füßen zu gewin-

Teefelder in den Cameron Highlands

nen, massakrieren sie das Riff, indem sie Korallenäste abbrechen und ihm irreparable Schäden zufügen. Darüber hinaus wird die Hälfte der einhundert verteilten Lunchpakete ins Meer geworfen, um die Fische zu füttern. Das biologische Gleichgewicht wird dadurch gestört und das natürliche Verhalten der Fische durcheinander gebracht. Einige Fische haben uns gebissen und ich habe einen Papageienfisch gesehen, dem die gesamte vordere Haut abgerissen war, nachdem er um den Rest eines Sandwichs gekämpft hatte.

Während der zweistündigen Überfahrt bis zur Insel zeigte man uns einen banalen Hollywoodfilm. Es wäre sinnvoller gewesen, wenn uns die zahlreichen Mitglieder der Mannschaft eine Unterweisung gegeben hätten über die Sensibilität des biologischen Gleichgewichts eines Riffbiotops oder über das Verhalten, das man beim Verlust des Gleichgewichts im Wasser an den Tag legen sollte, wie es zum Beispiel bei dem „Great Barrier Reef" in Australien der Fall ist.

Ein anderes Fehlverhalten, mit dem der Mensch die ursprüngliche Natur beeinträchtigt hat, erkennt man am Gebaren der Affen. In Langkawi gibt es sie überall und die Touristen haben die schlechte

Angewohnheit, sie zu füttern, weshalb einige der Affen nicht zögern, Menschen anzuspringen, um ihnen das zu entreißen, was sie gerade in den Händen tragen. Sie fletschen die Zähne und sind sogar bereit zu beißen. Die Müllcontainer werden im Sturm von ihnen erobert und die Primaten verstreuen die Abfälle im ganzen Urwald.

Das massive Touristenaufkommen stellt nicht per se das Problem dar. Es ist die Art und Weise, wie Touristen sich verhalten, die ausschlaggebend ist. Es ist schade, dass die Malaysier, ebenso wie die Touristen aus dem Westen, sich so wenig in der Verantwortung für diese Problematik sehen. Zumal für die einen davon ihr Einkommen abhängt und für die anderen ihre Freude und Entspannung im Urlaub.

Eine Fahrt mit der Fähre führt uns zurück auf den Kontinent und eine nicht enden wollende Nachtfahrt mit dem Bus bringt uns nach Singapur, wo wir erneut von Frédéric und Mariem empfangen werden. «La boucle est bouclée!» (Der Kreis schließt sich.)

Zuletzt besichtigen wir noch die erstaunliche Stadt Singapur, bevor die anderen nach Europa zurückfliegen. Nach der Abreise der Familie bleiben wir noch zwei weitere Tage hier. Anschließend müssen auch wir die Familie Douvillé verlassen, der wir niemals genug werden danken können, für den außergewöhnlich herzlichen Empfang, den sie uns hier geboten hat.

Toni hat, wie es scheint, ihre physischen Kräfte wieder zurückgewonnen. Folglich haben wir beschlossen, unsere Reise in Richtung des amerikanischen Kontinents fortzusetzen. Ein Flugzeug, das von Kuala Lumpur aus startet, erwartet uns in einer Woche für den Flug nach Los Angeles. Was wir danach unternehmen werden, ist noch nicht ganz sicher, außer dass wir Anfang Juli in Santiago de Chile sein müssen, um in den Anden Ski zu fahren.

Uns bleiben noch einige Tage, bevor unser Flugzeug geht. Nach etwa vierzig Kilometern mit dem Rad erreichen wir Johor Bahru in Malaysien, von wo wir mit einem Bus zur Hauptstadt fahren. In einem kleinen Hotel stellen wir unsere ganze Ausrüstung ab, bevor wir in einen weiteren Bus steigen, der uns zum Naturreservat Taman Negara bringt, das den ältesten Primärwald des Planeten (einhundertdreißig Millionen Jahre alt) beherbergt.

Wir verbringen dort drei Tage und wandern die Pfade entlang, die diesen einzigartigen Urwald durchziehen. In Begleitung eines Führers entdecken wir diese faszinierende Natur mit ihrem außergewöhnlichen Reichtum. Die Vielfalt von Fauna und Flora ist sensationell. Primitive Stämme wohnen immer noch in dieser Region und der Wald versorgt sie mit allem, was sie brauchen: Nahrung, Heilpflanzen, Holz und pflanzliche Fasern für die Herstellung von Unterkunft, Kleidung, Werkzeug ... Wir erkunden mehrere Höhlen. In ihnen tummeln sich Tausende von Fledermäusen, von denen wir aber nichts zu befürchten haben, da sie sich nur von Insekten und Früchten ernähren. Abends schlafen wir in einer Grotte immenser Größe. Die Schweden, die mit uns unterwegs sind, haben keine Vorsorge getroffen und ihre Vorräte nicht sicher verpackt. Während der Nacht vertilgt ein großes Stachelschwein ihre Lebensmittel. Sogleich es sehr schwierig ist, die großen wild lebenden Tiere zu sehen, wimmelt es im Gegensatz dazu von kleinen Blutegeln. Sie scheinen das Blut von Besuchern aus dem Westen besonders zu mögen! Trotz einiger Bisse dieser bösen kleinen Tierchen, unternehmen wir wunderschöne Wanderungen.

Zurück in Kuala Lumpur stellen wir fest, dass das Hotel, in dem wir abgestiegen sind, auch als Bordell dient. Es bleiben uns noch drei Nächte in Kuala Lumpur. Die Atmosphäre im Hotel ist gemütlich und der Hotelchef steht uns stets zu Diensten. Wir entscheiden uns also, trotzdem in diesem Hotel zu bleiben, sicherlich ein wenig eigentümlich, aber in der Summe in Ordnung. Kuala Lumpur ist eine für Asien erstaunlich saubere Stadt, zumindest was das Zentrum betrifft. In ihm finden sich jede Menge Wolkenkratzer und einige bemerkenswerte Moscheen.

Wir verlassen den Flughafen von Kuala Lumpur am 17. Januar und nach einer kurzen Zwischenlandung in Taiwan, kommen wir nach vierundzwanzig Flugstunden am 17. Januar in Los Angeles an. Suchen Sie den Fehler ...? Wir haben schlicht und einfach die Datumsgrenze überflogen!

Das ist das Ende von Asien. Asien ist einfach so anders! Die Reise von Pakistan nach Singapur fanden wir herrlich und mehr als die oft grandiosen Landschaften waren es der Respekt und die Freundlichkeit der Menschen, die uns am meisten berührt haben.

Man fragt sich, warum es auf der Welt so viele Probleme gibt. Warum gibt es so viel Hass, soviel Verständnislosigkeit, so viele Kriege in der Geschichte der Menschheit von der Antike bis zur Gegenwart? Ich habe manchmal das Gefühl, es liegt daran, dass die Leute mit guten Absichten niemals die Gelegenheit erhalten, sich zu treffen. Ohne mich rühmen zu wollen, habe ich das Gefühl, dass alle unsere Kilometer von einer Botschaft des Friedens und der Toleranz begleitet werden. Überall wo wir waren, haben wir versucht, unser Bestes zu geben, um Botschafter eines pazifistischen „Europa" zu sein. Wir haben so gut wie möglich versucht, die Kultur, die Bräuche und die Glaubenseinstellungen der Einheimischen zu respektieren, um mit den Vorurteilen zu brechen, angefangen mit den unseren, um schließlich alle Gesten von Solidarität und Freundschaft, die man uns geschenkt hat, so gut wie möglich zu erwidern.

Die neue Welt

Nachdem wir unsere Räder ausgehändigt bekommen haben, bauen wir diese in der Ankunftshalle des Flughafens von Los Angeles wieder zusammen. Zwei Nepalesen erwarten mit beklemmendem Gefühl einen Verwandten. Endlich kommt dieser in seiner traditionellen Kleidung aus dem Ankunftsterminal. Sie umarmen sich lange. Kommt er einfach zu Besuch hierher? Oder nährt er die Hoffnung auf ein besseres Dasein auf dem neuen Kontinent? Auf alle Fälle wirft sein Anblick Fragen auf. Es ist schon Nacht und da der Flughafen seine Pforten nie schließt, ziehen wir statt eines nächtlichen Abenteuers mit dem Fahrrad durch Los Angeles, zum Schlafen die Wartebänke der Ankunftshalle vor.

Früh am nächsten Morgen machen wir uns auf den Weg. Die Temperaturen sind frisch an diesem sonnigen Morgen im kalifornischen Winter. Nach zwei Monaten tropischen Klimas frösteln wir mit Vergnügen. Die Straßenwahl ist einfach: Wir nehmen den Highway 1, der am Pazifik entlang zur mexikanischen Grenze führt. Unser erster Eindruck von den USA ähnelt sehr dem Klischee, das wir davon hatten: sehr breite Straßen, grenzenlose Vororte. Dagegen konnten wir uns

Liz und ihre Kinder

nicht vorstellen, dass es so viele Fast-Food-Restaurants geben könnte. An jeder Straßenecke gibt es eines, man fragt sich, wie sie bei dieser Konkurrenz alle überleben können. Man muss aber bedenken, dass es quasi eine tägliche Gewohnheit für die überwiegende Mehrheit der Amerikaner ist, einen Burger zu essen. Zum Beispiel hat die Reinigungsmannschaft des Flughafens ihren Tagesablauf damit begonnen, ihr Frühstück bei McDonalds einzunehmen.

Obwohl wir den ganzen Tag geradelt sind, ist es uns nicht gelungen den immensen Ballungsraum von Los Angeles zu verlassen. Da stellt sich die Frage, wo wir übernachten können. Wir steuern einen Campingplatz an, aber die Verantwortlichen erteilen uns rasch eine Absage. Dieser Campingplatz ist ausnahmslos für Wohnwagen reserviert, Zelte seien hier verboten, so sagen sie uns! Tatsächlich sehen wir auf dem Campingplatzgelände kein einziges Zelt. Wir können aber keinen wirklich gravierenden Unterschied zwischen schlafen im Zelt und schlafen im Caravan erkennen. So versuchen wir also mit den Besitzer zu verhandeln.

Wir argumentieren, dass wir gerade Mal eine Nacht hier wären, aber sie gehen in keiner Weise darauf ein. „Versuchen Sie ja nicht am

Strand zu schlafen, denn die Polizei steckt Sie womöglich ins Gefängnis. Die einzige Lösung für Sie ist, in einem Motel zu schlafen. Das nächste liegt zwanzig Meilen entfernt. Verstehen Sie, wir versuchen nur Ihnen zu helfen."

„Danke, aber Sie helfen uns keineswegs!"

Es bleibt nur die Möglichkeit, irgendjemanden um Gastfreundschaft zu bitten. Das Problem ist, dass die kleinste Ansammlung von Behausungen eine Siedlung von etwa zehntausend Häusern ist. Nach einem Korb treffen wir auf Liz, die uns ohne zu zögern bei sich aufnimmt. Ihr Mann ist verreist, aber sie hat die gute Idee, einen ihrer Nachbarn einzuladen, Alan, einen Engländer, der hierher ausgewandert ist. Gemeinsam verbringen wir einen angenehmen Abend und unterhalten uns ungezwungen. „Ihr habt großes Glück bei Liz gelandet zu sein", sagt uns Alan, „denn nicht alle Amerikaner sind wie sie und ihr Mann. Es gibt die Amerikaner, die studiert haben, die gereist sind und deshalb Neuem gegenüber sehr offen sind. Dann gibt es die anderen - die Einfaltspinsel, die niemals über die Grenzen ihres Staates hinaus gekommen sind. Bei denen hättet ihr heute Nacht nicht die geringste Chance gehabt."

Ein wenig später rechnet Liz vehement mit Bush ab: „Er hat ein erbärmliches Bild der Vereinigten Staaten vermittelt, wirklich, wir verachten ihn."

„Ich wundere mich, dass ein Land, das über so viele brillante Persönlichkeiten verfügt, zweimal in Folge jemanden so unfähigen wie Bush wählen konnte."

„Aber, wie Alan euch gesagt hat, gibt es zwei Sorten von Amerikanern und die zweite ist pro Bush! Da kann man nichts machen!"

Die Verstädterung, die sich quasi seit Los Angeles fortgesetzt hat, findet endlich ein Ende und lässt Raum für Flächen, wo die Küste bewahrt wurde. Diese Gebiete bieten schöne Strände, wo die Ortsansässigen sich dem Surfen, dem Joggen und dem Volleyballspielen widmen. Mit seinen Stegen, seinen Wasserwachthütten und seinen Dickleibigen, die ihre Burger am Strand essen, offenbart sich uns ein kalifornisches Klischee nach dem anderen. Im Allgemein sind die Amerikaner uns gegenüber sehr neugierig und furchtlos. Aber sobald wir erwähnen, dass wir nach Mexiko wollen, stellen sie uns allzu oft die Frage: „Sind Sie sicher, dass Sie wirklich dorthin wollen? Mexiko ist sehr gefährlich, müssen Sie wissen …" Es ist lästig diese Warnungen immer und immer wieder zu hören, noch dazu von Leuten, die niemals dort waren, obwohl sie nicht mehr als einhundert Kilometer von der Grenze entfernt wohnen. Diejenigen, die schon einmal dort gewesen sind, berichten im Gegenteil, dass Mexiko sehr schön ist. Aber sie sind keineswegs die Mehrheit.

An diesem Abend finden wir einen staatlichen Campingplatz. Wir dürfen dort zelten, aber nur zu bestimmten Bedingungen: Wir müssen vor 9 Uhr morgens wieder aufbrechen und wir haben nicht das Recht, hier öfter als einmal im Monat zu übernachten. Zweifellos wurden all diese Vorsichtsmaßnahmen getroffen, um zu vermeiden, dass Obdachlose die Campingplätze zu lange belagern. Dennoch biwakiert Brian diese Nacht neben unserem Zelt, er gehört zu den Amerikanern am Rande der Gesellschaft. Er sei Gitarrist, sagt er uns, und da seine Einkünfte daraus zum Leben nicht ausreichen, lebe er im Freien. Er hatte ein Versteck am Strand, aber die Polizei hat dieses vor kurzem entdeckt und ihn vertrieben, deshalb schläft er heute Nacht hier. Morgen muss er sich dann wieder ein anderes ruhiges Örtchen suchen. „Ich habe niemals Drogen genommen, aber ich kann nicht aufhören, Bier zu trinken … Übrigens, warum reist ihr auf diese Art und Weise mit dem Fahrrad?"

„Um die Welt zu sehen!"

„Um die Welt zu sehen … ist das nicht wundervoll! Gibt es etwas Schöneres als zu reisen, um die Welt zu sehen? Übrigens, wenn ihr Hunger habt, ich kenne einen Ort, wo Freiwillige einem gratis etwas zu essen geben."

Brian ist kein schlechter Kerl, er ist ein Träumer, ein verlorenes Würstchen. Wir haben in den USA mehrere dieser Außenseiter getroffen, die es nicht auf die Reihe gebracht haben, in dieser Gesellschaft der extremen Gegensätze ihren Platz zu finden. Der Regen am Morgen hat Brian verjagt.

Das, was uns ebenfalls erstaunt, ist die Größe der Autos. Die kleinsten von ihnen haben die Größe europäischer Riesenschlitten, die mittleren sind enorm und die großen sind wahre Monster, die einen Krach machen wie ein Traktor und dreißig Liter für einhundert Kilometer brauchen. Es sind enorme Pick-ups, deren hintere Ladefläche immer leer ist, man fragt sich, wozu diese Fahrzeuge dienen sollen. Ich erinnere mich daran, dass ich an einer Ampel angehalten habe, als ein Auto, seltsamerweise leise, herangerollt kam und sich hinter mich gestellt hat. Ich drehte mich um – es war ein Audi, ein deutsches Fahrzeug ... Man könnte glauben, dass die Amerikaner nicht wissen, wie man effiziente Maschinen herstellt. Tatsächlich aber ist es vor allem der Benzinpreis, der im Vergleich zur Kaufkraft spottbillig ist, was wiederum erklärt, warum sie in solchen „Baustellenfahrzeugen" dahinrollen.

Toni geht in einen Supermarkt. Zwanzig Minuten später kommt sie unverrichteter Dinge wieder heraus. Sie erzählt mir ihren Misserfolg. Der Supermarkt hatte zwar ein sehr breit gefächertes Warenangebot und die Preise hielten jeglicher Konkurrenz stand, trotzdem musste sie an der Kasse klein beigeben, als man sie nach ihrer Mitgliederkarte bei der Armee fragte. Dieser Supermarkt mit seinen stark reduzierten Preisen ist nämlich nur für Angehörige des Militärs und deren Familien reserviert. Dies ist einer der vielen Vorteile, von denen Militärmitglieder profitieren, ähnlich wie vom Zugang zum Gesundheitssystem und zu den Universitäten. Alle diese Maßnahmen sind getroffen worden, um junge Leute für das Militär zu gewinnen. In einem Land, wo ein Studienjahr zwischen fünf- und einhunderttausend Dollar kostet, kann man verstehen, dass diejenigen, die diese Mittel nicht haben, sich ködern lassen. Ein geschicktes Kalkül zu Friedenszeiten, aber eine verheerende Option seit dem Irakkrieg. Tausende von jungen Leuten, die sich hier engagiert haben, um ihr Studium zu absolvieren, sind seit fünf Jahren im Irak.

Der Abend nähert sich, als wir in San Diego, der letzten Stadt vor der Grenze, ankommen. Es wird Zeit, dass wir uns um eine Übernachtungsmöglichkeit kümmern, uns steht eine Stunde der Schinderei bevor. Wir fragen bei mehreren Häusern an – ohne Erfolg! Einige von ihnen sind von mexikanischen Immigranten bewohnt, aber auch diese wollen uns nicht aufnehmen. Ein schlechtes Omen für die nachfolgende Reise? Schließlich versuchen wir zum letzten Mal unser Glück bei einem Haus, das eine große amerikanische Flagge am Eingang gehisst hat.

Eine etwa fünfzigjährige Frau öffnet uns. Als wir sie fragen, ob wir in ihrem Garten zelten dürften, bricht sie in schallendes Gelächter aus: „John, schau mal her, hier sind zwei Radfahrer, die in unserem Garten zelten wollen!" Ihr Ehemann kreuzt auf. Sie fragen uns aus, nachdem sie sich von ihrer Überraschung erholt haben, stimmen sie zu und laden uns in ihr Haus ein, um mit ihnen zu diskutieren. Gegenwärtig und bis zum Ende unserer Reise werden wir uns nun problemlos mit allen Leuten unterhalten können. Es ist wirklich angenehm, wenn man auf Reisen ist und sich in jeder Situation verständigen kann. Ab und an war es in Asien frustrierend, freundlichen Leuten zu begegnen, mit denen die Kommunikation schwierig war und man sich wegen der Sprachbarriere nicht wirklich unterhalten konnte.

John und Cindy interessieren sich sehr für unsere Reise und fragen zahlreiche Details nach. Im Gegenzug stellen wir ihnen all die Fragen, die uns während unseres kurzen Aufenthalts hier beschäftigt haben. Wir merken beispielsweise an, dass alle Gebäude neu zu sein scheinen. „Sie sind neu! Unser Haus zum Beispiel ist sechzig Jahre alt und es wird als altes Haus eingestuft. Hier wird nichts renoviert, alles wird abgerissen und neu gebaut." Sie können sich kaum vorstellen, dass meine Eltern ein Haus bewohnen, dessen Mauern über dreihundertfünfzig Jahre alt sind.

Wir fragen sie nach ihrer Meinung über den massiven Zufluss von Mexikanern in die USA. Sie sind sich dessen bewusst, dass die Mexikaner gebraucht werden, da sie zu geringen Preisen mühselige Arbeiten verrichten, die die Amerikaner nicht machen wollen. Das Problem dabei ist nur, dass sie keine Steuern bezahlen, obwohl ihre Kinder hier zur Schule gehen, sie die Straßen benutzen ... Alle diese Dinge zahlen die amerikanischen Steuerzahler, aber die illegalen Einwanderer sind mittlerweile so zahlreich, dass die öffentlichen Finanzen aus dem Gleichgewicht geraten.

Noch einige Kilometer – und wir sind an der schicksalhaften Grenze. Ich kann Toni, nach der Gehirnwäsche der letzten Tage, nur schwer beruhigen, aber einmal in Tijuana angelangt ...

Tausend und ein Kaktus

... passiert nichts.

Die Menschen sind ganz normal, sogar ein bisschen entspannter. Das überzeugt Toni endlich. Trotzdem sind wir nun in einer ganz anderen Welt angelangt und der Unterschied zwischen den USA und Mexiko ist ähnlich wie der zwischen Kuala Lumpur und Los Angeles. Alles hier ist chaotisch, unvollendet, lärmend – kurz gesagt, wir sind eben in Lateinamerika!

Von Tijuana aus planen wir, die Halbinsel von Niederkalifornien entlang zu fahren. Wir setzen also unseren Weg im Wirrwarr des mexikanischen Straßenverkehrs fort. Das, was wir am meisten fürchten, sind die Riesenlaster, importiert aus den USA, welche viel zu breit für die engen mexikanischen Straßen sind. Der Verkehrs-Albtraum dauert fünfzig Kilometer, bis wir an die Pazifikküste kommen. Als ich in eine Bar gehe, um einen Geldschein zu wechseln, fällt mir das deprimierende Schauspiel mehrerer amerikanischer Rentner auf, die um 5 Uhr nachmittags schon stockbesoffen sind. Sie knobeln, vor ihnen liegen kleine Stapel von Ein-Dollar-Noten.

Die Rechtsvorschriften in den USA sind sehr restriktiv, die Leute kommen deshalb hierher, um sich auszutoben, was teilweise im Exzess endet.

Wir sehen ein weites Feld, perfekt zum Zelten vor uns liegen. Als wir gerade unser Zelt aufbauen, erscheint Garry und lädt uns mit großen Gesten ein, bei sich zu schlafen. Garry ist ein kleiner amerikanischer Unternehmer, er fabriziert hier mit Hilfe einiger mexikanischer Arbeiter, Möbel und verkauft sie anschließend in den USA. Lange Zeit war er der Trainer der amerikanischen Ski-Nationalmannschaft, aber jetzt sind seine beiden Menisken kaputt. Da er weder das Geld noch die Lust hat, sich einer Operation zu unterziehen, kann er fast nicht mehr Skifahren. Das erscheint uns unverständlich, aber man muss wissen, dass eine Krankenversicherung in den USA keine Pflichtversicherung ist. Einige Leute, die hoffen, bei guter Gesundheit zu bleiben, ziehen es daher vor, keine Versicherung abzuschließen, müssen im Ernstfall jedoch die anfallenden Kosten aus eigener Tasche bezahlen.

Er erklärt uns, dass das Gelände, auf dem wir zelten wollten, Eigentum des größten Drogenhändlers in Tijuana ist. „Ihr hättet euch keinen sichereren Platz aussuchen können, denn niemand würde es wagen, auf dem Grund des Kartellchefs Probleme zu machen." In Wirklichkeit bestimmt nämlich er durch seine Miliz das Gesetz in der Region. Er besticht Politiker und Polizisten und er zögert nicht, diejenigen aus dem Weg zu räumen, die sich ihm nicht unterordnen wollen.

Garry hat uns gesagt, dass nach El Rosario alles ruhiger sein wird. Und tatsächlich, nachdem wir die letzte größere Stadt hinter uns lassen, haben wir die Straße und die hiesige weitläufige Landschaft fast für uns alleine. Hier und da eine Ranch, einige Äcker, sonst nichts außer Berge, die mit Macchia bewachsen sind. Die unermessliche Weite beeindruckt uns.

Eines Abends halten wir bei José und Vanessa. José hat zwei Jahre in den USA gearbeitet. Wir fragen ihn, wie er es geschafft hat, über die Grenze zu kommen. Früher arbeitete er als Polizist, folglich war es einfacher für ihn, ein Touristenvisum zu erhalten. Er hat danach die Arbeitserlaubnis eines Freundes, der nach Mexiko zurückgekehrt ist, verwendet und konnte dort somit quasi „pseudolegal" arbeiten. Andere haben abenteuerlichere Geschichten erlebt und haben die Grenze zum Beispiel an der Unterseite eines Autos angebunden passiert.

Seit mehreren Tagen rollen wir dahin, ohne dass sich die Landschaft auch nur einen Deut geändert hätte. So langsam empfinden wir die Kilometer als langweilig und monoton, bis zu dem Moment, als der erste Kaktus auftaucht. Dann zehn, dann Tausende ... dann Millionen. Es gibt sie in allen Sorten, allen Farben, allen Größen, manche sind so groß wie hohe Bäume.

Wir bitten jeden Abend um die Erlaubnis, in der Nähe einer Ranch campen zu dürfen. Auch wenn sich die Besitzer immer als einverstanden zeigen, sind sie nur selten daran interessiert, mit uns zu diskutieren. Zum großen Missfallen von Toni, die gerne ein wenig schneller Spanisch lernen wollte, als wenn sie nur mit mir übt. An diesem Abend aber, klopfen wir an die Ranch del Norteño und haben mehr Glück. Joachim und Beatriz empfangen uns voller Wärme und Authentizität.

Er wirkt barsch, ist aber gleichzeitig ein Witzbold, sie ist liebenswert und freundlich. Sie haben einhundert Kühe auf mehreren einhundert Hektar Kakteenfläche, wo spärlich Gras wächst. Früher hatten sie mehr Vieh, zweihundert sagen sie uns, aber es hat in den letzten vier Jahren nicht geregnet, fünfzig Tiere sind deswegen eingegangen und sie mussten sich dazu entscheiden, weitere fünfzig zu verkaufen, um die restlichen zu retten.

Joachim ist mit seinen Stiefeln und seinem Hut ein wahrer „Vaquero". Er erzählt uns, wie er mit seinem Pferd und dem Lasso seine Kühe einfängt, die nach all den Jahren verwildert sind, in diesen unüberschaubar weiten Räumen.

Während dieser Tage denken wir darüber nach, wie wir die Reise fortsetzen wollen. Die Durchquerung Zentralamerikas, die uns beim Aufbruch logisch erschien, scheint daran zu scheitern, dass es keine Straße gibt, die Panama mit Kolumbien verbindet. Somit können wir sowieso nicht auf dem Landweg bis nach Südamerika kommen. Lange sind wir unentschlossen, aber alles wird sonnenklar, als ich mich an eine Aussage von Nicolas, einem Studienfreund, erinnere. Nach seiner

Kakteen und wilde Bergketten

Rückkehr aus Kuba, meinte dieser: „Man muss unbedingt nach Kuba, bevor Fidel Castro tot ist." Also beschließen wir, ein Flugzeug von Mexiko aus, nach Kuba und anschließend ein anderes nach Ecuador zu nehmen.

Für eine kurze Strecke verlassen wir die Straße, die Niederkalifornien von Norden nach Süden durchläuft, um uns zu einer Bucht zu begeben, die Kolonien von Grauwalen Schutz bietet. Diese großen Wale, die den Sommer im arktischen Ozean verbringen, unternehmen eine lange Wanderschaft, um in den warmen Gewässern, insbesondere geschützt in den Buchten von Niederkalifornien, ihren Nachwuchs zu gebären. Wir steigen in ein kleines Motorboot und entdecken bald Delfine, einige Robben und schließlich die Wale mit ihren Jungen. Es ist ein faszinierendes Schauspiel mit anzusehen, wie diese riesigen Tiere über die Wasseroberfläche hinausspringen und das Wasser durch die Wucht der Tiere in alle Richtungen spritzt, wenn sie wieder ins Meer eintauchen.

Der Regierung von Niederkalifornien ist die Gefahr der Zerstörung der Natur durch eine explosionsartige Zunahme des Tourismus in der Region bewusst, weshalb der Zugang zu diesem Ort streng reglementiert ist. Maximal neunzehn kleine Boote dürfen sich den Walen täglich nähern. Bis dato sind die Wale jedes Jahr noch zahlreicher zurückgekehrt, der Beweis dafür, dass diese Politik der Schutzmaßnahmen Früchte trägt. Es ist ein schönes Beispiel dafür, dass Tourismus und ursprünglich wilde Natur im Einklang miteinander leben können.

Groß ist unsere Überraschung, als wir in dieser dürren Landschaft plötzlich auf die Oase San Ignacio treffen. Große Dattelpalmen säumen ein breites Flussufer. Abends quaken die Frösche im Schilf. Ohne Zweifel vom Grillduft angelockt, landen wir bei Antonio und Angela.

Obwohl die beiden in Mexiko geboren sind, haben sie ihr ganzes Leben in den USA gearbeitet. Wenn uns anfangs der Grund ihrer Rückkehr nach Mexiko ein wenig obskur erschien, so leuchtet uns dieser im Laufe des Abends zunehmend ein. Sie laden uns zum Abendessen ein, sobald dieses beendet ist, beginnt Antonio über Religion zu sprechen. Er erklärt uns, dass er zur Kirchengemeinde der

Baptisten gehöre und dass er hier sei, um die Bevölkerung von Niederkalifornien zu diesem Glauben zu konvertieren. Er versucht das Gleiche auch mit uns.

Da wir ökumenische Ideen haben, präsentieren wir ihm folgendes Argument: Die überwiegende Mehrheit der Menschen übernimmt doch die Religion ihrer Eltern. Er erwidert, dass all diese Religionen nur Lügen seien. Die Diskussion belebt sich und er äußert sich besonders abfällig gegen die Muslime. Wir entrüsten uns darüber und bezeugen die außerordentlichen Gastfreundschaft, die man uns in den muslimischen Ländern entgegen gebracht hat. Aber er hat auf alles eine Antwort und interpretiert diese Zeugnisse der Großherzigkeit, die wir in muslimischen Ländern erhalten haben, als eine List des Satans, um uns von dem Gott der Bibel abzubringen, der als einziger „persönlich, liebevoll und barmherzig" sei. Seit der ersten Stunde war er ein Anhänger von Bush und sieht in keiner Weise die Unvereinbarkeit zwischen dessen „Ölkriegen" und der Botschaft von Jesus. Er ist davon überzeugt, dass „Bush der Beste ist, er ist zwar im Moment unbeliebt aber in einhundert Jahren wird jeder verstehen was für eine große Persönlichkeit er war!"

Seine Intoleranz ekelt uns an, ebenso wie seine Ignoranz. Wir beenden die Diskussion, weil sie nicht auf der Basis von Respekt und intellektueller Ehrenhaftigkeit geführt wird. Diese Begegnung hat einen erschreckenden Charakter. Wie kann man einem solchen Fundamentalismus verfallen? Fundamentalismus, sei er ideologisch, religiös, wirtschaftlich oder politisch begründet, scheint die Quelle aller Weltkonflikte zu sein, selbst dann, wenn er nur eine Minderheit betrifft. Man muss annehmen, dass es geradezu diese Minderheit ist, die allzu oft an der Macht ist.

Wir erreichen den Golf von Kalifornien, die Landschaft, welche zuvor schon beeindruckend war wird noch idyllischer. Ein Strand mit feinem Sand folgt dem nächsten, sie werden von türkisem Wasser umspült und befinden sich in dieser Landschaft aus Kakteen uns Bergketten, die über dem Meer thronen.

Wir setzen unseren Weg in Richtung Süden fort. Kommen wir denn niemals ans Ende dieser zweitausend Kilometer? Mittlerweile haben wir schon so viele Kakteen gesehen, dass sie uns nachts in unseren

Albträumen erscheinen. Wir träumen, dass sie in unserem Hirn wachsen und beginnen dort alles zu überwuchern.

Alle Rentner aus Nordamerika, denen wir hier begegnen, erzählen uns, dass der Süden noch schöner sei. Sie brechen dorthin im Wohnmobil auf, um von der mexikanischen Sonne während des Winters zu profitieren. Unser Abenteuer scheint sie zu begeistern, deshalb laden sie uns oft ein, am Abend gemeinsam mit ihnen einige Hotdogs und Biere zu teilen. Für Opas und Omas finden wir sie wirklich unternehmungslustig und dynamisch, sie behandeln uns wie ihre Enkel, die im Übrigen oft in unserem Alter sind.

Endlich – der Süden der Halbinsel! Kleine Bäumchen und Blumen mit provenzalischem Duft tauchen in der Kakteenlandschaft auf. Wir erreichen Cabo Pulmo, wo das größte nördlichste Korallenriff der Welt liegt. Während die Korallen nichts Besonderes sind, ist die Fauna, welche sie umgibt einzigartig. Große Zackenbarsche und Kofferfische schwimmen ruhig inmitten großer Schwärme von Thunfischen, die in alle Richtungen davon jagen, sobald wir uns ihnen mit unserem Schnorchel nähern. Einige Robben schwimmen von Zeit zu Zeit vorüber, am Ufer plantschen Pelikane, sie scheinen zu dösen, den Schnabel aufs Meer hinaus gerichtet. Aber es genügt, dass einer von ihnen einen Schwarm von Fischen ausfindig macht und alle fliegen pfeilschnell in die Höhe und stürzen sich auf die Fische. Sie tauchen wieder auf, die Schnabeltasche voller Beute, welche sie anschließend verschlingen. Hinter ihrer zur Schau gestellten ruhigen Art verbirgt sich wahre Gefräßigkeit! In einiger Entfernung sehen wir große Rochen, die aus dem Wasser springen. Sie schlagen ihre Flügel mit Gewalt gegen die Wasseroberfläche, um die Parasiten loszuwerden.

Wir kommen in La Paz an, der größten Stadt im Süden der Halbinsel, es ist gerade Karneval. Wir werden Zeugen eines riesigen Jahrmarkts, der sich entlang der Promenade abspielt. Das Konzept ist das gleiche wie bei allen solchen Veranstaltungen auf der Welt. Es gibt Geschicklichkeitsspiele, um Plüschtiere zu gewinnen, Verkaufsstände mit Zuckerwatte und Pommes und solche mit Erfrischungsgetränken, wo jedoch vorwiegend Alkohol verkauft wird. Außerdem gibt es Abzockspiele, bei denen man für dumm verkauft wird, Versteigerungen mit fallenden Preisen für banale Objekte, wobei der Verkäufer einem immer glauben machen will, dass man das Geschäft des Jahrhunderts macht, Achterbahnen, Autoscooter und letztlich die ortsansässigen Musiker. Kurz gesagt – es ist für jeden etwas dabei.

Das Fest dauert bis spät in die Nacht hinein. Am frühen Morgen, als die Menge sich zu zerstreuen beginnt, sind die Männer besoffen, die Frauen gehen heim, die Arme beladen mit Decken und Küchenutensilien, die sie erstanden haben.

Die jungen Leute sind müde vom Tanzen. Die Kinder haben eine überdimensionale Menge von Süßigkeiten in sich hineingestopft. Keiner hat mehr einen Peso in der Tasche, aber alle sind glücklich über diesen wunderbaren Augenblick geselliger Gemütlichkeit, berauscht von der kindlich heiteren Stimmung, betört von all diesen Lichtern und Farben, von diesem fröhlichem Gelächter, das die sozialen Grenzen überschreitet.

Bevor wir die Fähre nach Mazatlán nehmen, machen wir einen letzten Umweg über den Strand von Balandra. Diese außergewöhnliche Landschaft haben wir während der letzten zwei Wochen durchreist, wir müssen jedoch gestehen, dass die letzten Kilometer die schönsten auf der ganzen Halbinsel sind. Diese großartigen Kakteen, diese hohen Berge, an die sich die sinnliche Ruhe dieses kleinen Strandes mit seinen Mangrovenwäldern, seinem kristallklaren Wasser und seinem feinen Sand anschmiegt.

Wir begegnen dort Art, einem Amerikaner, der gegen Amerika ist. Ernüchtert von der amerikanischen Lebensweise, beschreibt er uns die Sackgassen und die Absurdität, in welcher sich die amerikanische Gesellschaft befindet. Die Diskussion mit diesem Mann, der viel über die Welt, die ihn umgibt, reflektiert hat, ist fesselnd. Alle Begegnungen mit den Amerikanern haben uns zu der Erkenntnis gebracht, dass in den USA, mehr als irgendwo anders auf Erden, die ganze Bandbreite vom Schlechtesten bis zum Besten existiert. Genau das entspricht unserer grundlegenden Überzeugung, nämlich dass es äußerst beschränkt ist, die Menschen auf Grund ihrer Nationalität, ihrer Religion oder ihrem soziokulturellem Umfeld in eine Kiste zu stecken.

Bei den Mayas

Nach sechzehn Stunden Bootsfahrt steigen wir in Mazaltán aus, einer großen Stadt mit seinen Hochhäusern entlang der Ozeanküste. Wir halten uns dort nicht lange auf, sondern nehmen den Bus nach Mexiko City. Unterwegs steigen drei Menschen mit einer geistigen Behinderung zu. Die soziale Misere, in der sie sich befinden, kann man kaum ertragen. Mehr als ihre schäbige Kleidung und ihre dreckigen Gesichter, ist es ihre niedergeschlagene, resignierte Haltung und ihr wirklichkeitsfremdes Lächeln, was das schlimmste Elend darstellt. Sie finden dennoch einhundert Pesos in einer ihrer Taschen, um den Bus zu bezahlen und steigen danach in der nächsten Stadt aus, um ihre Einsamkeit und Not dorthin mitzuschleppen.

Wir queren die landwirtschaftlich genutzten Zonen auf niederer Meereshöhe und fahren dann inmitten von Pinienwäldern auf die weite Hochebene im Landesinneren hinauf. Der Altiplano macht mit seinen hohen Vulkanen und den Agavenfeldern einen trostlosen Eindruck. Von Mexiko-City sehen wir nicht viel: Nachts angekommen, reisen wir in derselben Nacht wieder aus der großen Metropole ab. Wir verlassen diese Hochebene und eine schwindelerregende Abfahrt führt uns nach achtundzwanzig Stunden im Bus nach Villahermosa, auf die andere Seite des Landes. Die Temperaturen sind deutlich gestiegen, ebenso wie die Luftfeuchtigkeit. Die Landschaft, hier ist das komplette Gegenteil zu den dürren Sierras von Niederkalifornien. Hier ist alles grün, die Vegetation ist üppig, wir sind Zeugen der Explosion der tropischen Pflanzenwelt.

Unser Ziel ist es nun, von Villahermosa nach Cancún zu fahren, diesmal mit dem Fahrrad, in dem wir die Halbinsel von Yucatan durchqueren. Aber unsere Enttäuschung ist groß, als wir sehen, auf welcher Art von Straße wir diese Kilometer zurücklegen müssen: nämlich einer engen und extrem stark frequentierten Nationalstraße. Wenn auch die großen amerikanischen Laster, die mit irrsinniger Geschwindigkeit dahinrasen, nichts wirklich Neues für uns sind, hat sich die Verkehrsdichte von einem Lastwagen pro Stunde in Niederkalifornien auf einen pro Minute gesteigert.

Wirklich problematisch wird es, wenn zwei von ihnen auf unserer Höhe aufeinander zu rasen. Die Straße ist für uns vier nicht breit genug und wir müssen in den Straßengraben springen um nicht zermalmt zu werden. Wir fragen uns, warum wir hierher gekommen sind. Trotz allem – die Natur ist schön mit all ihren Bäumen, die rot, weiß, rosa oder gelb blühen, den Papageien, den Reihern ... Wir erleben sogar eine totale Mondfinsternis; aber der Wille ist nicht mehr da, zwei Tage mit dem Fahrrad auf den hiesigen Straßen haben uns unsere Motivation geraubt. Endlich kommen wir nach Palenque, wir haben das Gefühl, kurz vor dem Ertrinken ein Floß zu erreichen: Toni ist durch die Hitze des Nachmittags völlig dehydriert und wir haben es satt, unser Leben auf dieser „Straße des Todes" weiter zu riskieren.

Gott sei Dank macht die archäologische Stätte der Maya von Palenque unsere bitteren Fahrraderlebnisse wieder wett. Inmitten eines Waldes aus großen, dicht stehenden und tropischen Bäumen, tauchen plötzlich Pyramiden und Paläste auf. Es scheint undenkbar, dass dieses Volk vor der dortigen Erfindung des Rades und des Eisens, und ohne Kühe, Esel oder Pferde gekannt zu haben, welche sie beim Bau hätten unterstützen können, derartige titanische Gebäude errichten konnte. Einige Pyramiden müssen noch restauriert werden und sind vom Dschungel überwuchert. Dieser Ort hat etwas Faszinierendes an sich!

Jetzt ist es wieder soweit, die Frage stellt sich, was wir im Anschluss machen wollen. Ein Blick auf die Landkarte lässt uns hoffen, dass wir nach circa dreihundert Kilometern weniger frequentierte Straßen antreffen könnten. Paradoxerweise entscheiden wir uns aufs Neue, mit dem Bus zu fahren, um die Reise mit dem Rad wieder in Gang zu bringen. Diese Art der Entscheidung ist nicht ungefährlich, denn sie kann schwere Konsequenzen nach sich ziehen. Wenn man sich bei den ersten Schwierigkeiten schon dem Schicksal beugt und den Bus nimmt, wird die Versuchung groß, dies systematisch zu tun und die Reise mit dem Fahrrad stirbt langsam. Dennoch ergibt es, wenn die Zeit knapp ist, die Straße uninteressant oder sogar gefährlich ist, schon Sinn in bestimmten Situationen in den Bus zu steigen. Aber man muss sich den Bus einzig und allein nur für derartige Situationen vorbehalten. Andernfalls entwickelt man sich zum Busreisenden, der ein Rad dabei hat, das zunehmend zur Last wird. Ein Fahrrad in einen Bus zu laden, ist nämlich jedes Mal eine Herausforderung. Man muss alle Satteltaschen abnehmen, die zwei Vorderräder abmontie-

Die Pyramiden von Calakmul

ren, das Ganze dann in dem Laderaum verstauen und immer darauf bedacht sein, dass nichts kaputt geht. Dann ist da noch die Geldgier der Busfahrer, die meist exorbitante Preisaufschläge fordern und zu guter Letzt muss man noch aufpassen, dass im allgemeinen Chaos der Busbahnhöfe niemand einfach mit einer Satteltasche verschwindet … Für dreihundert Kilometer ist es eigentlich diese ganze Mühe nicht wert, aber unsere Sicherheit steht auf dem Spiel.

Im Bus machen wir die Bekanntschaft von Carlos. Früher arbeitete er auf großen Fischtrawlern im Nordpazifik. Eine dubiose Geldgeschichte mit dem Kapitän hat ihn jedoch für einige Zeit ins Gefängnis gebracht: Der Kapitän schuldete Carlos zehntausend Dollar, als dieser sie nicht zurückzahlen wollte, hat Carlos ihn verprügelt. Nach der abgesessenen Gefängnisstrafe muss er nun noch ein fünfjähriges Einreiseverbot in das amerikanische Territorium abbüßen. Er geduldet sich momentan, indem er kleine Gelegenheitsarbeiten übernimmt, bevor er seinen Posten als Deckoffizier wieder antreten kann. Er erzählt uns über die Gefahren der Fischerei von Krabben oder Schwertfischen und er verrät uns auch, dass das Meer bald leer gefischt sein wird. Es ist zwanzig Jahre her, als die Schiffe, die von San Diego aus starteten, nach vierzehn Tagen bis oben hin voller Fische heimkehrten. Jetzt kreisen sie sechs Wochen, manchmal sogar zwei Monate auf dem Meer, ohne dass die Laderäume gefüllt sind.

„Und der Knast in den USA, wie war der?"

„Ah, genial, sehr gute Verpflegung!", antwortet er und streicht sich über seine Wampe.

Diese Busfahrt zahlt sich aus, denn schnell befinden wir uns auf den kleinen Straßen die Yucatan durchqueren. Wir erreichen die archäologische Ausgrabungsstätte von Calakmul. Obwohl sie der von Palenque sehr ähnlich ist, unterscheidet sie sich dadurch, dass sie vor kurzem erstmals restauriert wurde. Wir sind kaum mehr als ein Dutzend Leute, die sie heute besuchen. Die wilde Fauna hat die Gegend noch nicht verlassen, wir entdecken Affen, Schlangen, wilde Truthähne, ein Art von „Hunde-Ratten-Affen", Leguane und eine Menge vielfältiger und unterschiedlicher Arten von Vögeln. Inmitten dieses Urwaldreservats, in dem es von Schreien des Dschungels hallt, tauchen plötzlich Pyramiden und, mit Skulpturen geschmückte, Stelen auf. Welches Privileg, diesen Ort besuchen zu können, vor dem sehr wahrscheinlich stattfindenden Touristenansturm der kommenden Jahre. Ein großer Parkplatz erwartet schon jetzt die zukünftigen Besucher ...

Wir kommen in ein Dorf mit dem vielsagenden Namen „Nueva Vida" und bitten um Gastfreundschaft. Man schickt uns zu Rosando und Eugenio, die schon um 6 Uhr abends betrunken sind, aber sie nehmen uns sehr freundlich auf. Victoria, die Frau von Rosando, bereitet uns ein Abendessen: Maistortillas über dem Holzfeuer gebakken, weiße Bohnen, frittiertes Huhn, Tomaten und Kohl. Wir diskutieren vor allem mit unseren zwei Alkoholikern, da die Kinder und Frauen, um einiges zurückhaltender sind. Das billige Bier hat verheerende Auswirkungen, und betrunkene Männer gehören wie selbstverständlich zu der hiesigen Landschaft. Für sie schämt sich hier keiner.

Am darauf folgenden Tag fahren wir durch die ersten Dörfer der Maya, die Nachfahren der brillanten Zivilisation, die alle die Pyramiden erbaut hat, die wir in den vergangenen Tagen besichtigt haben. Die Maya haben, obwohl sie ihre Religion nicht bewahren konnten, ihre Sprache, ihre Lebensweise und ihre traditionelle Architektur erhalten. Die Häuser der Maya werden aus Lehm oder Ästen mit einem Dach aus Palmblättern gebaut. Oft sieht man Frauen in traditionellem Gewand, einem langen weißen Kleid, bestickt mit Motiven in lebendig bunten Farben.

Gloria kommt gerade aus der evangelischen Kirche zurück, als wir an ihre Türe klopfen. Sie kommt vom Gebet und für sie ist unsere Ankunft ein Zeichen Gottes. Zusammen mit ihrer Mutter Marta empfängt sie uns mit offenen Armen. Sie sprechen untereinander die Sprache der Maya und erzählen uns über das Leben, das sie im „bosque", also im Wald führen. Auch wenn sie nicht genau wissen, wo Europa liegt, kennen sie jede Pflanze, jedes Tier, jeden Baum des „bosque", dem sie ihre Existenz verdanken. Wir entdecken die Nähe und Vertrautheit, die die Mayas mit der sie umgebenden Natur verbindet. Es ist außerdem die einzige Zivilisation, die wir angetroffen haben, wo die Menschen keinen festen Ort haben, um ihre Notdurft zu verrichten. Man geht in den Wald, anschließend übernehmen das tropische Klima und die Tiere es, die Exkremente verschwinden zu lassen.

Wir erzählen ihnen verschiedene Dinge aus unserem Leben in Europa und sie fallen von einer Überraschung in die andere. Grundsätzlich fragen sie sich, wie man überhaupt leben kann, ohne Tortillas zu essen. Sie haben einen Fernseher, aber man hat den Eindruck, dass alles, was sie auf dem Bildschirm sehen, für sie nichts anderes als irreale Fantasiebilder sind. Als ich versuche, mich für die Nacht in einer Hängematte einzurichten, die sie mir aufgehängt haben, brechen sie in schallendes Gelächter aus. Sie verstehen, dass es uns nicht gelingen würde, in einer solchen zu schlafen, ohne mehrere Male auf den Boden zu fallen und zeigen uns ein Bett, das so aussieht, als sei es niemals zu vorher benutzt worden.

Yucatan ist eine Ozeanplatte, die durch tektonische Bewegungen angehoben wurde. Auf diesem Kalkplateau findet man zahlreiche „Cenotes", eine geologische Besonderheit. Das sind große, kreisrunde Löcher von circa vierzig Metern Durchmesser und ebensolcher Tiefe mit einem kleinen See am Grund. Sie übersäen die Region, einige waren Kultstätten der Maya, wie die Gravuren auf den Wänden bezeugen.

Der Wald, den wir bereits mehrere hundert Kilometer durchquert haben, macht plötzlich Raum für weite Anbauflächen. Wir zucken zusammen, als ein winziger Blondschopf uns mit seinem großen Traktor überholt. Von diesem radikalen Wechsel stutzig geworden, halten wir im nächsten Dorf an. Große Häuser aus Beton thronen inmitten gepflegter Gärten, welche denen in England ebenbürtig sind. Da die Nacht naht, bitten wir bei einem Haus um Gastfreundschaft. Ein großer Mann mit blauen Augen tritt heraus. Er trägt ein kariertes Hemd und Hosenträger. Nachdem er uns die Erlaubnis zum Zelten erteilt hat, hinterfragen wir den plötzlichen Wandel der Landschaft. Er erklärt uns, dass sie Nachfahren deutscher Einwanderer seien, die zwischen den beiden Weltkriegen nach Chihuahua umgesiedelt sind. Vor fünf Jahren, als der Landmangel in ihrer ehemaligen Kolonie begonnen hatte, sind sie hierher gekommen, um sich eine neue Existenz aufzubauen. Sie haben Land gekauft, den Wald gerodet und Weizen angepflanzt.

Das Unglaublichste ist, dass die Zeit für sie seit ihrem Aufbruch aus Deutschland scheinbar still gestanden ist. Man braucht nur das junge Mädchen, das uns an der Eingangstür beobachtet, zu sehen, um sich davon zu überzeugen. Sie hat zwei dicke blonde Zöpfe und trägt Kleidung, die der Mode von 1920 entspricht. Untereinander sprechen sie plattdeutsch, aber der Dialekt ist so ausgeprägt, dass sogar Toni kein Wort versteht.

Wir nähern uns der archäologischen Stätte von Chichen Itza und finden unsere Maya wieder. In der Familie von Santos leben alle vom touristischen Geldsegen von Chichen Itza. Er selber schnitzt Holzstatuen, die er anschließend an die Touristen verkauft. Vor fünf Jahren hat Chichen Itza einen Internetwettbewerb gewonnen, erklärt uns Santos und wurde mehr oder weniger willkürlich, von heute auf morgen, zu einem der sieben neuen Weltwunder gekürt. Auf Grund der Nähe zu Cancún konnte es gar nicht anders kommen, als dass Chichen Itza zu einem Eldorado des Tourismus aufsteigt. Tatsächlich, als wir uns am nächsten Tag an Ort und Stelle begeben, wird uns die Tragweite des Phänomens bewusst. Wenn auch die Zeugnisse der Vergangenheit sehr schön sind, ist das, was uns am meisten beeindruckt, die Besuchermassen, die dort seit dem Morgen zwischen Souvenirständen, die direkt am Ausgrabungsort selbst errichtet sind, herumschlendern.

Einige Tage bleiben uns noch, bevor wir nach Kuba fliegen. Wir entscheiden uns, diese auf der Insel Cozumel zu verbringen, um uns ein wenig am Strand auszuruhen.

Wir durchfahren erst Cancún, dann Playa del Carmen, zwei Städte, die Ende der neunziger Jahre aus dem Nichts entstanden sind und im Verlauf eines Jahrzehnts zur touristischen Hochburg wurden. Playa del Carmen ist sogar die am schnellsten wachsende Stadt der ganzen Welt. In unserer Erinnerung ist es ein artifizieller Ort, überschwemmt von Touristen, für die Yukatan sich auf einen Wochenaufenthalt in einem All-Inclusive-Hotel am Meeresstrand beschränkt. Diese Leute könnten sich niemals vorstellen, dass nur fünfzig Kilometer entfernt von dem Ort, an dem sie sich befinden, die Maya in traditioneller Kleidung ihre Notdurft im Wald verrichten. Die Traditionen dieses höflichen und einfachen Volkes sind durch die großen Veränderungen, welche sich durch den massiven Zustrom von Touristen ergeben, bedroht.

Bei Einbruch der Nacht nehmen wir die Fähre zur Insel Cozumel, zusammen mit Hunderten anderer Touristen, denen wir, wie ich hoffe, niemals ähneln werden. Als wir die riesigen Hotelklotze von San Miguel de Cozumel, welche die Küste säumen sehen, fragen wir uns, ob wir hier nicht fehl am Platz sind. Als wir aber die Küste verlassen und uns ins Innere der Insel begeben, machen die Hotels kleinen mexikanischen Häusern Platz. Auf einem von ihnen steht: „Christliche Kirche". Der Pastor überlegt ein wenig hin und her und sagt uns schließlich: „Wir arbeiten zur Ehre Gottes und wir würden unseren guten Ruf besudeln, wenn ihr Diebe oder Drogenabhängige wäret." Wir können ihn in diesen Punkten beruhigen, danach schöpfen er und seine Frau mehr Vertrauen und bieten uns sogar eine Dusche und einige Nahrungsmittel an.

Wir umrunden die Insel und fahren von Strand zu Strand. Einige Meter vom Ufer entfernt befinden sich wundervolle Riffe, die von einer Vielzahl von Fischarten bewohnt sind. Wir sehen sogar Muränen, Mondfische, Rochen und Kraken, die eine Tintenwolke ausspeien, wenn man sich ihnen nähert. Die Sicht ist sensationell, wir können vierzig Meter weit sehen, das Wasser ist so klar, dass man sich in einem gigantischen Aquarium glaubt. Mit diesen vielfarbigen

Fischen, die uns umschwirren, ist das eine neue Dimension des flüssigen Raums. Angesichts der außergewöhnlichen Unterwasserwelt erforschen wir das Riff immer weiter und verbringen täglich mehrere Stunden unter Wasser. Diese drei Tage, die eigentlich der Ruhe und Erholung dienen sollten, haben uns ohne Zweifel mehr ermüdet als die gesamte Radstrecke seit Villa Hermosa. Die bezaubernden visuellen Eindrücke prägen sich mit solchem Nachdruck in unsere Gehirne, dass wir bis zum letzten Augenblick davon profitieren wollen.

Leider müssen wir nach San Miguel zurück, um das Schiff nach Playa del Carmen zu nehmen. Als wir an den Luxusboutiquen vorbeifahren, erschlägt uns die eisige Luft der Klimaanlagen, die aus den Schaufensterfronten entweicht. Welch ein Gegensatz im Vergleich zur idyllischen Natur der letzten Tage.

Die paradiesischen Strände der Insel Cozumel

Viva Cuba!

Am nächsten Tag fahren wir zum Flughafen von Cancún. Unser nächstes Reiseziel ist Kuba. Als wir in den Flieger nach Havanna steigen, befallen uns plötzlich eine Menge Zweifel. Ist es wirklich eine gute Idee, in Kuba mit dem Fahrrad zu reisen? Wir fantasieren bezüglich unserer Vorstellung vom Totalitarismus auf Kuba und wir machen uns Sorgen, dass die politisch geführte Polizei uns daran hindern könnte, frei und unabhängig zu reisen. Tatsächlich sind die einzigen Informationen, die wir über Kuba haben, dass alles getan wird, um die Touristen so gut wie möglich von den Kubanern fernzuhalten und dass alles so arrangiert ist, damit die Touristen ein Maximum an Geld in Kuba lassen. Hotelpreise und Kosten für Fremdenzimmer sind eindeutig außerhalb unseres Budgets, ungefähr vierzig Euro pro Übernachtung für ein Doppelzimmer. Wir müssten also jeden Abend irgendwo campieren, selbst wenn dies verboten ist. Wir versuchen uns zu beruhigen und sagen uns, dass es uns bestimmt gelingen wird, vor Ort zu improvisieren. Das Bild der kommunistischen Diktatur nach sowjetischer Art ist dennoch so in uns verankert, dass wir uns schon fragen, ob uns die kubanischen Zöllner nicht nach Mexiko zurückschicken werden, wenn sie unsere Räder sehen.

Am Zoll jedoch geschieht nichts, die Papiere sind in Ordnung, ohne Probleme bauen wir unsere Fahrräder wieder zusammen. Einige Kubaner, neugierig geworden durch unsere Ausrüstung, kommen herbei, um mit uns zu diskutieren. Die ersten Kontakte sind freundlich und respektvoll – und die darauf folgenden Kilometer sind angenehm zu radeln. Wir fahren auf einer „guten Straße" mit wenig Verkehr, befinden wir uns tatsächlich in der Peripherie einer Drei-Millionen-Einwohner-Stadt? Sofort fällt uns auf, dass es kein einziges Werbeplakat gibt. Adieu kapitalistische Welt und willkommen im tropischen Sozialismus!

Im Gegenzug findet man entlang der gesamten Straße Plakate mit Propaganda zum Ruhme der Regierung. Die Slogans lauten: „Ohne Schulbildung gibt es keine Revolution" oder „Für das Vaterland zu sterben, heißt leben" oder aber „Die Revolution ist der Sinn des historischen Augenblicks" oder ganz einfach „Es lebe der Sozialismus!".

Die Dunkelheit bricht über uns herein, als wir immer noch in den Vorstädten von Havanna sind. Wir versuchen unser Glück und fragen, ob wir neben einer Tankstelle zelten könnten. Der Angestellte dort sieht kein Hindernis, warum man hier nicht campen könnte: „Es kann passieren, dass die Polizei kommt, um nachzuschauen, wer ihr seid, aber ich glaube nicht, dass sie Probleme machen wird."

Tatsächlich kommt bis zum nächsten Morgen niemand, um uns zu stören. Wir fangen an zu begreifen, dass unsere Paranoia lächerlich ist. Die Tyrannei, die zu Zeiten Stalins praktiziert wurde, gibt es hier nicht.

Wir entfernen uns von Havanna und kommen in einem kleinen Ort an. Es ist Markttag und die Bauern aus der Region sind gekommen, um ihre Produkte zu verkaufen. Wir erfahren, dass es auf Kuba zwei Währungen gibt: den „Peso cubano" und den „Peso convertible" (umtauschbar). Fünfundzwanzig Pesos cubanos sind ein Peso convertible. Der Peso cubano dient dazu, die täglichen Nahrungsmittel zu kaufen, während man mit dem Peso convertible in Fabriken hergestellte und importierte Produkte kaufen kann. Die Nahrungsmittel kosten praktisch nichts, während die Preise in den Geschäften, in denen man mit dem Peso convertible bezahlt, die gleichen wie in Europa sind. „Die Nahrungsmittel kosten praktisch fast nichts": Für uns sind die Preise in der Tat lächerlich niedrig, aber als wir erfahren, dass die Gehälter der Beamten zwischen sieben und zwanzig Euro pro Monat betragen, sehen wir diese unter einem anderen Blickwinkel. Die kleine Pizza für fünfzehn Cent entspricht einer Arbeitszeit von drei Stunden und ein Fläschchen Shampoo für siebzig Cent erfordert mehr als einen Tag Arbeit.

Das was uns sofort auffällt, ist der Reichtum des sozialen Lebens. Jeder redet mit jedem, in totaler Lässigkeit und ohne jeglichen Stress. Die Menschen nehmen sich die Zeit miteinander zu leben. Viele Leute grüßen uns sehr höflich und unterhalten sich mit wohlwollendem Lächeln ein paar Minuten mit uns, zum Abschied geben sie uns warmherzig die Hand.

Die Landschaft ähnelt der Vorstellung, die man sich vom Land im goldenen Zeitalter macht: Weidegebiete, Felder mit Bananen, Zukkerrohr- und Ananasplantagen, wechseln sich in einer hügeligen

Ein Austin aus dem Jahr 1950!

Landschaft ab, in der Kokospalmen und Mangobäume im Überfluss wachsen. Schweine treiben sich am Straßenrand herum und wenn man sie so sieht, wie sie ihre Siesta unter den Bäumen machen, sagt man sich, dass auch sie auf kubanisch leben – geruhsam eben!

Von Anfang an sind wir Feuer und Flamme für Kuba! Wir machen uns über unsere Ängste lustig, die uns gerade mal vierundzwanzig Stunden vorher noch gemartert haben.

Wir halten bei einem älteren Paar, Ofelia und Julio, gemeinsam sind sie einhundertvierundfünfzig Jahre alt. Trotz ihres Alters, sind sie noch gut in Form und echte Witzbolde. Julio, das Gesicht voller Falten, raucht eine große Zigarre. Die große Anzahl alter Menschen auf Kuba ist kein Zufall. Das Gesundheitssystem ist sehr gut und die Behandlung kostenlos. Dazu kommen das stressfreie Leben und die gesunde Ernährung, was dazu führt, dass die Lebenserwartung auf Kuba ähnlich hoch oder vielleicht sogar höher ist als in den westlichen Ländern.

Kleine Dörfer durchquerend, setzen wir unsere Reise fort. Die Häuser sind bescheiden, aber sehr gepflegt. Die Kubaner besitzen nicht viel, aber die wenigen materiellen Güter, die sie haben, pflegen sie mit großer Sorgfalt und erhalten sie dadurch so lange wie möglich. Man muss nur ihre Autos anschauen, um sich davon zu überzeugen. Die einzigen Fahrzeuge, die es gibt, sind entweder amerikanische oder englische Autos die mindestens fünfzig Jahre alt sind oder aber Autos, Motorräder, Busse, Traktoren oder Lastwagen aus der Sowjetunion, die somit mindestens zwanzig Jahre alt sind. Manchmal sieht man Touristen mit ganz neuen Leihwagen vorbeifahren, die sich kein Kubaner jemals leisten könnte.

Mit viel Geduld und Gründlichkeit wird versucht alle diese Knatterkisten am Laufen zu halten, aber notgedrungen verringert sich ihre Anzahl dennoch. Die Straßen sind folglich wie ausgestorben und wenn uns ein Auto überholt, dann mit geringer Geschwindigkeit. Deshalb haben wir alle Zeit der Welt, um jedes dieser Museumsstücke zu bewundern, das vor unseren Augen davonzieht.

Es gibt keinerlei Abfall entlang der Straßen, denn kein Produkt wird mit Verpackung verkauft. Auf den Markt muss man seine eigene Tasche mitnehmen, andernfalls kann man eine Plastiktüte kaufen, deren Preis etwa dem eines Kilo Tomaten entspricht. Es gibt hier so wenige Rohstoffe in Reichweite der Kaufkraft der Kubaner, dass alles mehrere Male zu verschiedenen Zwecken recycelt wird, bevor sich die Gegenstände dann in einem Zustand der fortgeschrittenen biologischen Abbaubarkeit von alleine auflösen.

In der Nähe von Puerto Esperanza werden wir von Cirilo und Rosa aufgenommen. Die Unterhaltung ist von Anfang an für beide Seiten sehr interessant. Sie geben Antworten auf all unsere Fragen, die wir uns seit unserer Ankunft in Kuba gestellt haben. Ebenso wie es zwei Währungssysteme auf Kuba gibt, gibt es auch zwei verschiedene Arbeitssysteme: Beamte und Unabhängige. Cirilo ist freier Landwirt, er kann seine Produkte direkt verkaufen, zahlt aber Steuern für das, was er verkauft. Wenn man sein Haus sieht, welches viel größer als das seiner Nachbarn ist, könnte man glauben, dass es besser ist ein unabhängiger Arbeiter als ein Beamter zu sein. Das ist nicht total falsch, aber der Hauptgrund des Kontrastes ist, dass seine Tochter mit einem Schweizer verheiratet ist. Mit den einigen hundert Franken, die sie pro Jahr schickt, können ihre Eltern hier gut leben. Die kubanische Diaspora ist weit verbreitet und es kommt selten vor, dass man eine Familie trifft, die keinen Verwandten in einem westlichen Industrieland hat. Dieser Zufluss ausländischer Devisen ist einer der Faktoren, die den kubanischen Kommunismus am Laufen halten. Dennoch sind Cirilo und Rosa stolz und zufrieden, Kubaner und Sozialisten zu sein. Sie mögen Raoul und Fidel Castro.

Weiter im Westen erreichen wir die Provinz Pinar del Río, wo sonderbare, mehrere hundert Meter hohe Kalkberge, wie Riesenpilze inmitten von Tabakfeldern aus der Erde gesprossen zu sein scheinen. Die berühmten kubanischen Zigarren werden hauptsächlich in dieser Region produziert. Die Tabakpflanzen werden geerntet und dann in Trockenschuppen aufgehängt, bevor die ganzen Blätter händisch, gemäß einer langjährig, von Generation zu Generation überlieferten Technik, gerollt werden. Der Ort hat Charme und ist relativ touristisch, wodurch es in Viñalez von Fremdenzimmern nur so wimmelt. Mit Beharrlichkeit versuchen uns ihre Besitzer für ihre Unterkunft zu gewinnen. Die Tarife sind mehr oder weniger angeglichen: fünfzig Umtauschpesos für ein Zweibettzimmer, das entspricht in Kuba zweihundertfünfzig Kilogramm Reis oder zwei Monate Beamtengehalt. Leider nehmen die Auswirkungen des Tourismus immer weiter zu und einige Leute ziehen es vor, lieber unangemeldete Fremdenzimmer, die nicht der Steuer unterliegen, anzubieten, als in Staatsunternehmen zu arbeiten. Man findet sogar Mediziner, die im Tourismussektor arbeiten, anstatt die Kranken zu versorgen. Bisher ist dieses Phänomen relativ marginal, aber wie lange noch werden die Kubaner für die Gemeinschaft auf einen individuell besseren Lebensstandard verzichten?

Wir besuchen eine große Grotte, in der sich Fidel Castro und Ernesto Che Guevara 1962 mit ihren Partisanen versteckt hielten. Inmitten der Höhlen war ihr Stabsquartier eingerichtet und man kann das Telefon, das sie benutzten und das Bett, in dem Che schlief, besichtigen. Wenngleich man überall in Kuba, selbst auf dem Land, Zitate von Fidel Castro auf große Plakate gedruckt sieht, ist der Personenkult, der dem Che gewidmet ist, noch einmal von anderer Tragweite. Überall sieht man sein Bildnis und jeden Morgen singen die Schüler im ganzen Land, die Fahne hochhaltend: „Pioniere des Kommunismus, wir werden wie Che!"

Für all jene, die glauben könnten, dass die Kubaner es nicht wagen würden, offen ihr Regime zu kritisieren, weil sie Angst vor Repressalien hätten, ist unser Abend bei Lucia und „el Negro" das perfekte Gegenbeispiel. Sie empfangen uns mir größtmöglicher Herzlichkeit. Lucia brät uns sogar ein ganzes Hühnchen in Schweinefett heraus und serviert es mit Zwiebeln, Knoblauch und frittierten Bananen, ist das köstlich! Mit „el Negro", wie ihn alle nennen, und Gustavo, dem Nachbarn, driftet das Gespräch rasch in die Politik ab. Sie hassen das hiesige politische System. Gustavo, der mit einer schnellen Handbewegung zuerst zwei Finger unter seine Nase und dann auf seine Schulter legt, um den Schnauzbart und die Tressen von Fidel Castro zu karikieren, kritisiert ihn heftig: „El Commandante, mit seiner schönen Uniform und seinen gediegenen Schuhen, hat ein schönes Leben, während wir arm wie Kirchenmäuse dahin vegetieren. Lange Reden und viele Lügen des Staates, voilà, das ist Kuba! Von der ganzen Arbeit, die hier verrichtet wird, von allem, was hier produziert wird, profitiert eigentlich nur der Staat. Die Leute verdienen so wenig Geld durch ihre Arbeit, dass die Hälfte von ihnen einfach gar nichts tut. Das

Die Tabakfelder von Pinar del Río

Viele Gesten des Willkommens und der Zuneigung entlang der Straße

Land kann nur auf Grund der Großzügigkeit des tropischen Klimas und der Einnahmen durch den Tourismus überleben."

Nichts desto trotz geben sie zu, dass das Bildung- und Gesundheitssystem hier hervorragend ist. Aber die Tatsache, dass der Sohn von el Negro in den USA lebt und zweihundert Dollar täglich verdient, kann ihre Frustration nicht mildern. Sie sind es leid, ihr ganzes Leben für den Staat gearbeitet zu haben und sich mit einem bescheidenen Dasein begnügen zu müssen. Es gibt kein Elend, aber wie sie sagen: „aqui nadie es rico", hier ist auch keiner reich.

Sie wissen jedoch nicht, dass Kuba das einzige Land Lateinamerikas ist, in dem es die unerträgliche Ungleichheit mit seinem ganzen Elend nicht gibt. Ich kann ja verstehen, dass sie eine Wut auf dieses System haben, das ihnen nichts als ein Dasein zweiter Klasse bieten kann. Wenn man sie so argumentieren hört, gibt es keinen Zweifel daran, dass sie brillante Persönlichkeiten sind. Als sie jung waren, hatten sie zweifellos andere Ambitionen, als kleine Beamte mit lächerlichen Gehältern zu werden. Woanders auf der Welt hätten sie zu mindestens die Möglichkeit gehabt, sich eine angenehmere Existenz aufzubauen.

Das kommunistische System muss diese Art von Menschen zwangsläufig enttäuschen.

Das Pelota-Match beginnt in Kürze und el Negro und Gustavo würden es für nichts auf der Welt verpassen wollen. Pelota ist der Name, den die Kubaner für das Baseball-Spiel benutzen, bei Weitem der populärste Sport auf Kuba. Wenn eine Sache die Kubaner zusammenschweißt, dann ist das sicher nicht die Politik, sondern Pelota!

Lucia springt für die beiden Männer ein und unterhält sich mit uns, einige junge Nachbarn kommen ebenso, um uns Gesellschaft zu leisten. Mit Lucia gibt es keine Gespräch über Politik, man plaudert nur: Geschichten über die Hahnenkämpfe ihres Vaters, über ihren armen Sohn Filius, der im Wehrdienst ist, über die Mücken, die uns zerstechen, und über die Mangos, die nicht reifen wollen. Es gibt auf Kuba Tausende, was sag ich, Millionen von Mangobäumen. In diesem Monat, wir haben März, biegen sich alle unter dem Gewicht riesiger Mangofrüchte. Zu unserem großen Missfallen werden sie nicht vor April reif sein. Lucia erzählt uns, dass es auf dem Höhepunkt der Saison so viele Mangos gibt, dass man sie an die Schweine verfüttert! Wie wir es bedauern, dann nicht mehr in Kuba zu sein!

Eine Tasse Kaffee, ein Omelett zwischen zwei Brotscheiben, und wir verlassen unsere Gastgeber mit dem Versprechen, ihnen zu schreiben, einen Schwur, den ich bis heute immer gehalten habe.

Immer noch wird die Landschaft durch Maniok-Felder, bäuerliche Kooperativen, Lastwagen, welche schwarzen Ruß ausspucken, Radfahrer jeden Alters, Viehherden und kleine Ortschaften mit ihren Eisverkäufern, ihren kleinen Banken und dem kleinen Laden der dem Staat gehören, geprägt. Als eine Gruppe Arbeiter ihre Plantage zum Feierabend verlässt, winken sie uns aufgeregt und herzlich zu. Alles scheint anachronistisch, wie aus einer längst vergangenen Zeit. Es ist, als ob man in dem Film „Good Bye, Lenin!" mitspielen würde und trotzdem ist alles wahr, von den Propagandaslogans bis zu den sowjetischen Motorrädern mit Beiwagen.

Am Abend kommen wir in ein kleines Dorf, in dem Maria Antonia uns einlädt. Mehrere Nachbarn sind da und wir unterhalten uns begeistert. Drei junge Männer brechen auf, sie müssen zur Schichtarbeit in die Zuckerfabrik. Sie entleeren die mit Zuckerrohren gefüllten

Wagen in die Maschinen zur weiteren Verarbeitung. Sie sind ziemlich desillusioniert. Einer von ihnen erzählt uns, dass man hier dreizehn Jahre zur Schule gehen muss, sie ist zwar kostenlos aber obligatorisch. Er fragt sich nur warum, wenn man anschließend seine Zeit mit Wagenschieben zubringt. Was uns betrifft, wir finden es bemerkenswert, dass die Kubaner einen solchen Bildungsstand haben. In den meisten anderen Ländern Lateinamerikas ist dieser nämlich oft erschreckend niedrig, und ohne irgend jemand beleidigen zu wollen, müssen wir einräumen, dass es zwar immer interessant ist, mit Leuten aus einem anderen Kulturkreis zu plaudern, jedoch die Diskussionen mit gebildeten Leute, im Vergleich noch mitreißender sind.

Ramon, der Ehemann von Maria Antonia, kommt zurück, er war mit anderen Dorfbewohnern drei Tage beim Fischen. In ihren Kisten aus Styropor finden sich ungefähr einhundert Kilogramm Fische und Rochen und circa zwanzig Langusten. Prinzipiell ist es den Kubanern unter hoher Strafe verboten, Langusten zu essen, da diese für die Touristen reserviert sind, aber das ängstigt Ramon nicht wirklich. Wenn man ihm glaubt, ist das Meer noch voll mit Fischen und Langusten, die sie mit Apnoe-Tauchen fangen. Man muss erwähnen, dass bislang keine Fischfang-Industrie auf Kuba wütet. Die Privatleute haben kleine alte Kähne und die Fischerboote des Staates sind nichts als bescheidene Fischtrawler.

Neben jedem kubanischen Haus gibt es einen kleinen Hühnerstall für den Eigenbedarf, und der „Gesang" der Hähne ab fünf Uhr morgens lässt die letzten Stunden des Schlafes unruhig werden. Bei Ramon und Maria Antonia erreicht das morgendliche Getöse sein Maximum. Zwanzig Kampfhähne dröhnen uns von der Morgendämmerung an die Ohren voll. Hahnenkämpfe sind eigentlich auch untersagt, aber wie überall auf der Welt, wäre das Leben wesentlich langweiliger, wenn man sich an alle Verbote hielte. Eine gewisse Anzahl von Übertretungen wird also auch vom kubanischen Regime toleriert, das ist wie ein Sicherheitsventil für die Gesellschaft. Noch sind wir nicht am Ende unserer Überraschungen: Zum Frühstück serviert man uns Langusten!

Heute nehmen wir mit unseren Fahrrädern die Autobahn, um zur Schweinebucht zu gelangen. Es gibt keinerlei Verkehr, der uns auf diesen zwei mal drei Spuren behindert, bestenfalls fährt alle zehn Minuten ein Auto an uns vorbei.

Die Schweinebucht, das ist für mich der Ort der gescheiterten amerikanischen Landung. Mit riesigen Propagandaplakaten wird man immer wieder daran erinnert. „Die Schweinebucht, das erste Scheitern des Imperialismus der Yankees in Lateinamerika." Schnell assoziieren wir jedoch diesen Namen mit dem Unterwasserparadies, das die Bucht birgt. Die gesamte Bucht ist in Wirklichkeit ein gigantisches Korallenriff, das alle unsere Erwartungen und alles, was wir bislang gesehen haben, übertrifft. Zu der Vielfalt von Fischen kommen alle Sorten von Korallen hinzu: als Kugel, als Baum, als Pilz, als Zweig, als Rohr, abgestuft in allen Farben, ein wahrhaft unterseeischer dreidimensionaler Wald. Welcher Taumel, welche Berauschtheit, als alle diese Fische in dieser Tiefseeumgebung um uns herumwirbeln. Ein wenig weiter vom Ufer entfernt liegt ein Schiffswrack in etwa zwanzig Meter Tiefe, wahrscheinlich eine amerikanische Schute. Eingeschüchtert durch den Abbruch in die Tiefe und die beunruhigenden Silhouetten der Barrakudas, traue ich mich nicht mehr weiter und kehre um zu den beruhigenderen Bereichen der Korallenbänke des Ufers. Schweren Herzens verlassen wir die Schweinebucht.

Auf der Straße beobachten wir Landkrebse, die ihre jährliche Wanderung unternehmen, um sich zu paaren. In Millionenzahl begeben sie sich dafür zum Meer und man muss sehr aufpassen, damit man sie nicht überfährt, wenn sie die Straßen überqueren.

Abends kommen wir bei Tito, Félicia und Lidia an, sie gehören zu den großzügigsten und freundlichsten Leuten, die wir je getroffen haben. Sie sind Landwirte und leben inmitten des „monte", einem dichten Wald mit stacheligen und kleinen Bäumen, der die Küste entlang wächst. Der „Monte" ist für sie die Quelle vieler Abenteuer mit seinen wilden Büffeln, seinen großen Nattern und seinen Papageien, die sprechen können. Tito hat übrigens einen von ihnen gezähmt, der unablässig die gleichen Parolen wiederholt.

Die Schweinebucht hat einem rauen Meer mit starkem Seegang Platz gemacht. Enorme Wellen brechen sich an der felsigen Küste. Wir sind verblüfft, auch hier auf Fischer mit ihren kleinen Kähnen zu treffen. Es läuft uns eiskalt den Rücken hinunter, wenn wir daran denken, wie sie den Elementen in ihren kleinen Nussschalen ausgesetzt sind. Einer von ihnen, Rosario, spricht mit uns auf gutem Deutsch. Vor dem Mauerfall arbeitete er in einer Fabrik in Leipzig. Jetzt setzt er sein Leben aufs Spiel, um Schwertfische zu fangen. Aber es ist nicht das, worüber er sich beklagt, sondern es ist die Tatsache, dass es ihm hier nicht gelingt, sich große Angelhaken zu beschaffen. Wie eine Menge anderer Dinge, sind Angelhaken Mangelware auf Kuba. Wir werden ihm aus Chile ein Dutzend davon schicken.

Die Nachmittagshitze zwingt uns dazu, eine lange Pause im Schatten zu machen. Während dieser schreiben wir unsere Tagebücher, waschen unsere Kleidung und kümmern uns um die Instandhaltung unserer Fahrräder. Heute nähe ich meine alten Satteltaschen. Diese Taschen sind tatsächlich älter als ich, weil sie von der Hochzeitsreise meiner Eltern stammen! Sie haben mich auf allen vorangegangenen Reisen begleitet und sind trotz mehrerer zehntausend durchradelter Kilometer immer noch in einem relativ guten Zustand. Ich schätze diese Taschen sehr als Erinnerungsstück, mehr noch gefällt mir jedoch ihre qualitative Haltbarkeit. Sie erbringen in einer Welt, in der alles zum Wegwerfen gemacht ist, wo die Maxime von Descartes „Ich denke, also bin ich!" ersetzt wird durch „Ich konsumiere, also bin ich!", den Beweis, dass auch eine andere Art des Handelns möglich ist.

Aber der beste Beweis, dass es eine Alternative zum wilden Kapitalismus und zur Verwüstung durch die Globalisierung gibt, wird von den Kubanern selber geliefert. Ohne den totalitären Charakter der kommunistischen Macht zu unterstützen und in vollem Bewusstsein der Grenzen und Mängel des Systems, das man auf Kuba findet, ist dieses Gesellschaftsmodell momentan einzigartig auf der Welt und hat uns die Irrungen und Wirrungen des Kapitalismus vor Augen geführt. Es hat bewirkt, dass wir hinterfragen, auf welchen Werten eine Gesellschaft aufgebaut werden sollte.

Wir kommen nach Trinidad, wo wir das historische Zentrum besuchen, das aus schönen Kolonialbauten errichtet ist. Trotz allem, mitten unter den westlichen Touristen und den Kubanern, die uns attackieren, damit wir unsere Pesos convertible herausrücken, fühlen wir uns unwohl. Für uns ist das nämlich nicht Kuba: luxuriöse Kolonialbauten oder zwischenmenschliche Beziehungen, die einzig und allein auf Geld basieren. Schnell verlassen wir das Zentrum in Richtung Peripherie und finden uns bald zwischen kleinen kommunistischen Gebäuden auf einem Marktplatz wieder. Rikscha-Fahrer sprechen uns an und scherzen mit uns. Zwischen den farbigen Marktständen, den Witzen und dem Lachen haben wir das wahre Kuba wieder gefunden.

Topes de Collantes, eine Bergkette nahe der Küste, ist das nächste Ziel unserer Reise. Innerhalb weniger Kilometer führt die Straße auf etwa eintausend Höhemeter. Die Auffahrt ist schrecklich und die Steigungen überschreiten oft die fünfzehn Prozent, aber der Blick auf das Meer und die mit grünen Wäldern bewachsenen Berge belohnen uns für unsere Anstrengungen. Eine lange Abfahrt führt uns nach Manicaragua, einem kleinen Dorf, an dessen Ortseingang geschrieben steht: „Manicaragua, Gastfreundschaft, Würde, Revolution!"

Wir halten bei Eduardo an, der es sich in den Kopf gesetzt hat, uns alle tropischen Früchte und Gemüsearten aus seinem Garten kosten zu lassen, wir lassen uns nicht zweimal bitten. Eduardo ist ein bedingungsloser Anhänger des Sozialismus und erklärt uns, in welchem Ausmaß alles über den Staat läuft. Hier versorgt der Staat jede Familie mit einem Haus, einem Kühlschrank, einem Fernseher und einem Radio, indem er eine Summe von einigen Euros pro Monat direkt vom Gehalt einbehält. Für ältere oder behinderte Menschen sind die Abgaben niedriger oder entfallen ganz. Der Staat gibt ebenso jedes Jahr Kleidung und Schuhe aus und sponsert die Grundnahrungsmittel. Für den Rest, also den Luxus, wie Eduardo sagt, muss jeder selbst Prioritäten setzen, wie er sie wünscht. Er preist überschwänglich die Verdienste des Gesundheitssystems und der bezahlten Urlaubstage. Alle Kubaner sind gleich und alle Kubaner haben das Gleiche. Ja, für ihn ist dieses System zweifelsohne das Beste und er kann es nicht verstehen, dass es Leute gibt, besonders die Alten, wie er uns erzählt, die diese Gesellschaftsform nicht unterstützen. Es ist klar, dass für die Personen, die ein ruhiges, beschauliches Leben, ohne Stress und Verantwortung wollen, der kubanische Sozialismus das Paradies auf Erden ist, das Non plus ultra.

In Santa Clara absolvieren wir ein wenig „revolutionären Tourismus". Santa Clara ist der Ort des ersten Sieges der Partisanen von Fidel Castro über die Streitkräfte des Tyrannen Batista, eine Schlacht, die der „Che" persönlich leitete. Außer einem Museum zu seiner Erinnerung gibt es noch zwei Statuen vom Che in der Stadt. Selbst wenn die Vergangenheit des Che auf Kuba verherrlicht wird, existieren gewisse Zweifel über Exekutionen, die er angeordnet haben soll. Handelte es sich ausschließlich um Männer, die auf der Seite des Tyrannen Batista standen und Kriegsverbrechen verübt hatten oder aber schlicht und ergreifend um Kubaner, Opfer eines politischen Terrors, die sterben mussten, um seine Gegner einzuschüchtern? Die Historiker sind immer noch geteilter Meinung über diese Frage.

Am Abend halten wir inmitten von Zuckerrohrfeldern auf der Höhe einiger kleiner Baracken an. Die Häuser sind bescheiden, aber der Empfang ist von Anfang an herzlich. Man entschuldigt sich, kein Bett für uns zu haben und man bemüht sich, uns unverzüglich etwas zu essen zu bringen. Alle Nachbarn sind da und jeder möchte uns in sein Haus einladen. Toni bleibt bei Claris, während ich zu Leonardo gehe. Leonardo ist ein Mensch mit „reinem Herzen". Er beklaut niemanden, weder die Menschen noch den Staat, er hat keine Verwandten im Ausland, die ihm sein tägliches Leben erleichtern würden und arbeitet so viel er kann für seine Familie. Er beklagt sich dennoch nicht, steht hinter dem System und dem Sozialismus: „Aber das Leben ist hart, härter als in Europa. Die kubanischen Löhne sind die niedrigsten auf der ganzen Welt." Was ihn traurig stimmt ist, dass er niemals auf Reisen gehen kann. Dennoch hat er absolut kein Verlangen auszuwandern. Bei einer Entfernung von circa zweihundert Kilometern vom amerikanischen Kontinent, hätte er schon oft die Gelegenheiten gehabt, illegal mit dem Schiff in die USA zu gelangen. Er zieht es jedoch vor, auf Kuba zu bleiben, wahrscheinlich begründet auf der Erfahrung seines Bruders. Nach sechs Monaten Aufenthalt in den Staaten, ist sein Bruder nach Kuba zurückgekehrt, denn er hat nichts von der wunderbaren Solidarität und der Lebensfreude der Kubaner dort vorgefunden. Er hat nicht eine einzige Freundschaft schließen können, die ihm annähernd so viel bedeutet hätte, wie jene auf Kuba. Leonardo hätte gerne die Welt gesehen, aber er wird wahrscheinlich niemals die Gelegenheit dazu bekommen. Während der Ära der Sowjetunion sind viele Kubaner für einen Urlaub, zum Studium oder zur Arbeit nach Russland, in die Tschechoslowakei oder nach Ungarn gereist. Aber Leonardo ist zu jung, als dass er davon hätte profitieren können.

Er kennt Kuba sehr gut, das er ebenso mit dem Fahrrad durchquert hat, aber mehr aus Notwendigkeit, als zu seinem Vergnügen. Während der „Sonderperiode", den Jahren, die dem Zusammenbruch des Kommunismus in Europa folgten, befand sich Kuba in einer katastrophalen ökonomischen Situation, denn sein gesamtes System des kommerziellen Handels ist zusammengebrochen. Die Rohstoffe waren plötzlich Mangelware, besonders Treibstoff und Nahrungsmittel. Die Landwirtschaft, die im Wesentlichen auf die massive Produktion von Rohrzucker ausgerichtet war, musste eine radikale Wende nehmen, denn die Traktoren konnten nicht mehr betrieben werden und der Zucker fand keine Käufer mehr. Es folgte ein unglaublicher Rückschritt. Von der vorrangigen Monokultur ist die Landwirtschaft zu einer der Ernährung dienenden Kultur zurückgekehrt. Man ist wieder dazu übergegangen, die Ochsen einzuspannen und mit Pferden zu arbeiten, um das Überleben und die Unabhängigkeit des Landes in Bezug auf Lebensmittel zu sichern. Alle Kubaner haben mittlerweile

Propaganda von Fidel Castro

einen kleinen Garten zum Anbau von Früchten und Gemüse, ein oder zwei Schweine und einige Hühner und ermöglichen somit ihre Selbstversorgung. Aus den gleichen Gründen fuhren auch die Autos und Busse nicht mehr. Die Kubaner mussten wieder mit dem Fahrrad fahren, zu Fuß gehen oder von Tieren gezogen werden, um von einem Ort zum anderen zu gelangen. Diese Situation dauert an, jedoch in abgeschwächter Form.

Ein weiterer Tag führt uns in die Nähe von Varadero. Wir machen bei Ricardo Halt, einem Landwirt, der zusammen mit seiner Frau die Enkelin großzieht, da seine Tochter in Mexiko ist und sein Schwiegersohn in Frankreich lebt, „wo er viel Geld verdient". Es hat den Anschein, als ob dieser Tatbestand den Großvater ziemlich beschäftigt, denn er unterhält sich mit uns quasi nur über Geld. Er mag den Kommunismus nicht, aber wie er sagt: „Hier leiden nur die Faulen Hunger." „Und was ist mit den Beamten?" Er lacht und sagt uns: „Alle Beamten betrügen innerhalb ihres Staatsunternehmens: Diejenigen, die an Tankstellen arbeiten, ziehen ein wenig Treibstoff ab, die bei den Elektrizitätswerken lassen etliche Kabelrollen verschwinden und die, die in Kantinen, Restaurants und Hotels beschäftigt sind, unterschlagen mal hier, mal da einige Lebensmittel, und so weiter." Organisierter Diebstahl und alle wissen Bescheid. Seine Enkelin wird maßlos von ihrem Vater verwöhnt und hat wahrscheinlich zehn Mal mehr Spielsachen als irgendein anderes kubanisches Kind. Aber wenn man sieht, wie sie sich an Toni klammert und anschmiegt, hat sie offensichtlich ein emotionales Defizit durch einen Mangel an Geborgenheit.

Ricardo schlägt uns vor, die Nachrichten anzusehen. Eine knappe halbe Stunde fernsehen genügt uns, um zu erkennen, in welchem Ausmaß die Informationen kontrolliert werden. Genauso läuft es mit jedem Zeitungsartikel. Nicht, dass die Nachrichten systematisch gefälscht werden, aber deren Interpretation ist immer nach einem Schema, nämlich auf der Grundlage marxistischer Werte ausgelegt: Die Journalisten denunzieren die amerikanische Tyrannei, rühmen die Tugenden des Sozialismus und so weiter. Im Land der Einheitspartei äußert man Kritik nur in eine Richtung.

Als wir nach Varadero kommen, ist es, als ob wir das Land wechseln, ich würde sogar sagen, man betritt eine andere Welt, ohne eine

Zollstation zu passieren. Varadero ist eine Halbinsel, gänzlich dem Tourismus gewidmet! Auf einer Länge von circa zwanzig Kilometern weißen Sandstrands, reihen sich Hotels, eines an das andere, aneinander. Hier geben viele Touristen an einem Tag so viel Geld aus, wie die Mehrzahl der Kubaner nicht einmal in einem Jahr verdient. Die Atmosphäre ist jedoch angenehmer als in Playa del Carmen, es ist entspannter und man findet weniger Exzesse.

Dieses Touristenghetto ist durch den entschiedenen Willen der Regierung entstanden, die Touristen in eingegrenzten und abgeschlossenen Orten zu konzentrieren. Der kubanische Staat ist stark von dem Geld, welches durch den Tourismus erwirtschaftet wird, abhängig, aber er ist sich sehr wohl bewusst, dass die wohlhabenden Touristen nachhaltigen Einfluss auf die Mentalität der Einheimischen haben können. Er versucht, die Auswirkungen abzumildern, indem er probiert die Kontakte zwischen den Touristen und der einheimischen Bevölkerung auf ein Minimum zu beschränken. Zum Beispiel ist es für Kubaner, die nicht auf Varadero arbeiten, sehr kompliziert, sich dorthin zu begeben.

Ein Balanceakt, der bisher zu funktionieren scheint, wie unser Abend bei Alberto bestätigt. Er arbeitet als Kühltechniker in einem Hotel in Varadero, er repariert dort die Klimaanlagen. An seiner Wand hängt ein Portrait von Che, „einem großen Mann", wie er uns sagt. Sein Haus ist sehr heruntergekommen, aber der Staat wird ihm bald ein neues bauen, wie er uns versichert. Er ist sehr stolz darauf Kubaner zu sein und freut sich, dass seine Landsleute uns so gut aufgenommen haben. Er ist einer von den glücklichen Kubanern in einem bescheidenen ruhigen Leben, mit seinen Hühnern, seinem Schwein, seinen Ziegen und den Fischen, die er auf der anderen Seite der Straße angeln kann.

Die Hitze nimmt inmitten der Kolchosen schnell zu. Es ist Kartoffelernte und große Sattelschlepper, beladen mit den stärkehaltigen Knollen, fahren an uns vorüber. Gerade als wir zu Mittag essen, kreuzt eine Oma auf, die mehr mit sich selbst als mit uns spricht. Vergeblich versucht sie per Anhalter, einen Wagen zu stoppen. Der Bus, den sie nehmen will, hält nicht an, also zetert und murrt sie vor sich hin: „Das ist die unglaublichste Sache auf dem ganzen Planeten!"

Dann schnappt sie sich einen jungen Mann, der gerade aus seinem Auto aussteigt, hebt einen Stein auf und droht damit sein Fahrzeug zu bewerfen, wenn er sie nicht dahin bringt, wo sie hin muss. Eine terroristische Oma, wir lachen uns kaputt! Zu guter Letzt, hält bei all dem wilden Gestikulieren ein Wagen an und nimmt sie mit.

Wir halten bei einer Bauernfamilie an, Roberto und Ada, die schon Ur-Großeltern sind. Bis zum letzten Jahr wohnten fünf Generationen in dem Haus. Die Ur-Urgroßmutter ist mit sechsundachtzig Jahren gestorben. Ada ist wie eine gute Mutter zu uns. Sie lädt uns zu einem einfachen kreolischen Gerichten ein: Reis, Bohnen, einige Tomaten und ein Omelette. Das ist die Grundmahlzeit auf Kuba.

Uns schmeckt es gut. Die Mehrzahl der Kubaner aber, mit denen wir diese Mahlzeit geteilt haben, haben es satt, sie täglich, und das seit so vielen Jahren, zu essen. Wenn man die knotigen Hände und das von vielen Falten zerfurchte Gesicht Robertos anschaut, weiß man sofort, dass er Zeit seines Lebens auf dem Feld gearbeitet hat. Trotz seines Alters ist er noch aufgeweckt, witzig und faulenzt nicht. Wie so oft habe ich, gegenüber Bauern, da ich selbst Sohn eines Bauern bin, ein Stein im Brett. Denn so wie er, habe ich Ziegen gemolken, den Stall ausgemistet, Kartoffeln ausgegraben und Holz gespalten. Ich bin nicht mehr der Europäer, dessen Leben Lichtjahre von dem ihren entfernt ist, sondern ein Mann, der wie sie Heu macht und das Feld bestellt. Sofort stellt sich ein Einverständnis ein, als ob die Gemeinsamkeit der Menschen, die die Erde bearbeiten, universell wäre. Von der Türkei bis Mexiko, über Ecuador bis nach Italien, konnte ich diese Übereinstimmung spüren.

Unerbittlich nähert sich Havanna und damit der Tag unserer Abreise. Auf der Küstenstraße überholt uns Angelo auf seinem Rennrad. Er ist, wie er uns erklärt, „panamerikanischer Rennradchampion in der Seniorenkategorie". Etwas später überholt uns eine Gruppe von Jugendlichen im Pulk. Der Sport, wie alles Übrige, wird vom Staat organisiert, er filtert die Talente heraus, um sie anschließend zu trainieren. Das ist ein sehr wirksames Propagandainstrument, denn es gibt nicht viele Bereiche, bei denen Kuba in der internationalen Szene mithalten kann. Wir haben aber viele Plakate gesehen, die verkünden: „Unsere Athleten sind und werden immer ein Vorbild sein." Kuba hat im Übrigen im Verhältnis zum Brutto-Inlands-Produkt, weltweit den größten Anteil an olympischen Medaillen. Dies zeigt zum einen den Stellenwert der kubanischen Sportler, weist zum anderen aber auch auf die Schwäche der kubanischen Wirtschaft hin.

Ein letztes Mal bitten wir in Kuba um Gastfreundschaft und dieses letzte Treffen mit einer Medizinerfamilie schließt als krönenden Höhepunkt, wenn ich mich so ausdrücken darf, diese drei Wochen auf Kuba ab. Maria Eugenia und Luis sind Zeugen Jehovas, aber vor allem leidenschaftliche Revolutionäre. Alle würden in dieser zweifachen Identität eine inkompatible Mischung sehen, aber das ist Alltag auf Kuba. Lange Zeit dreht sich das Gespräch um Banalitäten, dann aber legt Luis richtig los. Frohlockend zählt er mit leidenschaftlicher Erregung, ja Begeisterung, die Erfolge des kommunistischen Systems auf. Er wettert gegen den amerikanischen Imperialismus und prangert ihre Konsumgesellschaft an.

Alle Themen werden behandelt: das Attentat auf den Cubana-Flug 455 von 1976, die kleinen Boote, die 1991 von den Amerikanern mit feuchten Sandsäcken versenkt wurden, die Moskitos als Überträger des tödlichen Dengue-Fiebers, welche von den Terroristen von Miami eingeschleppt wurden, das missglückte Attentat auf Fidel Castro in Panama, dessen Täter „frei in den Vereinigten Staaten lebt" – so als ob Bin Laden in Frankreich „spazieren ginge". Kurz gesagt, zwischen realen Fakten und offizieller Indoktrination, er hat alles naiv geglaubt.

Die Sonderperiode? Eine schmerzhafte, aber dennoch heilsame Epoche, die Kuba erlaubt hat, sich weiter zu entwickeln, wodurch es selbstständig wurde, „während wir in der Vergangenheit alles, was uns die Sowjets geschickt haben, mit weit aufgerissenem Maul gierig verschlungen haben."

Fidel? Hart und streng, wie ein guter Vater. Raoul? Impulsiver, weniger reif als sein Bruder. Fidel musste ihm im Übrigen mehrere Male davon abhalten, Guantanamo zu erobern. Aber die Machtübernahme von Raoul könnte mehr Freizügigkeit bieten.

Alles deutet darauf hin, dass Kuba voranschreitet, „statt drei Fernsehkanälen, haben wir nun fünf und zwei von ihnen senden sogar vierundzwanzig Stunden pro Tag". Mit dieser Zukunft, die sich als besser ankündigt, erhofft er sich uneingeschränkte Beziehungen zur

Europäischen Union, immerhin hat Kuba in Bezug auf Menschenrechte und Demokratie, Anstrengungen unternommen.

Maria Eugenia zählt die Vorteile ihres Lebens auf Kuba auf und schließt, indem sie sagt: „Selbst wenn man mir eine Million Dollar geben würde, würde ich für nichts auf der Welt in den USA leben wollen." Ihre immense Überzeugung fasziniert uns.

Lange Zeit haben wir überlegt, ob wir uns Havanna anschauen sollten, da wir die Fahrt mit dem Rad in solchen Ballungsräumen verabscheuen. Allerdings wäre es wirklich schade gewesen, wenn wir es nicht getan hätten. Havanna hat mit seinen Oldtimern und dem romantischen Verfall kolonialer Bauwerke einen einzigartigen Charme. Aber vor allem spiegelt die Stadt das Bild von Kuba wieder. Man findet dort die Gemächlichkeit der Kubaner wieder, ihre Gelassenheit, ihre Scherze und ihr Lachen. Es ist die einzige große Weltstadt, die wir besichtigt haben, in der wir nicht diesen zermürbenden Wahnsinn, diesen charakteristischen metallischen Rhythmus der großen Metropolen vorgefunden haben.

Als wir den Platz der Revolution verlassen, um zum Flughafen zu fahren, überfällt uns eine plötzliche Melancholie. Kuba ist ein fesselnder Ort und wenn es nur ein einziges Land gäbe, in das wir eines Tages zurückkehren könnten, dann würden wir Kuba wählen.

Das Lachen von Titi bleibt uns ewig in Erinnerung

Ecuador

Wir überfliegen das Karibische Meer und danach Zentralamerika. Der Landstreifen, der den Atlantischen vom Pazifischen Ozean trennt, ist so schmal, dass man beide Ozeane gleichzeitig sehen kann. Die Landung in Quito ist bemerkenswert: Der Flughafen befindet sich mitten in der Stadt. Nachdem wir auf niedriger Höhe die Wohngebiete überflogen haben, setzen wir auf der Landebahn auf.

Kaum, dass wir das Terminal verlassen haben, staunen wir über die Unmengen an Werbung. Es scheint, als sei diese allgegenwärtig. Die schreienden Farben und die aggressiven Slogans übermitteln eine klare Botschaft: Willkommen in der kapitalistischen Welt! Kuba war im Gegensatz dazu wirklich eine Welt für sich.

Vier Tage bleiben wir in Quito, um uns zu erholen, die Stadt zu besichtigen und all die Dinge zu machen, die wir die vorangegangenen Wochen schleifen ließen. Was ist das doch für eine seltsame Stadt, die Hauptstadt von Ecuador! Erbaut zwischen zwei Bergketten, ist sie kaum breiter als fünf Kilometer, jedoch über fünfzig Kilometer lang! Ihr historisches Zentrum birgt drei schöne Kirchen, ein Erbe der spanischen Kolonialzeit.

Ecuador besteht aus drei gut unterscheidbaren Regionen: der Küstenzone im Westen, den Kordilleren der Anden (la sierra) in der Mitte und dem Amazonaswald im Osten. Wir entscheiden uns für die Sierra. Die „Panamericana", die sie von Norden nach Süden durchläuft, liegt auf einer mittleren Höhe von dreitausend Metern und hat die Besonderheit, dass nicht ein einziger Kilometer eben ist!!! Die Straße steigt entweder steil an oder fällt wieder steil ab und das ohne Unterlass. Deshalb gehören diese zwei Wochen Richtung Peru auch zu den anstrengensten unserer Reise.

Die ersten Kilometer sind mühselig und gefährlich. Wir kämpfen uns tapfer durch den dichten Verkehr aus „micros", den typischen kleinen Stadtbussen Südamerikas.

Uns bleibt nichts anderes übrig, als in tiefen Zügen den schwarzen Ruß einzuatmen, den sie ausstoßen. Obwohl wir von Bergen umgeben sind, ist die Luft stark verschmutzt. Schließlich gelingt es uns, uns aus den Krallen der Stadt loszureißen. Die Landschaft ist wieder grün und Milchkühe weiden auf ausgedehnten Wiesenflächen, in deren Mitte einige überdimensionale Eukalyptusbäume stehen. Etwas höher findet man Naturwälder, dann eine Gegend mit Almwiesen und hoch oben verschneite Berggipfel.

Wir halten bei Gloria und Juan, zwei Bauersleuten, deren typisch indianische Gesichtszüge uns glauben lassen, dass nicht ein einziger europäischer Blutstropfen in ihren Adern fließt. Die Bevölkerung Südamerikas setzt sich aus Indianern, Mischlingen, Nachkommen afrikanischer Sklaven und europäischen Kolonialisten zusammen. Obwohl alle diese Gruppen rein theoretisch absolut gleichgestellt sind, was ihre Rechte betrifft, existiert dennoch eine gewisse Rassentrennung. Die Schwarzen und die Indianer stellen im Allgemeinen die niedrigsten Klassen der Gesellschaft dar und die Weißen sind für gewöhnlich diejenigen, die man in der Führungsschicht vorfindet. Dieses Phänomen tritt, je nach Land, stärker oder schwächer zu Tage, aber es ist real vorhanden. Ein Beweis dafür ist zum Beispiel, dass man bis zum Jahr 2006 warten musste, bevor Evo Morales an die Spitze Boliviens gewählt wurde, der als erster Mann trotz seines indianischen Blutes, Präsident eines südamerikanischen Landes wurde.

Gloria und Juan empfangen uns mit großer Herzlichkeit. Sie müssen in der Stadt etwas erledigen, stellen uns aber gerne ihr Haus für die Nacht zur Verfügung. Das lehnen wir nicht ab, denn es beginnt im Freien kalt zu werden. Ihr Haus besteht aus drei Zimmern, in denen ein Kuddelmuddel ohne gleichen herrscht. Der Fußboden ist übersät mit Abfällen und Dingen, die seit Jahren nicht mehr benutzt wurden, weshalb sich auf ihnen eine dicke grindige Dreckschicht festgesetzt hat. Gekocht wird im Haus auf einem offenen Feuer aus Eukalyptuszweigen, weshalb die Wände und die Zimmerdecken von einer schwarzen Rußschicht überzogen sind. Einige Blumen in einer Plastikvase bilden einen lebhaften Kontrast zu all dem Schmutz und der sie umgebenden Unordnung.

Faktisch sind diese Leute nicht ärmer als der Großteil der Kubaner, denen wir in den letzten drei Wochen begegnet sind, aber erst hier wird man sich dem hohen Grad an Bildung und Emanzipation der kubanischen Bevölkerung bewusst. Dieser chronische Mangel an Bildung, der hier lebenden Menschen, ist vermutlich das bedeutendste Hindernis für die Weiterentwicklung ihrer Regionen. Wenn man das außerordentliche Potential dieser Länder sieht, lässt der aktuelle Zustand ein Gefühl enormer Vergeudung aufkommen. Aber wenn wir das großmütige Lächeln, das die Gesichter unserer Gastgeber erhellt, anschauen, begreifen wir, dass Ecuador andere Schätze bewahrt, nämlich den Reichtum des Herzens.

Das wolkenverhangene Wetter des Vorabends gibt den Himmel für eine strahlende Sonne frei, die uns erlaubt, den Cotopaxi zu bewundern, einen enormen Vulkan von circa sechstausend Metern Höhe, überzogen mit großen Gletschern. Es ist das Ende der Regenzeit. Beinahe einen ganzen Monat lang war der Cotopaxi hinter dichten Wolken verborgen. Wir können uns extrem glücklich schätzen, dass wir den Giganten mit seinen verschneiten Flanken bewundern dürfen, selbst wenn uns täglich mehrere Regenschauer nicht erspart bleiben.

Ein anderer Vulkan, der Tungurahua, lässt sein Profil am Horizont erkennen. Trotz seiner respektablen Höhe von fünftausend Metern findet man nicht das winzigste Schneeflöckchen auf seinen Flanken. Im Gegenteil, eine riesige Aschewolke entweicht ohne Unterlass seinem monströsen Krater. Beeindruckende Wolken in unterschiedlichen Grautönen steigen rasch zum Himmel auf. Wir ruhen uns in den Thermalbädern am Fuße des Vulkans aus. Diesen Samstag sind sie überfüllt, und von sieben bis neunundneunzig Jahren sind alle Generationen vertreten. Als wir wieder zu unseren Rädern kommen, stellen wir mit Erstaunen fest, dass eine feine Ascheschicht unsere Drahtesel überzieht. Je nach Windrichtung kann es vorkommen, dass sich eine bis zu zehn Zentimeter hohe Ascheschicht, über die Stadt legt, bevor sie der nächste Niederschlag davon wieder befreit.

Wir begeben uns auf eine lange Abfahrt, die uns bis zu den Pforten des Amazonaswaldes führt. Wir verlieren langsam an Höhe und werden Zeugen des allmählichen Wechsels der Vegetation. Die Bäume werden höher, die Vegetation dichter, bis sich ein wahrer Dschungel bildet, der die steilen Hänge der Berge hinaufklettert. Die Straße führt durch wunderschöne Schluchten hinab, Wasserfälle stürzen mit lautem Getöse und voluminösen Kaskaden in die Tiefe. Wir sind aus dem Reich der ewig funkelnden Schneekristalle, der hohen Gipfel, in das der Orchideen gekommen; von der nächtlichen Kälte der Sierra, in diese feuchte Hitze des Amazonasbeckens. Welch ein Kontrast – und das innerhalb von nur einhundert Kilometern!

Um zur Panamericana zurück zu kommen, müssen wir all diese Kilometer der Abfahrt wieder in die Gegenrichtung hochfahren. Wir gönnen uns eine kleine Pause und fahren mit dem Bus in die Sierra zurück. Während der ganzen Busfahrt folgt ein Straßenhändler dem anderen, sie steigen an einer Haltestelle zu, um bei der nächsten wieder auszusteigen.

Sie verkaufen alle Arten von Nahrungsmitteln und Getränken, aber auch eine Menge verrückter Gegenstände, die niemand wirklich braucht: Cremes gegen die Hornhaut an den Füßen, Bücher über den Zweiten Weltkrieg, Medaillons „doppelt verchromt, von innen UND von außen". Das Tamtam, mit dem sie ihren Gang durch den Bus vollziehen, fasziniert uns. Diese einen schwindelig redenden Schwätzer könnten sogar einen Eskimo dazu bringen, eine Gefriertruhe zu kaufen! Manchmal diskutieren sie eine Viertelstunde lang über die absolute Notwendigkeit das zu kaufen, was sie verscherbeln wollen, indem sie mit einer Unzahl von Argumenten, die einstudiert und auf ihr Publikum zugeschnitten sind, dieses zu überzeugen versuchen. Angesichts solchen Palavers gibt sich selbst der kritischste Verstand geschlagen und es finden sich immer einige Passagiere, die sich etwas aufschwatzen lassen.

Zurück in den Kordilleren halten wir bei Regen auf einem Pass, der uns eigentlich einen ungehinderten Blick auf den Chimborazo, den höchsten Punkt Ecuadors mit seinen knapp über sechstausend Metern, bieten sollte. Neben unser Zelt kommen vier Bauern mit einem Ball und einem Seil, das sie zwischen zwei Pfähle spannen, um Volleyball zu spielen. Also spielen auch wir auf dreitausendfünfhundert Metern Höhe Volleyball. Nach einer guten Stunde beginnt es jedoch wieder zu regnen. Wir suchen Schutz in unserem Zelt und gehen davon aus, dass die Partie witterungsbedingt beendet ist. Unsere Volleyballer dagegen spielen einfach bis zum Einbruch der Nacht im Regen weiter, wirklich zähe, verbissene Kerle! Als wir am Morgen unser Zelt öffnen, begrüßen uns die massive Silhouette des Vulkans und seine Gletscher.

Der Chimborazo mit seinem ewigen Schnee

Wir setzen unsere Fahrt in Richtung Süden fort. Die Gegend wird immer gebirgiger, die Hänge immer steiler. Tiefe Täler folgen aufeinander und wir fahren ohne Unterlass bergauf, bevor wir wieder in eine schwindelerregende Talfahrt abtauchen. Der Nebel, der die Gipfel einhüllt und der in diese überdimensionierten Täler hinab kriecht, verleiht diesen Tagen eine sehr eigenwillige Atmosphäre. Die Schauer machen uns das Leben schwer, besonders da der Zustand der Straße, welcher bislang eigentlich einwandfrei war, von nun an immer schlechter wird. Teilweise müssen wir sogar unsere Räder im pappigen Schlamm schieben. Die Straße ist oft von riesigen Erdrutschen unterbrochen. Es ist beklemmend, daran zu denken, welche Erdmassen sich da in Bewegung gesetzt haben. Glücklicherweise finden wir regelmäßig einfache Straßenlokale, in denen wir eine „fritada" essen können. Die Leute in Ecuador haben die Angewohnheit, ganze Schweine über dem Feuer zu garen, anschließend servieren sie die Fleischstücke mit frittierten Bananen und gekochten Bohnen.

Der kalte Regen gegen Ende des Nachmittags bricht letztlich unsere Motivation. Wir finden Zuflucht bei Maria und Manuel. Sie wohnen in einem Haus, das aus den unterschiedlichsten Materialien, von da und dort zusammengetragen, erbaut wurde. Wenn man die Baustoffe sieht, hätte man aus ihnen eigentlich ein nettes Haus errichten können, aber alles scheint verkehrt gemacht worden zu sein. Maria ist achtundfünfzig, aber schon Urgroßmutter. Sie zeigt uns die Hefte, in denen sie Serien von Buchstaben und Wörtern mit großem Eifer nachgeschrieben hat. Sie ist Analphabetin, aber sie besucht Kurse, in denen sie versucht Lesen zu lernen. Das Zimmer, in dem wir heute Abend übernachten, dient zusätzlich als Hühnerstall und wir schlafen inmitten von Hühnern und den Geräuschen, die der herabfallende Kot auf den Boden aus gestampfter Erde hervorruft.

Es ist strahlend blauer Himmel, als wir aufstehen und wir können von der schönen Aussicht in die Täler profitieren. Dann überrascht uns einmal mehr ein eisiger Schauer auf einer langen Abfahrt. Die Suppe zum Mittagessen kann uns kaum wieder aufwärmen, der nachfolgende Anstieg erwärmt uns dagegen umso mehr. Am Abend kommen wir bei unglaublich sympathischen, gesprächigen und enthusiastischen Leuten unter, bei der Familie von Osvaldo und Narcisa. Sie laden uns zum Essen ein und reden unentwegt über „el cuy", einem Tier dessen Fleisch, so schmackhaft ist, dass es zum ecuadorianischen Nationalgericht wurde. Um ihre Aussage zu bekräftigen, zeigen uns unsere Gastgeber zwei „cuy" aus ihrer Zucht, es handelt sich um Riesenmeerschweinchen! Nachdem sie erfahren haben, dass wir noch nie im Leben „cuy" gegessen haben, murksen sie schnell zwei Nager ab und servieren sie uns eine Viertelstunde später in einem Kochtopf. Das Fleisch ist wirklich sehr zart, aber die Szene wirkt auf uns ein wenig makaber und unsere Gastgeber sind verblüfft, als wir ihnen erklären, dass in Europa die Meerschweinchen als Haustiere gehalten werden. Wir lachen von ganzem Herzen mit unseren Gastgebern.

Osvaldo hat, wie viele Ecuadorianer, vorübergehend in den USA gearbeitet, „zwei Jahre und acht Monate", präzisiert er, als ob jeder Tag ein Jahr gedauert hätte. Er hat einem Schleuser, einem „Coyoten", wie man sie hierzulande nennt, fünfzig Milliarden Sucre bezahlt (fünfzehntausend amerikanische Dollar, Sucre war die nationale Währung bis zum Jahr 2000, bevor sie der Dollar verdrängt hat). Die Reise von Panama nach Minneapolis hat fast zwei Monate gedauert. Die Grenzen von Zentralamerika passierte er heimlich mit anderen illegalen Zuwanderern zu Fuß, anschließend nahm sie ein Wagen, der auf der anderen Seite auf sie wartete, zur nächsten Grenze mit. Die gefährlichste Grenze ist die letzte, diejenige, die Mexiko von den USA trennt. Viele illegal einreisende Arbeiter ertrinken beim Durchschwimmen des Río Grande, sterben in der Wüste oder werden von einem Auto überfahren, wenn sie über die Autobahnen laufen. Die Mehrzahl der Mitglieder ihrer Familie hat diese gefährliche Wanderung gewagt, einige sind zurückgekehrt, andere sind geblieben und haben teilweise sogar eine Arbeitserlaubnis erhalten. Aber diese Situationen sind oft menschliche Dramen, denn im Allgemeinen emigriert nur ein einziges Familienmitglied und lässt den Rest der Familie zurück. Osvaldo hat es dort solange er konnte ausgehalten: Er hat als Tellerwäscher in einem Restaurant sein Geld verdient. Jedoch, zu unglücklich darüber, dass er seine Frau und seine Kinder alleine gelassen hatte, ist er heimgekehrt und hat ein kleines Bauunternehmen gegründet. Wir verstehen uns so gut, dass wir zwei Tage bei ihnen bleiben und gemeinsam trauern wir, als wir uns wieder von unseren neuen Freunden trennen.

Eine lange Abfahrt führt uns nach Cuenca. Man spürt buchstäblich, wie die Temperatur ansteigt, wenn man an Höhe verliert. Entlang der Straßen blüht sogar der Rosmarin. Für heute Abend wählen wir ein großes schönes Haus, vor dem mehrere große Autos geparkt sind. Bevor wir das Zelt im Garten errichten, lädt man uns zu einer Brotzeit ein. Die gesamte Familie ist um die Großmutter herum versammelt, die de facto zusammen mit ihrem Dienstmädchen, die einzige Bewohnerin dieses weitläufigen Wohnsitzes ist. Mit ihren europäischen Köpfen repräsentiert diese Arztfamilie das andere Ecuador, es sind diejenigen, die sicher kein Bedürfnis haben zu emigrieren. In diesen Zeiten des politischen Wandels beschäftigt die Wahl des Sozialisten Raphael Correa zum Präsidenten der Republik unsere Gastgeber. Er hat eigenartige Ideen, berichten sie uns, wie zum Beispiel die Schaffung einer speziellen Steuer für Luxusprodukte oder die Einführung eines Mindestlohns von zweihundert Euro pro Monat. Letztlich zeigen sie sich sehr interessiert an unserer Reise und sind äußerst erstaunt darüber, dass man uns niemals bestohlen oder angegriffen hat. Sie leben in Wahrheit in einer Parallelgesellschaft, in einem Glashaus von Vorurteilen. Aber ich werfe nicht mit Steinen nach anderen, denn wer hat keine Vorurteile? Wer kann schon von sich behaupten, unbefangen seine Urteile zu bilden? Wer könnte sich rühmen, andere Menschen, völlig unabhängig von ihrer Hautfarbe, ihrer Religion, ihrer Nationalität oder ihres sozialen Status einzuschätzen?

Zu oft erleben wir es, dass wir angesichts einer Person, die sich von uns unterscheidet, eine Mauer von Vorurteilen errichten, ohne den Menschen zu betrachten, der dahinter steckt. Wir sind zu sehr geprägt von unseren vorgefassten Ideen, dieser Fehler beruht auf unserer Unkenntnis über die Menschen und auf deren Verschiedenartigkeit.

Nach der Abfahrt vom Vorabend erwartet uns nun erneut eine Steigung von circa vierzig Kilometern. Statt einer anschließenden Talfahrt im Regen entschließen wir uns dazu bei einer Ziegelei anzuhalten. Carlos formt Ziegel von Hand mit Hilfe kleiner Formen, etwa zehntausend Stück pro Jahr. Man muss sie trocknen lassen, bevor man sie in den Brennofen einsortiert, darauf muss vierundzwanzig Stunden lang das Feuer in Gang gehalten werden. Schließlich muss man vierzehn Tage warten, bis der Ofen samt Inhalt abkühlt. Obwohl er schon eine astronomische Zahl von Ziegelsteinen in seinem Leben fabriziert hat, wohnt er mit seiner Frau und seinen zwei Kindern in einem winzigen Haus von circa zehn Quadratmetern. Der Komfort ist gering und der Kontrast zur gestrigen Villa ist erschreckend. Carlos fragt sich, ob er nicht wie seine Brüder nach Spanien auswandern sollte, mit einem gefälschten Pass, scheint es aber vorzuziehen hier zu bleiben. Elisa, seine kleine Tochter, erforscht mit großem Eifer unsere kleine Welt. Wir bieten ihnen etwas von unserem Essen an: Nudeln mit Käse und einigen Tomaten. Aus Höflichkeit probieren sie, und Elisa setzt nach einigen Bissen ihren Teller dem Hund vor, der somit auch noch von unserer leckeren Mahlzeit profitiert! Es ist klar, dass unsere Möglichkeiten kulinarischer Kreationen auf Grund des kleinen Benzinkochers und des Aluminiumkochgeschirrs begrenzt sind.

Indem wir über An- und Abstiege von Pass zu Pass fahren, verlieren wir langsam an Höhe und kommen in einen unglaublich dichten Wald voller Kolibris und Vogelspinnen, die über die Straße krabbeln. Aber nach den Aussagen der Einheimischen haben wir nichts von ihnen zu befürchten, denn wenn ihr Biss auch schmerzhaft ist, ist ihr Gift nicht tödlich. Als ich auf einer Passhöhe auf Toni warte, erlebe ich ein merkwürdiges Schauspiel. Ein Mann, total besoffen, völlig unverständliches Zeug brummend, setzt sich in den Kopf, mit seinem Auto fahren zu wollen. Nach mehreren erfolglosen Versuchen, sich auf den Fahrersitz zu setzen, gelingt es ihm das Auto zu starten. Obwohl die Straße geradeaus führt, fährt er Zickzacklinien und steuert dann die Böschung hinauf, so dass der Wagen umkippt und auf dem Dach landet. Die vier Räder kreiseln in der Luft. Es gelingt unserem Betrunkenen, sich röchelnd aus dem Wagen zu befreien. Soldaten eilen zu Hilfe, um den Wagen umzudrehen.

Der Trunkenbold stürzt mehrere Male, bei dem Versuch ihnen zu helfen. Eine wirkliche Komödie, die sehr übel hätte enden können, angesichts der Haarnadelkurven der Abfahrt ...

Endlich ist es soweit: Eine letzte Talfahrt führt uns zur peruanischen Grenze, quasi auf Meereshöhe. Die Hitze überrumpelt uns nach diesen Tagen des Zähneklapperns. Die Küstengegend ähnelt landschaftlich, mit ihren Affenbrotbäumen, den Reisfeldern und ihren vergilbten Grasebenen, einer Savanne. Wenn auch die Kilometer leicht zu fahren sind, ist die Hitze ziemlich anstrengend und die Straßen monoton. Das bestärkt uns in der Entscheidung, die Räder für einige Zeit stehen zu lassen, um in der Cordillera Blanca und der Cordillera Huayhuash zu wandern. Wir machen noch einen Abstecher zum Meer, um vom Klima der Küstendörfer zu profitieren und um die endlos weiten Strände entlang zu spazieren. Zurück vom Fischfang, laden die Fischer einige Sardinen, Rochen und viele kleine Haie aus ihrem Boot aus.

In Sullana, wo wir den Bus nehmen, überrascht uns das geschäftige Treiben auf den Straßen. Die Tuk-Tuks bringen ein heilloses Durcheinander in den Verkehr, all dieser Lärm, all dieser Schmutz macht uns schwindlig. „Ich glaub in Indien zu sein", sagt sogar Toni.

Eine erste Nachtfahrt mit dem Bus bringt uns der Küste entlang nach Süden auf die geografische Breite von Huaraz. Anschließend müssen wir einen Minibus nehmen, um die Cordillera Negra zu überqueren. Der Fahrer des Minibusses hält ein kleines Schwätzchen mit uns. Er erklärt mir, dass zwei seiner Brüder extrem reiche Chirurgen

IN DIE FREIHEIT **233**

Eine Vogelspinne krabbelt ohne Eile über die Straße

seien, da sie in England in einer Privatklinik arbeiten. Ich erinnere mich sogleich an die familiäre Solidarität in Pakistan, wo ein einziger Mann fünfzig Personen, die in seinem Heimatland geblieben sind, finanziell über Wasser erhält. Hier läuft es nicht so; obwohl seine Brüder im Geld schwimmen, versucht Juan seine Busfahrkarten für zwanzig Soles zu verkaufen.

Die Straße nach Huaraz ist sehr schön. Von der Oase an der Küste aus überqueren wir eine Wüstengegend, dann graben wir uns in ein Tal ein und folgen einem hübschen Flussufer, indem es von Blumen nur so wimmelt und wo tausende Sorten exotischer Früchte wachsen. Mit zunehmender Höhe verwandelt sich die tropische Landschaft langsam in Almwiesen. Die Straße ist schwindelerregend und führt schroffe Bergabhänge entlang. Nach dem Erreichen des Passes führt uns eine kurze Talfahrt nach Huaraz, am Fuße der Cordillera Blanca.

Kordilleren im strahlenden Licht

Wir haben Ende April. Die Gipfel, die hinter der Stadt emporragen, sind durch Wolken verhüllt, aber wir machen uns darüber keine Sorgen, denn das ist völlig normal, da wir am Ende der Regenzeit sind. Wir haben also noch ein paar Tage Zeit, damit wir Besorgungen erledigen können, um uns für die Trecks, die wir geplant haben, auszurüsten.

Der Kauf von Tonis Bergschuhen wird zum totalen Sketch, eine Geschichte wie sie einem typischerweise in Peru passieren kann. Ich kann nicht widerstehen, sie Ihnen zu erzählen. Nachdem wir mehrere Läden abgeklappert haben, hat Toni endlich Glück und findet einen Schuh aus zweiter Hand, in sehr gutem Zustand, der ihr gut passt. Das Problem ist: Es gibt nur einen Schuh! Wir machen den Verkäufer darauf aufmerksam. „Ah, der andere wurde wahrscheinlich geklaut!" Einen einzigen Schuh stehlen?! Das ergibt doch keinen Sinn! Wir drängen ihn dazu, den zweiten Schuh zu finden. Er tischt uns ein weiteres Märchen auf: Sein Chef habe wohl den anderen Schuh in einen anderen Laden gegeben, um dadurch mehr potentielle Käufer anzulocken. Er schlägt uns vor, am nächsten Tag wieder zu kommen, denn sein Chef sei heute nicht da. Tags darauf ist der zweite Schuh immer noch nicht da und der Verkäufer, dieser Einfaltspinsel, erklärt uns: Sein Chef sei in Lima aufgehalten worden, aber er habe mit ihm telefoniert und der Schuh werde morgen da sein! Wir gedulden uns noch einen Tag lang, der zweite Schuh fehlt immer noch, obwohl der Chef zurück ist. Schön langsam ist seine Fantasie am Ende und ohne besonderen Einfallsreichtum, verspricht uns der Verkäufer erneut, dass der Schuh ganz sicher morgen da sein werde.

„Haben Sie morgen den ganzen Tag geöffnet?"

„Aber sicher, von 8 Uhr morgens bis 22 Uhr abends!"

Wir gehen morgens, mittags und am frühen Abend vorbei, aber jedes Mal ist das Fenstergitter heruntergelassen. Die Zeit drängt, denn wir müssen zum Treck, um die Cordillera Huayhuash sehr früh am Morgen des nächsten Tages aufbrechen.

Also begeben wir uns erneut auf die Suche nach Schuhen für Toni. Es ist der 1. Mai um 20 Uhr abends, aber die meisten Geschäfte sind noch offen. Wir sehen ein Modell in einem Schaufenster und fragen den Verkäufer, ob Toni es in Größe siebenunddreißig anprobieren könnte.

„Wollen Sie sie kaufen oder nur anprobieren?"

„Ja, also wir wollen sie zuerst anprobieren und wenn sie passen, kaufen wir sie!"

„In diesem Fall hole ich sie Ihnen nicht hervor, wenn Sie nicht einmal sicher sind, dass Sie sie auch kaufen."

„…?!"

In letzter Minute finden wir doch noch Schuhe für Tonis Füße, natürlich nicht ohne dass ich noch in alle Richtungen laufen muss, um Soles in Dollars umzutauschen, denn das Geschäft ist ein Dollar-Geschäft und akzeptiert die einheimische Währung nicht?!

Ich erspare Ihnen die ebenso skurrilen Details beim Kauf unserer Rucksäcke, meiner Schuhe oder der Trekking-Stöcke. Man könnte ein ganzes Kapitel über dieses Thema schreiben. Diese Anekdoten werfen ein Licht auf einen typischen Charakterzug der Südamerikaner: Es ist unmöglich, dass sie einem sagen, dass sie etwas nicht wissen. Im Gegenteil, sie erfinden lieber irgendeine Geschichte, bevor sie sagen würden „no sé" und ihre Vorstellungskraft scheint grenzenlos zu sein.

Es ist weder der Drang zu lügen, noch pure Bosheit, mit der sie einen vorsätzlich beschwindeln wollen, sondern eine kulturell bedingte Gepflogenheit. Anders gesagt, wenn wir uns nach dem Weg erkundigen, fragen wir wenn möglich immer mehrere Leute, um zu vermeiden, dass wir zehn Kilometer unnütz aufwärts radeln oder aber die schöne Abfahrt, die wir beendet haben, wieder hinauffahren müssen. Und dennoch, muss man von Zeit zu Zeit den Leuten vertrauen ...

Aufgrund dieser Hindernisse beenden wir unsere Vorbereitungen erst spät in der Nacht und finden vor der Abfahrt zur Tour der Cordillera Huayhuash nur wenige Stunden schlafen.

Nach dieser zu kurzen Nacht und einer desaströsen Busfahrt (dreiundzwanzig Personen in einem Van) gehen wir den Treck mit überquellenden Rucksäcken an, beladen mit Nahrungsmitteln für elf Tage und unserer Campingausrüstung. Der Anstieg zum ersten Pass unter einer solchen Last ist hart, besonders weil wir schnell auf über viertausend Meter kommen. Einer Höhe, unter die wir während der nächsten acht Tage nicht mehr herabsteigen werden. Unter Regenschauern quälen wir uns bis zu unserem ersten Lagerplatz.

Der zweite Tag empfängt uns unter den besten Umständen. Nicht ein einziges Wölkchen ist am Himmel und wir bestaunen das unbeschreibliche Bergpanorama des Hauptkamms: hoch aufgeschossene Spitzen, überzogen mit Eis und Schnee, umgeben von zerfurchten Gletschern, an deren Ende herrliche Seen liegen. Die Cordilleras Blanca und Huayhuash sind die zwei höchsten tropischen Bergketten der Welt. Wenn sich während der Regenzeit die Niederschläge über die mehr als sechstausend Meter hohen Gipfel ergießen, sind die feuchten Schneemassen so überwältigend, dass sie die Berge buchstäblich eingipsen. Jeder Felsvorsprung wird von riesigen Wechten überstülpt. Man hat das Gefühl, als würden diese Wechten, welche manchmal die Größe eines Hauses haben, über den gigantischen Eisflanken schweben. Von Zeit zu Zeit löst sich eine von ihnen von der Wand, eine große weiße Wolke folgt ihrem Fall bis zum Fuß des Berges.

Auch bei schönem Wetter bleibt die Anstrengung, die wir leisten müssen, dieselbe. Gebeugt unter der Last unserer Rucksäcke, müssen wir einen Pass von viertausendsiebenhundertfünfzig Metern überwinden. Unsere Körper sind nach so vielen Kilometern auf dem

Fahrrad, gar nicht mehr daran gewöhnt zu marschieren. Die, für diese Gelegenheit neu erstandenen Schuhe, lassen unsere verkümmerten Sehnen und unsere Knöchel leiden. Völlig erschöpft erreichen wir das nächste Lager, sind aber schon jetzt voller Bewunderung für diesen außergewöhnlichen Ort.

Der dritte Tag ist vom selben Schlag wie die vorangegangenen. Wir setzen unsere Wanderung in ein sehr schönes Tal, das an die Voralpen erinnert, fort. Auf Grund eines törichten Irrtums meinerseits – ich habe einfach die Karte nicht richtig angeschaut und den falschen Pass gewählt – verlassen wir den Hauptweg und überqueren einen abschüssigen und schwierigen Pass inmitten dolomitenähnlicher Felswände. Wir campen am Ufer eines Sees am Fuße des Jirishanca, einem herrlichen Berg.

Diese Nacht hat es schon wieder sehr starken Frost. Dennoch stehen wir früh auf, um den Sonnenaufgang über dem Jirishanca bewundern zu können. Während dieser zwei Jahre dauernden Reise haben wir an den unterschiedlichsten Orten gezeltet, unter allen erdenklichen Klimaverhältnissen. Dieses Nomadenleben, alle diese im Freien ver-

Verblüffendes Panorama, die tropischen Kordilleren

brachten Tage und Nächte, haben es uns erlaubt, in intimer Nähe zur Natur zu leben.

Denn statt eine Barriere des Komforts zwischen der Rauheit der Natur und unserer Lebensart zu errichten, haben wir uns im Gegensatz dazu an ihre Unvorhersehbarkeit angepasst. Obwohl ich früher eher kälteempfindlich war, bin ich beeindruckt wie mein Körper während der Reise zunehmend Widerstandskräfte gegen die Kälte entwickelt hat. Außerdem haben wir noch tausend Details und Tricks entdeckt, um unsere Körpertemperatur aufrecht zu erhalten. Jedes Wesen trägt im Grunde einen natürlichen Instinkt in sich und unser Reptiliengehirn bewahrt wahrscheinlich das Wissen aus jener Zeit, in der der Mensch nichts als ein Tier war, obwohl unsere westliche Lebensweise, uns zunehmend aus dem natürlichen Milieu entfernt. Dennoch sind unsere Anpassungsfähigkeit und unser Instinkt immer noch vorhanden, wenn man sie herausfordert. Als wir dieses wundervolle Schauspiel in dieser mörderischen Kälte betrachten, fühlen wir uns wie zwei Kinder der Mutter Natur.

Der vierte Tag ist kurz und viel weniger anstrengend, aber dennoch wunderschön. Inmitten der Almwiesen, wo Pferde und Kühe friedlich weiden, wandern wir an Bächen und Seen entlang, mit den strahlenden einzigartigen Bergen im Hintergrund. Wir haben schon viele schöne Orte auf dieser Reise gesehen, aber die Schönheit der Cordillera Huayhuash liegt eindeutig noch einmal eine Stufe darüber. Am Ufer der Lagune Carhuacocha finden wir ein perfektes Nachtlager. Das ruhige Wasser der Lagune spiegelt die Berge mit ihrer maßlosen Schönheit wieder.

Die folgende Etappe wird als schwierig beschrieben, da man einen steilen Pass von viertausendachthundert Metern überwinden muss. Aber da wir bereits einen Teil unserer Vorräte aufgegessen haben, wodurch unsere Rucksäcke leichter geworden sind und wir mittlerweile gut akklimatisiert sind, gelingt es uns diese Wegstrecke in dieser einzigartigen Landschaft ohne große Mühe zu meistern. Wir steigen, begleitet von dem Lärm herabstürzender Seracs, entlang dreier Seen auf. Von Norden nach Süden erstrecken sich die Hauptgipfel des Huayhuash und bieten ein grandioses Panorama. Wir campieren am Ufer eines kleinen Sees, das Härteste scheint überstanden zu sein, nämlich sich zu akklimatisieren und das Anfangsgewicht der Rucksäcke zu ertragen. Morgen erwartet uns ein entspannender Tag bis zu den natürlichen Thermen von Atushcancha. In Wirklichkeit wird es der Anfang vom Ende sein ...

Tatsächlich mache ich mich am Morgen des sechsten Tages schon mit Schmerzen im äußeren Teil meines Kniegelenkes auf den Weg. Den Schmerz, kenne ich gut, ich habe ihn seit drei Jahren, ein Überbleibsel meiner Radreise von Santiago nach Ushuaia.

In regelmäßigen Abständen kehrt er wieder, um mir auf die Nerven zu gehen, bevor er wieder verschwindet. Ich mache mir deswegen anfangs also keine besonderen Sorgen. Aber der Schmerz nimmt im Laufe des Tages immer weiter zu und bei der Therme angekommen, kann ich kaum noch gehen. Nichts desto trotz lege ich mich schlafen im Vertrauen darauf, dass morgen wieder alles in Ordnung sein wird.

Unglücklicherweise hat sich tags darauf nichts geändert und es ist undenkbar den Treck fortzusetzen. Wir machen also einen Tag Pause, der Himmel ist strahlend blau, was unser Bedauern verstärkt. Am achten Tag geht es mir ein bisschen besser, aber der Schmerz ist immer noch präsent und ich befürchte, dass der Pass von fünftausend Metern, der uns erwartet, von Neuem fatal für mich sein wird. Wir entscheiden uns also für den Rückzug. Es ist ein mühevoller Tag für uns beide. Toni hat meinen Rucksack geerbt, der für ein Mädchen ganz schön schwer ist. Was mich betrifft, trotz eines leichteren Rucksacks und entzündungshemmender Medikamente, muss ich die Zähne zusammenbeißen, um den neunstündigen Marsch durchzustehen, der uns von Cajatombo, einer kleinen verlassenen Ortschaft in den Kordilleren, trennen. Das Wetter in den folgenden drei Tagen ist schlecht, wenigstens etwas, dass unser Bedauern ein wenig mildert.

Von Cajatombo aus soll uns ein Bus in einer fünfstündigen Fahrt auf die Panamericana bringen, diese wird aber tatsächlich dreizehn Stunden dauern. Während der Nacht kommt es zu einem riesigen Erdrutsch. Wir müssen ihn zu Fuß überqueren und danach zwei weitere Stunden gehen, weil der Bus einen Umweg, der ihn sieben Stunden kostet, machen muss. Uns verschlägt es die Sprache, als wir die Kinder und die Großmütter sehen, die diesen instabilen Bergrutsch unter der unablässigen Gefahr von weiteren Steinschlägen, passieren.

So wie die Tibeter an die Unerbittlichkeit ihrer Hochebene gewöhnt sind, sind die Indianer der Kordilleren besser damit vertraut, sich im Gebirge fortzubewegen, als die Leute aus dem Westen. Von kleinster Kindheit an führen sie ihre Tiere über jäh abfallende Berghänge, es ist also kein Zufall, dass sie trittsicher sind.

Von der Panamericana aus fahren wir mit einem Sammeltaxi nach Huaraz. Der Chauffeur fährt wie ein Verrückter und wir sind erleichtert, als wir unversehrt an unserem Ziel ankommen. Trotz des vorgezogenen Abbruchs ist unser Kopf voller magischer Bilder. Die Cordillera Huayhuash hat uns verzaubert.

In Huaraz sind wir unentschlossen. Auf der einen Seite sind wir vollauf begeistert von diesem ersten Treck. Andererseits verunsichert uns dieser Rückschlag, wir befinden uns in einem Zustand der Ungewissheit, insbesondere weil sich der Zustand meines Beines trotz ermutigender Anzeichen nicht so schnell, wie wir es uns gewünscht hätten, verbessert. Sollen wir die Tour um den Alpamayo wagen oder besser definitiv einen Schlussstrich unter dieses Projekt ziehen und den Blick direkt auf Cuzco richten?

Eine Zwischenlösung wäre, einen Eseltreiber mit seinem Maultier zu engagieren, eine Leistung, die ungefähr zehn Euro pro Tag kosten würde und die es ermöglichen würde, mit einem ganz kleinen Rucksack zu wandern. Schnell verwerfen wir diese Option wieder, nicht aus finanziellen Gründen und noch viel weniger, um uns rühmen zu können, dass wir alles ohne fremde Hilfe geschafft haben, sondern weil dies einfach nicht unserem Konzept vom Bergsteigen entspricht. Denn erst durch diese langen Märsche in voller Autonomie spürt man die physischen Dimensionen des Gebirges.

Es ist letztlich mein ewiger Optimismus, der die Entscheidung bringt. Ich weiß sehr gut, dass wenn es schief geht, dies das Ende unserer Reise mit dem Rad und mit den Skiern bedeuten könnte. Zum wiederholten Male kann ich mich jedoch nicht entschließen, die Option zu wählen, die sicher die vernünftigste, aber gleichzeitig die frustrierenste und die enttäuschenste wäre. Manchmal muss man das Schicksal einfach herausfordern, um seine Träume zu verwirklichen!

Seine Träume auszuleben heißt nicht, gleich ein Träumer zu sein. Um zu vermeiden, dass die Entscheidung sich zum Albtraum wendet, optimieren wir alles was in unserer Hand liegt. Wir studieren den Parcours mit minutiöser Genauigkeit und kommen zu dem Schluss, dass neun Tage genügen müssten. Wir kalkulieren also die Nahrungsrationen aufs Gramm genau, indem wir auch noch einberechnen, dass man in der Höhe tendenziell weniger Hunger hat. Jedes Objekt im Rucksack muss gezwungenermaßen sorgfältig überlegt werden und es gelingt uns, auf diese Weise einige Kilos im Vergleich zum letzten Treck einzusparen. Es wird spartanisch werden, aber es ist unsere einzige Möglichkeit auf Erfolg, denn wir wissen, dass es genau diese letzten Kilos sind, die wehtun.

Nach vier Tagen Erholung und Vorbereitungen, befinden wir uns am Fuße der Cordillera Blanca. Rasch lassen wir die bäuerliche Landschaft der Anden hinter uns und erreichen die Zone der Almwiesen an den Pforten des Hochgebirges. Einen Moment lang befürchte ich, dass sich diese ganze Geschichte in ein totales Fiasko kehrt, denn die Schmerzen in meinem Knie melden sich mit den ersten Schritten zurück.

Aber – ein ermutigendes Signal – sie haben sich im Laufe des Tages trotz der geforderten Anstrengungen nicht zu sehr verschlimmert. So geht es auch die nächsten Tage weiter: niemals komplett schmerzfrei, aber auch niemals zu schmerzhaft. Die Wette, auf die wir uns eingelassen haben, scheint aufzugehen, besonders da ich auf die unglaubliche körperliche Widerstandskraft von Toni setzen kann. Anders als beim ersten Treck, wo sie aufgrund der mangelnden Akklimatisation, nicht besonders leistungsfähig war, hat sie dieses Mal die neun Tage trotz größerer Last, wie ein wildgewordenes Tier bewältigt.

Wir erreichen einen See, dessen Wasser von irrealer Klarheit ist. Javier wacht hier über die Wasserkraftanlage und langweilt sich tödlich in seiner kleinen Behausung, während der vierzehn Tage seiner Anwesenheitspflicht. Insofern zeigt er sich begeistert, als wir ihn fragen, ob er für uns nicht einen Unterschlupf für die Nacht hätte. Wir sind nämlich nur mäßig motiviert, auf viertausendsechshundertfünfzig Meter Höhe unser Zelt aufzuschlagen. Er hat für uns nicht nur ein Dach über dem Kopf, sondern sogar zwei Betten! Wir hohlen ihn ein bisschen aus seiner Einsamkeit, indem wir mit ihm den ganzen Nachmittag plaudern.

Die Einsamkeit stellt aber auch uns auf dem ersten Abschnitt des Trecks auf die Probe. Wir begegnen vielleicht einem Dutzend Einheimischer, aber keinem anderen Wanderer. Der Weg verläuft verborgen inmitten kleiner Täler und man muss sehr aufpassen, dass man ihn nicht verliert. Die Landschaft ist unbeschreiblich schön. So viele beeindruckende Berge, spiegelblanke Gletscher, Wasserfälle, stille Seen und Blumen! Die Regenzeit geht gerade ihrem Ende zu und Millionen von Blumen färben die Almwiesen bunt. Die Milde und das satte Grün der Täler stehen in wunderbarem Kontrast zu der senkrechten Steilheit und dem strahlenden Blitzen der Gipfel.

Auf einer Passhöhe stattet uns ein Kondorpärchen einen flüchtigen Besuch ab. Mit ihrer überdimensionalen Spannweite schweben sie einige Augenblicke über unseren Köpfen, bevor sie langsam im azurblauen Himmel verschwinden. Welch faszinierendes Schauspiel, welches Ballett der Lüfte, das diese Herren der Anden vollführen!

Am sechsten Tag erreichen wir dann die sehr frequentierte Strecke von Santa Cruz, dem Klassiker der Cordillera Blanca. Von einem Pfad, der teilweise kaum erkennbar war, wechseln wir übergangslos auf einen breiten Weg, welche Veränderung! Die einzige Konstante ist die göttliche Schönheit der Berge. Auf dem Santa Cruz Treck treffen wir auf eine sehr sympathische, israelisch-französisch-polnische Familie und einen nicht weniger sympathischen Namibier.

So wie wir, haben sie die Option ohne Bergführer und ohne Maultiere gewählt. Während Braham an Märsche im Gebirge gewöhnt ist, hat die Familie aus Tel Aviv sich aus einer Laune heraus dazu entschlossen, auf die Unterstützung einer einheimischen Agentur zu verzichten. Gute Wahl, denn da sie sich gegen die konventionellen Angebote entschieden haben, erleben sie ein wunderbares Abenteuer. Eine große Solidarität war während den drei Tagen, die wir gemeinsam unterwegs waren immer gegenwärtig. Braham erzählt uns von seiner Kindheit unter der Apartheid. Namibia war bis 1990 unter der Kontrolle von Südafrika und somit den gleichen Gesetzen der Rassentrennung unterworfen. Er erzählt über diese tiefgläubige Gesellschaft, wo die Pastoren die Apartheid durch eine lügenhafte Interpretation der Bibel rechtfertigten. Die Gerechten der Bibel sind die Weißen, die Schwarzen repräsentieren das Böse. Er wurde unter dieser ideologischen Beeinflussung bis zu seiner Adoleszenz erzogen. Heute leben die beiden Gesellschaften friedlich nebeneinander, aber außer während der Arbeit ist es selten, dass sie in ihrer Freizeit miteinander verkehren. Dennoch ist es ein bemerkenswerter Fortschritt, verglichen mit vor zwanzig Jahren.

Vom letzten Gebirgspass abwärts führt uns ein unendlich langer Abstieg zu unserem Ausgangspunkt zurück. Der Kreis schließt sich! Es ist schwierig auszudrücken, wie groß unsere Freude ist, dass wir diese große Tour, die unter allen Gesichtspunkten sensationell war, beenden konnten. Es wäre zu schade gewesen, wenn die Entzündung in meinem Knie uns daran gehindert hätte, dieses wunderbare Abenteuer erleben zu können.

In Huaraz feiern wir gemeinsam mit unseren neuen Freunden das Ende des Trecks mit einer guten Mahlzeit. Wie die meisten Leute, die wir getroffen haben, werden wir sie wahrscheinlich nie mehr wieder sehen, aber wie jedes Mal ist es die Botschaft der Brüderlichkeit, die uns im Gedächtnis bleibt.

Bevor wir wieder aufbrechen, kommen wir noch in den Genuss folklorischer Tänze. Diese Tänze sind eine Mischung aus christlicher Tradition und Elementen der uralten präkolumbianischen Kultur. Ihre Symbolik ist heute untrennbar vermischt. Auch wenn das religiöse Empfinden allgegenwärtig ist, ist es der katholischen Kirche niemals wirklich gelungen, die Zeichen des heidnischen Glaubens auszulöschen. Ebenso wird Quéchua, die altüberlieferte Sprache der Inkas, noch von mehreren Millionen Menschen von Ecuador bis Bolivien gesprochen.

Nachdem wir hier einen Monat zugebracht haben, verlassen wir nicht ohne eine gewisse Nostalgie die magischen Berge, die Huaraz überragen.

Der Altiplano

Eine lange Busfahrt bringt uns nach Cuzco. Cuzco ist eines der, wenn nicht sogar das obligatorische Reiseziel bei einer Reise durch Peru. In der Regel halten wir uns von solchen Orten fern. Man hat uns jedoch mit solcher Begeisterung von Cuzco erzählt, dass wir letztendlich davon überzeugt sind, dass es ein Fehler wäre, es auszulassen. Es ist wirklich eine sehr schöne Stadt, aber EXTREM touristisch. Wir haben vor, die Stätten der Inkas in der Umgebung zu besichtigen. Da wir nicht zu viel Zeit verlieren wollen, entscheiden wir uns dazu, dies über eine Agentur zu machen, die uns die Empfangsdame unserer Herberge empfohlen hat. Sie bieten zwei Touren an, die gut ausgearbeitet scheinen; aber unser Ausflug mit ihnen wird ein komplettes Fiasko werden, uns erwartet eine wirkliche „Verarschung"! Anstatt die archäologischen Ausgrabungsstätten (die übrigens wunderschön sind) ausgiebig zu besichtigen, schleppt man uns die Hälfte der Zeit auf uninteressanten, Touristenmärkten herum, wodurch die Agentur eine saftige Provision kassiert.

Wir beschweren uns massiv, aber es scheint, dass die Touristenagenturen von Cuzco, die es seit Jahren gewohnt sind, einen immer noch größeren Zulauf von Touristen zu haben, keinen Anlass sehen, die Wogen zu glätten. Das Erstaunlichste ist, dass sich die übrigen Touristen mit dieser mangelhaften Leistung, zufrieden zu geben scheinen. Vielleicht denken sie ja, dass es zu einer solchen Reise dazu gehört sich über den Tisch ziehen zu lassen oder sind sie schlicht und ergreifend zu ängstlich um zu protestieren? Wir sind wirklich naiv gewesen zu glauben, dass man an solch touristischen Orten professionelle, vertrauenswürdige Führer finden würde. Kurz gesagt, ich kann nur allen künftigen Besuchern anraten, alle diese unglaublich schönen Stätten der Inkas auf eigene Faust zu erkunden. Denn es grenzt einfach an ein Wunder, wie die Baumeister die Steine aller möglichen Formen millimetergenau zusammenfügten, so dass nicht einmal das Blatt eines Zigarettenpapiers in die Fugen passen würde. Sie, die weder Eisen noch Pferde kannten, wie konnten sie diese mitunter gigantischen Steine transportieren und schneiden? Diese Fragen bleiben unbeantwortet, ebenso wie die Technik des Zusammenfügens, die heute keiner mehr nachvollziehen kann. Dieses Geheimnis scheint ebenso wie die Zivilisation der Inkas für immer verschwunden zu sein.

Nachdem auch wir uns zwei Tage lang in Cuzco über den Tisch haben ziehen lassen, machen wir es dieses Mal bei der noch größeren Touristenattraktion, nämlich dem Machu Picchu, besser. Die Eisenbahnlinie, die dorthin führt, wurde vor einigen Jahren privatisiert und die Preise sind mittlerweile unverschämt: zweihundertfünfzig Kilometer Bahnfahrt kosten mehr als die Hin- und Rückreise im Bus zwischen dem Norden und Süden von Peru, wobei Peru zweitausendfünfhundert Kilometer lang ist! Alternativ gibt es die Möglichkeit fünfmal billiger mit einer Kombination aus Bus, Van, Auto und einem dreistündigen Fußmarsch entlang der Bahnlinie bis zum Eingang der Ausgrabungsstätte zu gelangen.

Auf dem Weg machen wir die Bekanntschaft von Jonathan, einem jungen Belgier, und von Régis, einem drolligen Grenobler. Wir bilden eine lustige Truppe. Bei der Frage: Muss man eigentlich zum Machu Picchu, sind wir uns alle einig. Der Machu Picchu ist eine archäologische Stätte von Weltklasse in einer ebensolchen Naturlandschaft. Dank der Abgeschiedenheit und dem schwierigen Zugang, wurde der Machu Picchu niemals von den Konquistadoren entdeckt, was die Ausgrabungsstätte möglicherweise vor einer Zerstörung bewahrte. Die Frage um seine Existenz hat lange Zeit den Mythos der verlorenen Stadt der Inkas genährt, bis zu seiner Entdeckung zu Beginn des zwanzigsten Jahrhunderts.

Nachdem wir zu früher Stunde an der historischen Stätte, welche noch vom Dunst überzogen ist, ankommen, schlendern wir umgeben von Nebelbänken durch die Stadt aus Steinen. Anschließend steigen wir auf den Huayna Picchu, den Berg, der den Machu Picchu überragt. Nach einer Stunde Wartezeit reißen die Wolken auf und der Machu Picchu taucht über dem Abgrund mitten in steilen, mit Dschungel bedeckten Bergen auf. Dann wandern wir oberhalb schwindelerregender Abgründe, die in die Wand geschlagenen Wege entlang. Eine üppige Vegetation begleitet jeden unserer Schritte und die Tausenden von Orchideen verstärken noch die Schönheit dieses ohnehin schon wundervollen Ortes. Der Machu Picchu hat einen Teil seiner Geheimnisse bewahrt. War es ein religiöses oder ein administratives

Zentrum? Warum wurde die Stadt an einem Ort errichtet, dessen Zugang so schwierig ist? Warum ist diese Stätte einige Jahre vor der Ankunft der Konquistadoren verlassen worden? Warum ist sie in Vergessenheit geraten? Viele Fragen, die die Faszination um den Machu Picchu noch verstärken.

Von der Prä-Amazonas-Zone aus, in der sich der Machu Picchu befindet, fahren wir mit dem Bus zurück auf die Hochebene des Altiplanos hinauf. Mitten in der Nacht hält die Polizei den Bus an und durchsucht ihn gründlich.

Sie finden eine beeindruckende Menge an Päckchen, die Kokablätter enthalten. Diese sind hinter den Vorhängen in Säcken und unter den Kopfstützen des Busses versteckt. Manche „mamitas" (Spitzname für peruanische Frauen) sitzen sogar auf den Paketen. Die Polizisten treiben es nicht auf die Spitze und verzichten darauf die ausladenden Röcke der traditionellen Kleidung der „mamitas" zu durchsuchen. Ich bin mir aber sicher, dass sie auch darin noch mehre Päckchen gefunden hätten. Das für mich Unverständlichste ist die Tatsache, dass der Bus, nachdem die Razzia beendet ist, mit all seinen Passagieren die Fahrt wieder aufnimmt, ohne dass irgendjemand beunruhigt scheint. Die Kokablätter, die in der Amazonasregion produziert werden, kann man überall in Peru legal kaufen. Warum werden sie also konfisziert? Ist es verboten, sie unter dem Mantel bis zum Altiplano zu schmuggeln? Wir werden niemals eine Erklärung dafür bekommen.

Nach eineinhalb Monaten ohne Fahrrad, ist es höchste Zeit, die Reise damit wieder aufzunehmen. Wir können es kaum erwarten, die Freiheit der Radreise erneut zu erleben, weit entfernt vom Wirrwarr der Busse, den Hotels, den Agenturen, von Verspätungen, Betrug und all dem sonstigen Ärger. Das Fahrrad ist sicherlich ein anspruchsvolles Transportmittel, aber man muss keine Kompromisse eingehen. Man kommt langsamer vorwärts und sieht zwangsläufig nicht so viele spektakuläre Dinge wie ein Busreisender. Aber man sieht und erlebt andere Sachen, die man als normaler Tourist niemals sehen wird. Wir halten da an, wo noch niemand vor uns gehalten hat und wir sind völlig autonom und unabhängig. Nicht jeder Tag ist außergewöhnlich, aber jeder Tag bringt seine Überraschungen und Entdeckungen mit sich.

Wir verlassen Cuzco und befinden uns rasch in der Landschaft des Altiplanos wieder. Kleine Lehmhäuser folgen einander entlang von kleinen Bächen inmitten von Mais- und Weizenfeldern. Die Bauern fertigen die Ziegel selbst an. In einen großen Bottich mit Lehmschlamm fügen sie Heu hinzu. Dann stampfen sie das Ganze mit ihren Füßen, bevor sie die erhaltene Lehmmasse in Formen pressen. Die Sonne trocknet die Ziegel, anschließend sind sie baufertig. Das ist zwar billig, aber nicht sehr stabil, es wäre furchtbar, wenn die Erde hier zu beben beginnen würde. Auf dieser großen Hochebene ist das Dasein ärmlich. Oft gibt es in den Dörfern weder fließendes Wasser noch Elektrizität. Im krassen Gegensatz dazu scheint jede Familie mindestens ein, wenn nicht gar mehrere Mobiltelefone zu besitzen. Der rasche Vormarsch dieser Technologie erstaunt und beschäftigt uns.

Von allen Menschen, die wir getroffen haben, hatten nur die tibetischen Nomaden noch keine Handys! Überall haben die Leute große Augen gemacht, als sie erfahren haben, dass wir kein Telefon dabei

Zelten bei einer Bauernfamilie auf dem Altiplano

haben. Unser Argument ist immer das gleiche und unwiderlegbar: Vor zehn Jahren hatte es niemand und man kam ebenso gut zurecht. Die Ironie der Geschichte ist, dass die Menschen, da sie in ihrem Dorf keinen Strom haben, in die nächste Stadt gehen müssen um ihr Handy aufzuladen. Dies ist der Beweis dafür, dass man versucht das Pferd vom Schwanz her aufzuzäumen. Aber der gesamte Planet ist mittlerweile „gaga" und das, was am Anfang nichts als eine weitere technische Spielerei war, scheint inzwischen ebenso lebensnotwendig geworden zu sein, wie die Luft zum Atmen.

Mit zunehmender Höhe gibt die Kulturlandschaft den Raum frei für die ausgedehnten Hochebenen, wo das vergilbte Gras das Licht der Abendsonne golden schimmernd reflektiert. Man begegnet einigen Alpakaherden und den sehr seltenen „puyas raimondiis". Diese Kakteen, die die Form einer stacheligen Kugel von etwa zwei Metern Durchmesser haben, haben die Eigenheit, nur alle einhundert Jahre einmal zu blühen, bevor sie dann sterben. Sie bekommen eine riesengroße Blüte auf einem etwa zehn Meter hohen Stiel, die größte Blume der Welt!

Wir kommen nach Juliaca nicht weit vom Titicacasee entfernt. Es ist Markttag und auf Grund einer großen Parade herrscht in der ganzen Stadt ein kolossales Verkehrschaos. Auf der Straße und auf dem Gehsteig kommt man allenfalls in Schrittgeschwindigkeit vorwärts. Der Markt ist ebenfalls sehenswert. Er gleicht einem riesigen unüberschaubaren Flohmarkt, peruanisches Durcheinander inklusive. Man findet dort vor allem Eisenteile in allen möglichen Form und eine unfassbar große Menge alter Gebrauchsgegenstände, die Dank der Kreativität ihrer Käufer, eine zweite Jugend erleben werden. Ihr Gebrauch wird verglichen mit ihrem früheren Leben sicherlich häufig sehr anders sein. Die militärisch-politisch-religiös-schulische Parade klappt wie am Schnürchen. Der Plaza de Armas wurde dafür beschlagnahmt und der Paradermarsch und die Reden stehen in drolligem Kontrast zu dem heillosen Durcheinander, das in den angrenzenden Straßen herrscht.

Bald sehen wir den Titicacasee mit seiner dunkelblauen weitläufigen Wasserfläche. Es ist Erntezeit und die Haferbüschel schmücken die Felder, die am Ufer des Sees liegen. Wir halten bei zwei Bauersleuten, Alfonso und Dalia. Alfonso sieht einem freundlichen Ungeheuer ähnlich, denn er leidet an Elephantiasis. Alle Partien seines Körpers sind in ausufernde Dimensionen aufgedunsen, vor allem seine Finger sind enorm angeschwollen. Er arbeitet trotzdem weiter auf dem Feld und erklärt uns die eigenartige Methode, die hier angewandt wird, um Kartoffeln haltbar zu machen. Die Knollen werden einige Wochen lang nachts der Eiseskälte des Altiplanos ausgesetzt. Das hat zur Folge, dass sich der Anteil des Wassers, den sie enthalten, langsam verflüchtigt bis zur Gefriertrocknung. Die altüberlieferte Technik wurde von den Inkas übernommen, in deren Zivilisation die Kartoffel eine zentrale Rolle gespielt hat. In Peru gibt es heute noch etwa dreitausend verschiedene Kartoffelsorten, einige von ihnen wachsen sogar wild. Die peruanische Regierung hat eine Samenbank für all diese Kartoffelarten gegründet und sie der Agrarwirtschaft der ganzen Welt zur Verfügung gestellt. Das ist ein schöner Beweis des Altruismus eines Landes, das so viele Probleme hat, aber diesen nationalen Reichtum lieber mit dem Ziel einer Kooperation, als mit einem kommerziellen Ziel mit anderen teilt.

Wir kehren nach Bolivien. Die Straße gewinnt ständig an Höhe, wir fahren schon hoch über dem See und freuen uns über die grandiose Sicht auf dieses Binnenmeer mit den im Hintergrund leuchtenden hohen Eisgipfeln der Cordillera Royal. Wir lassen den Titicacasee hinter uns und steuern La Paz an, eine wirklich sehenswerte Stadt. Umgeben von Bergen, die mehr als sechstausend Meter hoch sind, ist diese in eine ausgedehnte Senke gebaut. Hunderttausende von Häusern aus roten Ziegeln schmiegen sich an die Hänge. Die Straße des Altiplanos scheint von dieser Schlucht verschluckt worden zu sein und teilt sich in einer Vielzahl von Hangstraßen und Treppen die in den Talkessel hinabziehen.

Da wir vorhaben, Anfang Juli in Santiago de Chile zu sein, müssen wir nach Uyuni im Süden Boliviens wieder einen Bus nehmen. Unglücklicherweise, ist es gut trainierten Dieben beim Umsteigen in einen anderen Bus in Oruro gelungen, eine unserer Lenkertaschen zu klauen. Toni ist untröstlich, nicht weil die Tasche und ihr Inhalt (einige alte, wieder aufladbare Batterien, ein kaputtes Ladegerät, eine Sonnencreme, ein stumpfes Messer ...) wertvoll gewesen waren, sondern weil eines unserer Tagebücher mitsamt den Berichten über zahlreiche Tage unserer Reise verschwunden ist ... Das ist es, was uns am meisten betrübt.

Das ist umso ärgerlicher, da ich bisher um eine solche Situation zu vermeiden, etwa alle drei Wochen die Seiten unserer Hefte fotografiert habe. Aber seit etwa eineinhalb Monaten habe ich mir die Zeit dazu einfach nicht mehr genommen. Kurz gesagt, dieses Mal haben wir doppeltes Pech!

Dieser unerwartete Vorfall krönt eine beeindruckende Serie schlechter Erfahrungen mit den Bolivianern: diverse Betrügereien, die Verweigerungen uns nachts einen Platz zum zelten zu gewähren oder uns Benzin zu verkaufen, unangenehme zwischenmenschliche Kontakte ... Dennoch würde ich es mir niemals erlauben, ein negatives Urteil über eine ganze Nation, auf Grund einiger unerfreulicher Ereignisse im Verlauf von vierzehn Tagen zu fällen. Ich glaube vielmehr, dass wir im Gegenzug ein außerordentliches Glück bei unseren Kontakten auf Kuba hatten und uns das Schicksal in Bolivien eben nicht so wohlgesonnen war.

Toni setzt sich in den Kopf, nach unserer Ankunft in Uyuni alle verloren gegangenen Texte noch einmal aufzuschreiben. Nach drei Tagen der selbst auferlegten „Strafarbeit", an denen sie bis zu zehn Stunden am Tag geschrieben hat, bis zu dem Zeitpunkt, als ihre Hand so weh tat, dass sie aufhören musste, ist das gestohlene Tagebuch wieder niedergeschrieben. „Sie können uns alles, was sie wollen, stehlen, nicht aber unsere Erinnerungen", sagt sie. Ich bin tief beeindruckt von einer solchen Charakterstärke, denn ich hätte das nicht gekonnt.

Für mich hat die kleine Stadt Uyuni eine besondere Bedeutung, denn es ist eigentlich hier, wo sich der Kreis meiner Weltumrundung schließt. Es ist drei Jahre her, dass ich als Austauschstudent in Chile war. Damals habe ich dank einer dreitägigen Rundreise mit dem Allradauto Süd Bolivien erkundet. Nach all diesen Monaten der Reise ins Ungewisse finde ich nun erstmals wieder Orte vor, die mir vertraut sind. Für mich beginnt hier die Rückkehr. Infolgedessen weiß ich auch, dass diese letzte Etappe mit dem Fahrrad die härteste sein wird, die wir je gemacht haben. Wir wollen nach San Pedro de Atacama fahren, indem wir zuerst den Salar de Uyuni, den größten Salzsee der

Welt (seine Oberfläche ist größer als die Fläche Belgiens) überqueren und danach die Sud Lípez, eine weitläufige Hochwüste, in der man extrem niedrigen Temperaturen ausgesetzt ist, durchfahren. Ich weiß auch, dass die Schönheit dessen, was wir sehen werden, nichts Ebenbürtiges hat, genauso wie die Rauheit des Klimas, die wir durchleben werden. Auf gewisse Weise das extremste Abenteuer, das sich ein Radreisender erhoffen kann, auf der Erde zu erleben.

Raoul, das Lama, leistet uns Gesellschaft

Der Salar de Uyuni und die Sud Lípez

Gerade als ich die weiteren Vorhaben plane und Toni in ihrem neuen Tagebuch schreibt, erhalten wir eine E-Mail von Jonathan, dem jungen Belgier, den wir auf dem Machu Picchu kennen gelernt haben. Er möchte unbedingt die Fahrt bis nach San Pedro mit uns machen. Obwohl er bisher niemals selbst die kleinste Fahrradreise unternommen hat, spüren wir bei ihm sofort ein großes Potential und es wäre schade gewesen seine Erwartungen zu enttäuschen. Wir nehmen diese Neuigkeit also mit ebenso viel Überraschung wie Begeisterung auf. Darüber hinaus kommt ein wenig frisches Blut in unsere alte „Tandem-Mannschaft", was uns gegen Ende der Reise willkommen ist.

Das einzige Problem ist: Er ist noch in La Paz und er hat kein Rad, wir jedoch wollen morgen aufbrechen. Das scheint ein Hindernis von größerem Ausmaß zu sein, aber Jonathan gibt sich so viel Mühe, dass er es letztendlich schafft, bereits am nächsten Tag mit seinem neu gekauften Fahrrad in Uyuni anzukommen und wir unsere Abreise somit nur um einen Tag verschieben müssen.

Also machen wir uns zu dritt auf den Weg und durchfahren die etwa dreißig Kilometer, die uns von der Salzwüste trennen. Jetzt dehnt sich der überdimensionale Salzsee vor uns aus und wir fahren, in diese surrealistische Szenerie hinein. Es existiert momentan nur eine Zweiphasenwelt, die des Salzes und des Himmels. Wir rollen stundenlang in diesem scheinbar rundherum grenzenlosen Raum voran. Alles scheint starr und unbeweglich, nichts als das Tuscheln des Windes, der Rhythmus unseres Atems, das Knistern der Reifen auf der Salzkruste und das Schleifen der Ketten durchbricht die übermäßige Stille. Wir zelten diese Nacht auf dem Salar, inmitten des Nichts. Der Himmel entflammt zum Sonnenuntergang wie tausend Feuer vergleichbar mit einem nuklearen Flächenbrand. Als die Sonne vom Horizont verschlungen wird, taucht ein riesiger Mond aus den weißen unendlichen Flächen auf. Sein fahles Licht erhellt diesen extraterrestrischen Ozean, auf dem wir im Zustand der Schwerelosigkeit zu sein scheinen. Die Reise in diese kosmische Welt ist für mich wegen ihrer Einzigartigkeit und Extravaganz die ultimative Erfahrung dieser zweiundzwanzigtausend Kilometer langen Reise durch alle Ecken und Enden der Welt.

Am nächsten Morgen setzen wir unseren Weg über diese merkwürdige hexagonale Pflasterung fort. In der Ferne scheinen sich die Berge weder zu nähern, noch zurückzuziehen. Bald jedoch taucht ein Pünktchen am Horizont auf, das langsam die Form einer felsigen Insel annimmt, die mit riesengroßen Kakteen bewachsen ist. Vom höchsten Punkt dieser Insel aus, ist die Sicht berauschend. Überall, wohin man den Blick schweifen lässt, nichts als Salz, soweit das Auge reicht. Ich habe diesen Ort schon einmal gesehen, aber das ist eine Landschaft, an der man sich nicht satt sehen kann. Anders ausgedrückt, für Toni und Jonathan ist es, als ob sie auf einen anderen Planeten gebeamt worden wären.

Von der Insel aus steuern wir nach Süden und erneut bietet uns der Sonnenuntergang eine spektakuläre Kulisse. Wir schlafen eine zweite Nacht auf dem Salzsee.

Noch einige Stunden treten wir in die Pedalen und dann kommen uns endlich die Berge am Rand der Salzwüste näher. Wir knipsen eine letzte Serie von Fotos mit optischen Täuschungen: Das Fehlen der Perspektive in dieser zweidimensionalen Landschaft, ermöglicht es, ungewöhnliche Bilder zu machen. Es reicht, zwei Personen einige Meter hintereinander zu positionieren, trotzdem erscheinen sie auf dem Foto in derselben Ebene, der eine als Riese, der andere als Liliputaner. Mit ein wenig Bedauern verlassen wir den Salar, aber was hätte man sich mehr wünschen können, als diese beiden unvergesslichen Tage im außerirdischen Raum?

Es ist nicht nur die Einzigartigkeit der Salzwüste, die wir mit Bedauern verlassen: Die Piste, die wir erreichen, ist in einem sehr schlechten Zustand und lässt uns von Anfang an keinen Zweifel daran, was uns in der nächsten Woche erwarten wird. Augenblicklich bewegen wir uns inmitten von Sand und Geröll vorwärts, jede Sekunde ist ein Kampf, jeder gewonnene Meter ein Sieg. In der Ferne scheint sich der Salar verflüssigt zu haben und die Fundamente des Gebirges, die sich im Hintergrund befinden, scheinen sich aufgelöst zu haben, so dass sie über einem riesigen bläulichen Spiegel wabern.

Wir kommen in die Sud Lípez und bald sind wir von hohen Bergen in einzigartigen Farben umgeben: ocker, rot, gelb, weiß, violett. Auch diese tellurische Landschaft scheint aus einer anderen Galaxie zu kommen und lässt uns die Mühen der Straße, die sandigen Pässe und die Schlaglöcher vergessen. Dann erreichen wir die eisigen Lagunen. Diese kleinen Seen mit ihren blau- und grauschimmernden Spiegelungen sind die Anziehungspunkte für Kolonien von Flamingos, die sich vom Plankton ihrer salzhaltigen Gewässer ernähren.

Neben einer der Lagunen liegt ein kleines Hotel, wo die Touristen Halt machen. Es ist die einzige Behausung im Umkreis von zig Kilometern. Angesichts des unerschwinglichen Preises für Mineralwasser entscheiden wir uns, das Wasser zu trinken, welches sie zum Spülen und Kochen verwenden. Es hat einen schrecklichen Salzgeschmack, aber wir müssen uns die nächsten zwei Tage damit begnügen. Um es besser trinken zu können, kochen wir damit sehr stark gezuckerten Tee und hoffen, dass unsere Nieren dieser Salzkur standhalten. Dieses Gesöff mit diesem perfiden Geschmack ekelt uns bald an.

Die Nächte sind besonders frostig und zu dritt in unserem kleinen Zelt wachen wir eines Morgens bei minus acht Grad Innentemperatur auf. Draußen hat es vermutlich minus zwanzig Grad ... Trotz des Salzes, das das Wasser in den Flaschen enthält, ist es während der Nacht gefroren, obwohl wir die Flaschen zwischen zwei Daunenschlafsäcke gebettet haben. Eine dichte Reifschicht überzieht das Zelt. Wir versuchen schnell diese zu konservieren, um einige Schlucke Süßwasser genießen zu können.

Wir glaubten, dass wir an die Sud Lípez unseren Tribut bereits bezahlt haben, aber diese ersten Prüfungen sind nichts als ein freundlicher Vorgeschmack. Um uns noch stärker auf die Probe zu stellen, erhebt sich in den folgenden drei Tagen ein eisiger Wind mit ohrenbetäubender Heftigkeit. Wir frösteln bis auf die Knochen und unser Vorankommen, das bis jetzt schon sehr anstrengend war, wird extrem mühselig. Momentan gefriert das Wasser in unseren Trinkflaschen sogar tagsüber, trotz der zu beachtenden Tatsache, dass es ja auf diesem schlechten Weg permanent durchgeschüttelt wird. Es ist nicht möglich, länger als ein paar Minuten anzuhalten, sonst würde man zu Eis erstarren. Wir kämpfen wie Verdammte gegen diesen Sturm und

Der Salar von Uyuni, ein magischer Ort

Der Baum aus Stein, wie versteinert vom Sturm

diese ekelhafte Kälte, eine wahre Tortur. Glücklicherweise ermöglicht es uns eine unverhofft auftauchende Herberge, der grauenhaften Kälte der Nacht zu entkommen und unsere Kräfte mit einem Teller Spaghetti und einem Lama-Steak wieder aufzutanken.

Aber diese Tage reduzieren sich nicht ausschließlich auf diesen verzweifelten und ungleichen Kampf. Auf einer weiten Ebene tauchen Felsenblöcke auf, deren Formen vom Wind geschliffen wurden. Einer von ihnen sieht einem großen Baum ähnlich und wurde folglich „el arbol de piedra" getauft. Es scheint, als ob er während eines Sturms versteinert worden wäre.

Nach einer langen Abfahrt erscheint ein weit ausufernder See am Fuße eines Vulkans. Die Farbe seines Wassers variiert, je nach Lichteinfall, von orange bis lila. Es ist die „laguna colorada", die ihre einzigartigen Farben einer besonderen Algenart und einem hohen Mineralstoffgehalt verdankt. Welch herrliche Skurrilität!

Auf einer Passhöhe entdecken wir den Dampf von mächtigen Geysiren. Als wir näher kommen, sehen wir jede Menge Hexenkessel:

Flache, vielfarbige Schlammschalen brodeln andauernd Ausdünstungen aus der Erdkruste hervor. Es sind die Eingeweide der Erde, die zutage treten, kurioserweise auf einer Höhe von fünftausend Metern. Hingegen sehen wir wenig von der azurblauen und grünen Lagune, da große Wolken die Gipfel verbergen und die vom Eis vollkommen zugefrorenen Lagunen einen ebenso gräulichen Farbton, wie der Himmel bieten.

Die Grenze zwischen Bolivien und Chile erreichen wir unter Schmerzen, wir verbringen dort die Nacht.

Entgegen jeglicher Erwartung hat sich das Wetter am Morgen radikal geändert. Die Wolken sind verschwunden, der Wind ist eingeschlafen und nur die vom Schnee überzuckerten Berge, zeugen noch von der Gewalt des Wetters der vorangegangenen Tage. Wir nehmen die letzte Steigung in Angriff, dann kommen der Asphalt und die befreiende und bejubelte Abfahrt nach San Pedro, dreitausend Meter tiefer. Es ist das Ende der Reise mit dem Fahrrad, für die letzten Monate haben wir geplant, die verschneiten Gebirge der Kordilleren auf Skiern zu durchwandern. In Wirklichkeit ist es ein doppeltes Ende: Das Ende monatelanger vielfältigster Abenteuer und das Ende der Durchquerung der Salar und der Sud López, die sowohl den Körper als auch den Geist geprägt hat.

In San Pedro erwartet uns eine schlimme Überraschung: Der Rucksack, den wir mit dem Jeep einer Touristenagentur von Uyuni nach San Pedro befördern lassen wollten, ist nicht da. Er ist immer noch in Uyuni! In Wirklichkeit hat sich, außer das Geld einzukassieren, niemand um irgendetwas gekümmert. Nach zwei Tagen heftiger Auseinandersetzungen, wegen diverser Lügen, bekomme ich den besagten Rucksack endlich an der bolivianischen Grenze wieder. Das Machu Picchu-Syndrom verfolgt uns. Es ist traurig erkennen zu müssen, dass der touristische Boom dazu beiträgt, dass die Leute, welche mit dem Tourismus ihr Geld verdienen, den Besuchern so wenig Respekt entgegen bringen. Dieser widrige Umstand erlaubt Toni zumindest, am Bett von Jonathan zu wachen, der von heftigen Durchfällen gebeutelt wird. Zwei Tage lang weigert er sich, jegliches Medikament einzunehmen, als er aber endlich kapiert, dass der Infekt nicht von alleine weggeht und er merkt, dass es Spitz auf Knopf steht, ringt er sich dazu durch ein Antibiotika einzunehmen. Weniger als vierundzwanzig Stunden später ist er wieder auf den Füßen.

Während wir einen Bus nach Santiago nehmen, setzt Jonathan seine Reise mit dem Fahrrad in den Norden Argentiniens und danach nach Bolivien mit vielen wunderbaren Abenteuern, fort. Für uns ist es gewissermaßen eine Stabsübergabe. Sicher, in erster Linie fahren wir für uns selbst. Hinter dieser persönlichen und sicherlich auch etwas egoistischen Erfahrung verbirgt sich jedoch eine wahre Lust, sich mit anderen zu treffen, Erlebnisse mit ihnen zu teilen und von seinen Erfahrungen zu erzählen. Vermutlich haben wir deshalb immer versucht in der Nähe von Familien zu zelten, unsere Internetseite regelmäßig zu aktualisieren und es hat mich angespornt dieses Buch zu schreiben. Für uns ist es eine große Zufriedenheit, dass wir unsere Leidenschaft für Radreisen, auch anderen ein wenig vermitteln konnten, dass wir uns mit Menschen aller sozialen und kulturellen Schichten austauschen durften und dass wir die Schönheit der Welt und vor allem die Hilfsbereitschaft der Menschen auf dieser Erde aufzeigen konnten.

Skitouren in den Anden

Vom Busterminal in Santiago trennen uns vom Casa 11, 1050 Diez de Julio, nur einige Kilometer. Dort habe ich bereits vor drei Jahren als Austauschstudent gelebt. Als ich vor der Tür stehe, schwirren mir jede Menge Erinnerungen im Kopf herum. Edys öffnet uns, später kommen auch Fabiola und Pierre nach Hause. Welche Freude, sie wieder zu sehen! Welche Freude, in den vier Wänden dieses alten Hauses zu sein! Es tut so gut, seine Freunde und ein familiäres Klima wieder zu finden.

Während wir uns über die letzten Jahre austauschen, entdecke ich im Innenhof eine Waage. Ich erschrecke als ich sehe, dass die Nadel bei dreiundsechzig Kilogramm stehen bleibt (bei einem Meter fünfundachtzig)! Von Haus aus eher dünn, frage ich mich, wie ich diese sieben Kilo verlieren konnte. Der Anblick meines nackten Körpers im Spiegel lässt einen erschaudern. Meine Beine sind skelettartig abgemagert, denn ich habe voranging dort abgenommen. Ich verstehe jetzt umso besser, wo dieser manchmal stechende Schmerz herrührt, den ich seit einigen Wochen in meinen Knien mit mir herum schleppe. Meine Knie sind es gewöhnt, von Muskeln zusammengehalten zu werden, aber im Moment können die Knochen machen was sie wollen und diese Bewegungsfreiheit führt dazu, dass mein Meniskus ramponiert wird, wodurch ich starke Schmerzen beim Gehen habe. Das ist nun das Ergebnis dieser Wochen in großer Höhe und der Rationierung des Essens während der Trecks und der Überquerung der Sud Lipez. Es ist höchste Zeit, wieder zuzunehmen, wenn ich nicht auf das Skifahren in den Anden verzichten möchte. Ich zwinge mich also dazu, mehrere üppige Mahlzeiten pro Tag zu mir zu nehmen. Es gelingt mir tatsächlich, mir in drei Wochen die verlorenen Kilos wieder anzufuttern.

Während meines Austauschjahres hier, habe ich die Bekanntschaft von Fred gemacht, der in die Anden kam mit dem Ziel, Skitouren zu gehen um einen Skitourenführer zu schreiben. Jetzt haben wir uns erneut zu einer Skisaison in der südlichen Hemisphäre in Santiago verabredet.

Anfang Juli hohlen wir ihn vom Flughafen in Santiago ab. Mit seinem zum Campingbus ausgebauten Kleinlaster fahren wir, auf der Suche nach neuen Routen und unbekannten Gipfeln, durch die chilenischen und argentinischen Anden. Mehrere Freunde werden sich uns während der kommenden vier Monate anschließen, um einen Teil der Reise mit uns zu machen. Mit besonderen Gefühlen treffe ich meine kleine Schwester Marie, die ich seit der Zeit in Italien nicht mehr gesehen habe. Italien, das scheint mir eine Ewigkeit her zu sein, da ich seit meiner Abreise aus La Boutière so intensiv gelebt habe.

Der erste Monat ist mühselig. Die Fracht mit der Skiausrüstung, die Fred geschickt hat, bleibt beim Zoll hängen oder ist im chilenischen Postsystem verloren gegangen. Der Bus hat eine Panne nach der anderen und das Wetter ist launisch. Wir haben mehr Zeit auf den Postämtern und in den chilenischen Werkstätten verbracht, als auf den schneereichen Hängen der Kordilleren. Aber uns genügt meist eine schöne Skitour in dieser außergewöhnlichen Gegend, um die Misere der vergangenen Woche zu vergessen. Dann ist uns das Schicksal endlich besser gesonnen und wir geben Vollgas. Es wäre zu langatmig, alle Details unserer Erlebnisse zu erzählen. Somit begrenze ich meinen Bericht auf die sechs Skitouren, die uns am meisten geprägt haben.

Einige hundert Kilometer südlich von Santiago befindet sich die Vulkanregion. Ungefähr alle fünfzig Kilometer taucht ein verschneiter, ab und an sogar aktiver Vulkan auf. Diejenigen, die sich auf dem Niveau von Chillan befinden, sind nicht die imposantesten. Obwohl Fred und ich dort bereits beim letzten Mal Skitouren gegangen sind, wollen wir aus Gründen, die Ihr bald verstehen werdet, unbedingt dorthin zurück.

Rasch lassen wir den Parkplatz hinter uns und begeben uns in ein Tal. Das Wetter, das am Morgen ohnehin schon entmutigend war, verschlechtert sich zunehmend als wir aufsteigen. Die Sicht wird so schlecht, dass wir uns gezwungen sehen, unser Lager just unter dem Pass aufzubauen, von dem aus man Zugang zu den Gebirgsbächen hat. Am nächsten Tag tobt der Sturm unentwegt, wir müssen einen ganzen Tag im Zelt zubringen. Am übernächsten Tag jedoch ist der Himmel blau und wir stürzen nach draußen. Die letzten Meter des Passes sind schnell geschafft und eine schöne Abfahrt in ein weites

Tal erwartet uns. Anfangs versperrt uns eine Erdauffaltung den Blick, aber dann erscheint hinter einer Doline plötzlich ein mächtiger warmer thermaler Gebirgsbach.

Jetzt wissen Sie Bescheid, warum wir ausgerechnet hierher zurückgekommen sind. Es ist faszinierend, diese Kaskaden von dampfendem Wasser inmitten der Schneefelder aufspritzen zu sehen, es hat etwas von einem Wunder. Wir nähern uns dem Rand des Baches, um die Temperatur zu testen, das Wasser ist kochend heiß, unmöglich hier zu baden! Wir folgen dem Bach nach unten, bis das Wasser eine adäquate Temperatur hat. In quirliger Aufregung ziehen wir uns schnell aus, um in das heiße Wasser einzutauchen. Große flache Becken und Kaskaden wechseln einander in dieser idyllischen Kulisse ab und wir entspannen uns lange Zeit in den natürlichen Whirlpools, die uns all diese Wasserfälle bieten. Nach der Anstrengung des Aufstiegs unter der Last unserer großen Rucksäcke, den auf dem Schnee verbrachten Nächten und der Enge des Zeltes, welch tröstende Stärkung, welche Belohnung!

Das beeindruckende Spektakel des thermalen Wildbaches

Der Llaima wird oft für einen der schönsten Vulkane Chiles gehalten, wenn nicht gar für den schönsten. Seine Hänge steigen über zweitausend Höhenmeter gleichmäßig auf und münden in einem riesigen Krater. Er ist gleichzeitig einer der aktivsten Vulkane in Chile und Tonnen von Lava haben sich in diesem Frühling über seine Westflanke gewalzt und eine Schmelze des Gletschers, der sich dort befand, nach sich gezogen. Als wir am Llaima ankommen, sehen wir einen frischen Lavastrom der sich am Vortag über dessen Nordseite ergossen hat. Der Krater speit unentwegt Aschewolken und giftigen Rauch. Wohl wissend, dass die Parkwächter uns den Aufstieg zum Vulkan untersagen könnten, brechen wir am frühen Morgen über die uns unbekannte Ostflanke auf. Die Lavafelder der vorangegangenen Eruptionen sind schnell vom Schnee bedeckt und bald befinden wir uns am Fuße dieses „Untiers". Während wir den Hang weiter nach oben steigen, donnert der Krater ohne Unterlass und schickt gewaltige Aschewolken in den Himmel. Die intensive vulkanische Aktivität macht es uns unmöglich den Rand des Hauptkraters zu erreichen. Wir geben uns also mit dem Nebenkrater zufrieden, wo uns nur einige Fumarolen daran erinnern, dass der Lavastrom nicht weit entfernt ist.

Im Gegensatz zu den europäischen Bergmassiven, wo alles schon erkundet, abgemessen, beschrieben, in Registern erfasst wurde (ich übertreibe wohl kaum), sind die Kordilleren der Anden zum großen Teil jungfräulich und unberührt von jeglichem menschlichen Fingerabdruck. Außer einigen „Mode-Gipfeln" und einigen Klassikern sind hier die meisten Berge nur sehr wenig frequentiert, wenn sie nicht sogar vollkommen unberührt sind.

Mehr als die Aufstiegsschwierigkeiten sind es die mangelnden Zugangsmöglichkeiten, die Probleme bereiten. Nur wenige Straßen ziehen sich durch die Mitte der Kordilleren und oft vereitelt einem ein undurchdringlicher Wald, den Zugang ins Gebirge. Konsequenterweise ist die Literatur über die Anden sehr begrenzt. Die Karten, sofern sie überhaupt existieren, sind von schlechter Qualität, ebenso ist der Wetterbericht wenig zuverlässig. Um neue Routen, neue Gipfel zu finden, muss man nicht nur alle diese Parameter kombinieren, sondern auch noch Glück haben.

Der Villarica zählt nicht wirklich zu der Grauzone der Kordilleren, da er der meistbestiegene Berg des gesamten Subkontinents ist. Aber gegen die überwältigende Mehrheit seiner Anwärter, die ihn vom Norden her besteigen, ist die Südflanke quasi unberührt. Anlässlich einer zufälligen Diskussion mit einem Chilenen, der uns per Autostop mitgenommen hat, als der Kombi eine Panne hatte, haben wir erfahren, dass ein Aufstieg vom Süden her möglich ist. Es ist eine ähnliche Situation wie damals, als wir von der Existenz des thermalen Wildbachs in Chillan und anderen Schönheiten der Anden gehört haben. Diese Hinweise sind jedoch stets mit Vorsicht zu genießen, denn oft stellten sie sich als Spinnerei heraus, die uns in die Irre geleitet haben. Angesichts dieser Besteigungen, weit entfernt von ausgetrampelten Pfaden, auf diese Berge, über die wir beinahe nichts wissen, erleben wir die schönsten andinischen Abenteuer.

Nach einigen Kilometern auf einer sehr schlechten Piste, wird der Kombi vom Schnee gestoppt. Wir werfen einen Blick auf den Höhenmesser. Gerade mal neunhundert Meter, es bleiben also zweitausend Höhenmeter bis zum Gipfel zu bewältigen, wobei wir keinen blassen Schimmer von der Distanz haben, die uns von ihm trennt. Wir brechen am frühen Morgen nach einer zu kurzen Nacht in diesem originellen und originalen Wald auf. Da das Unterholz von einer endemisch wachsenden Bambusart, die sehr dicht gedrängt wächst, überwuchert ist, ist ein Fortkommen abseits des Trampelpfades unmöglich. Über unseren Köpfen schaukeln die Äste der Baumriesen hin und her. Die Coihues- und die Lenga-Südbuche geben bald den Platz frei für die Araukarien. Wenn auch die beiden ersten Baumarten mit der dritten ihren Gigantismus teilen, gehört doch den Araukarien unser Herz. Diese Bäume ähneln solange sie jung sind, kleinen grünen Igeln, mit dem Alter verlieren sie dann ihre unteren Äste. Die manchmal tausendjährigen Bäume haben auf einem Baumstamm von schlankem Wuchs, der mit sechseckigen Schuppen bedeckt ist, oben auf den letzten Metern eine Krone aus stacheligen Ästen.

Nach einigen Stunden in diesem fantastischen Wald gelingt es uns endlich aus diesem herauszukommen und wir erreichen ein weites Plateau, aus dem sich der Villarica erhebt. Man hat jetzt eine freie

Sicht und zwei weitere Vulkane tauchen über dem andinischen Wald auf, welch grandiose Landschaft! Von nun an ist die Unsicherheit, ob man den Gipfel erreichen wird oder nicht zerstreut. Es bleibt nichts mehr, als ihn zu erklimmen. Doch das Plateau scheint endlos zu sein, erst am frühen Nachmittag erreichen wir endlich den Gipfelhang. Der Aufstieg geschieht ohne Zwischenfälle und wir erreichen den Rand des Kraters, ein enormes klaffendes Loch, aus dem toxische Wolken hervorquellen. Man muss aufpassen, denn wenn wir gegen die Windrichtung stehen, werden wir von den Gasen umhüllt, welche ein starkes Stechen in unseren Rachen auslösen. Der erste frische Luftstoß danach ist erlösend.

Als wir mit der Abfahrt beginnen, breitet sich der Schatten des Vulkans monströs über das Plateau aus. Wir erreichen den Wald im letzten Lichtschimmer des Tages. Anschließend folgen wir mit unseren Stirnlampen mehrere Stunden lang unseren Aufstiegsspuren. Als wir am Fahrzeug ankommen, zeigt uns das GPS an, dass wir vierzig Kilometer zurückgelegt haben, ein Schneemarathon von besonderer Art. Aber mehr als die Streckenlänge und der Höhenunterschied ist es sicher die Reise in diese wunderbare Welt, die wir im Gedächtnis behalten werden.

Es ist eine der letzten Skitouren, an denen Toni teilnimmt. Nach mehr als einem Jahr gemeinsamer Reise muss sie nach Deutschland zurück, um ihr Studium wieder aufzunehmen. Ich hingegen verlängere meinen Aufenthalt bis zum Ende des Winters auf der Südhalbkugel. Schweren Herzens begleite ich sie zum Flughafen. Zweieinhalb Monate der Trennung zeichnen sich am Horizont ab. Wir trösten uns gegenseitig so gut wir können, indem wir uns sagen, dass es das letzte Mal ist, aber es ist trotzdem einmal zu viel …

Skifahren in Chile und Argentinien begrenzt sich nicht auf die Vulkane des Südens. Rund um Santiago und Mendoza befinden sich sehr große Bergmassive. Auch wenn einen das Relief an die Alpen erinnert, befinden wir uns in viel größerer Höhe. Die bescheidensten Gipfel sind etwa viertausend Meter hoch, während einige andere die sechstausend Meter überschreiten. Auf der Höhe von Tunuyan befindet sich das Tal von Manantiales. Vom Militärposten aus steigen wir ein langes Tal aufwärts. Bald kommen wir nach Cajón de Arenales, einer Art Paradies des Kletter-Alpinismus: Mehrere Kilometer lang folgt eine Granitnadel der nächsten. Wir verlassen diese Welt der Senkrechte und dringen tiefer in das Tal vor. Nach mehreren Stunden des Anmarsches errichten wir mitten in einem wahren Wald aus Bergen unser Lager. Fünf Tage lang durchstreifen wir dieses übermächtig ausladende Gebirge, alles ist ganz einfach riesig. Als wir auf dem Gipfel eines Berges ankommen, nehmen wir unseren Zustand wahr: klein wie eine Mikrobe, verloren in dieser unendlichen Welt. Wir entdecken andere Täler, andere Gipfel, andere Gletscher soweit weg von der Zivilisation. Sie scheinen außerhalb der Reichweite zu sein, für so kleine Menschen wie wir es sind. Wir befinden uns noch in der Peripherie der Kordilleren, aber wir können deren innerstes Wesen erahnen, hart und karg.

Der Tronador ist der sinnbildhafte Berg der Region von Bariloche im argentinischen Patagonien. Sieben Gletscher breiten sich über seine Flanken aus und bilden die Grenze zwischen Chile und Argentinien. Wir haben vor, das Bergmassiv zu durchqueren.

Als wir am Nahuel-Huapi-See entlang fahren, nehmen viele große Hasen vor unseren Autolichtern Reißaus. Einer von ihnen, erschreckt durch unser Fahrzeug, hüpft unter unsere Räder. Wir halten an und finden ihn einige Meter weiter hinten tot auf. Schnell nimmt Fred den Hasen aus und zerlegt ihn, jetzt haben wir mehrere Kilo Wildfleisch. Die Rucksäcke gefüllt mit unserer Ausstattung und unserer Verpflegung, starten wir zur Schutzhütte des Tronadors. Es gibt fast keine Schutzhütten in den Anden, aber als wir bei der vom Tronador ankommen und dort einen Ofen, Bänke, Tische und Matratzen vorfinden, strahlen wir wie Honigkuchenpferde. Draußen schneit und stürmt es, drinnen wird der patagonische Hase in gefettetem Papier über dem Ofen gebacken, ein Duft von Rauch erfüllt die Schutzhütte. Was für ein Kontrastprogramm zum engen Zelt mit der Ration von Nudeln und Tütensuppen. Wir gedulden uns einen Tag, bis das Wetter sich bessert. Am dritten Tag strahlt die Sonne über ein prachtvolles Wolkenmeer, aus dem nur die Vulkane herausragen. Der Sonnenaufgang über den hohen Gletschern des Tronadors ist himmlisch. Bis zum Paso del Viento, dem Pass, der sich zwischen dem Hauptgipfel und dem Pico Argentino befindet, steigen wir über einen weiten Gletscher immer aufwärts, aber der extrem ungestüme Wind durchkreuzt unsere Pläne. Es wäre reiner Selbstmord, den Aufstieg der ungefähr hundert Höhenmeter, die uns noch vom Gipfel trennen, zu versuchen – wir ziehen es vor vernünftig zu bleiben.

Wir beginnen die Abfahrt über den Gletscher, aber anstatt unseren Aufstiegsspuren zu folgen, biegen wir nach Süden ab. Bald erreichen wir einen langen Grat, der uns einen Blick auf die Südwand ermöglich, die einem den Atem raubt. Die überhängenden Gletscher stürzen als riesige Eisblöcke über zweitausend Höhenmeter herab. Die Zunge des Gletschers gräbt sich bis tief in den patagonischen Wald vor. Welche Wildheit. Die Natur scheint hier so mächtig und souverän.

Unser Grat ermöglicht es uns, die Gletscher zu verlassen und den Wald zu erreichen. Selbst wenn dieser anfangs relativ licht ist, melden sich die Bambusstauden schnell zur Stelle und es wird immer schwieriger voranzukommen. Dazu kommt noch, dass wir unzählig viele Bäche queren müssen. Ein wenig per Zufall, aber auch durch Spürsinn, stoßen wir auf den Sommerweg, unser Schlüssel zurück in die Zivilisation. Das Problem ist, dass wir höchstwahrscheinlich die Ersten sind, die diesen Frühlingsanfang den Weg benutzen. Deshalb sind die am Wegrand wachsenden Bambuspflanzen unter der Last des Schnees umgebogen und bilden ein unentwirrbareres Mikado. Also müssen wir die am meisten störenden Bambuszweige aus ihrer Schneeumhüllung reißen, um vorwärts zu kommen. Dank unserer beharrlichen Hartnäckigkeit verschwindet der Schnee endlich und gibt den Weg frei. Wir dachten schon, dass wir die Schinderei hinter uns hätten, als uns ein mächtiger Gebirgsfluss, über den es keine Brücke gibt, den Weg abschneidet. Es gibt keine andere Lösung, als die Schuhe auszuziehen um den eisigen Strom zu durchwaten. Das Wasser reicht uns bis zur Oberschenkelmitte und unsere großen Rucksäcke bringen uns aus dem Gleichgewicht. Mit großer Mühe kommen wir an das andere Ufer. Mehrere Kilometer sind wir noch von unserem Ausgangspunkt entfernt und wir sind fix und fertig, als wir dort ankommen. Aber welches Abenteuer, welche Natur!

Romain, mein Partner in Pakistan, ist auch gekommen.

Nach drei Monaten, die wir zwischen Santiago und dem Norden Patagonien verbracht haben, fahren wir nun in den äußersten Süden des Kontinents, nach Ushuaia. Diese lange Strecke bis zur südlichsten Stadt der Welt erinnert mich an meine Radreise entlang der Spitze Südamerikas. Es ist vier Jahre her: In sechs Wochen bin ich damals mit dem Fahrrad von Santiago bis Ushuaia gefahren. Aber ob mit dem Fahrrad oder mit dem Auto, man rechnet nicht damit, nach diesen Hunderten von Kilometern in der Pampa, die Berge auftauchen zu sehen, die die Stadt Ushuaia umgeben. Genauso wenig wie man nicht darauf gefasst ist, verschneite Berge an der Ozeanküste zu sehen.

Entgegen allen Erwartungen gibt es eine relativ präzise Karte der Umgebung von Ushuaia, der wir unsere sportlichen Leistungen verdanken: acht Touren in neuen Tagen. Das haben wir in Südamerika bisher noch nie geschafft.

Aber auch das Wetter, welches an diesem Ort besonders ist, hat uns ermöglicht alle diese Touren zu realisieren. Tatsächlich kann man sich keinen Ort vorstellen, der dem ozeanischen Klima stärker ausgesetzt ist als Ushuaia. Dort, wo Pazifischer und Atlantischer Ozean aufeinander treffen, wechselt das Wetter mehrere Male am Tag zwischen Sonne und Regen. Es ist also selten sehr schön und ebenso selten wirklich schlecht. Es reicht oft, die Zähne zusammenzubeißen, wenn Wind und Schauer heranstürmen, um dann bei einer kurzen Wetterberuhigung doch noch auf den Gipfel zu können.

Alle diese Skitouren noch genauer zu beschreiben, wäre wohl von geringem Interesse, also begnüge ich mich mit einer einzigen, der von Cerro Alvear: Der Ausgangspunkt befindet sich quasi auf Meereshöhe und der Zugang führt zuerst über ein weitläufiges Torfmoor, welches zu dieser Jahreszeit ausgeapert ist. Das Spiel besteht darin, darauf aufzupassen, dass unsere Füße auf diesem schwammigen Boden, der unter unseren Füßen zusammensinkt, trocken bleiben. Als wir dieses Sumpfland durchquert haben, kommen wir zu einem Lenga-Südbuchenwald. Die Lenga-Südbuchen hier haben nicht viel mit ihren Verwandten gemeinsam, die mehrere hundert Kilometer weiter im Norden wachsen. Die Rauheit des Klimas in den südlichen Breitengraden, ebenso wie die Heftigkeit der Stürme begrenzt ihre Höhe auf etwa zehn Meter. Ihre Stämme und Äste sind daher als Zeugnis der

Prüfungen, die sie aushalten müssen, stark verstümmelt. Am Ende des Waldes erreichen wir den Schnee wieder. Ein kleiner See ist von Bibern besiedelt, die Nester und Dämme aus den Bäumen gebaut haben, die sie in der Umgebung abgenagt haben.

Der Biber ist kein Ureinwohner des Feuerlandes. Nach dem Zweiten Weltkrieg wurden einige Dutzend kanadische Biberpärchen in dieser wildtierarmen Region ausgesetzt. Sie haben sich dort so wohl gefühlt, dass sie sich mittlerweile auf dem ganzen Feuerland ausgebreitet haben. Die Vielzahl der Dämme, die sie bauen, und die Schäden, die sie in den Wäldern anrichten, sind aber so groß, dass sie inzwischen als Schädlinge eingestuft werden!

Von unserem Bibersee aus kommen wir in unwegsameres Gelände, welches uns manchmal dazu zwingt, wieder etwas zurück zu gehen, um ein Hindernis zu überwinden. Es ist ein großer Kontrast zu den gleichförmigen Vulkankegeln, das Terrain ist hier viel alpiner. Über steile Hänge steigen wir zum Gipfel auf.

Wir sehen den Ozean nun aus nächster Nähe. In der Ferne hinter diesen kleinen Bergen, erkennen wir die Gletscher der Cordillera Darwin. Diese Bergkette, die neben dem Kap Horn liegt, ist den Stürmen, die am fünfzigsten Breitengrad toben, ausgesetzt, weshalb sie noch kaum erkundet wurde. Ihre Umgebung wurde erforscht, aber ihr Innerstes und die Mehrheit der Gipfel sind noch unberührt. Erst 2011 gelang die erste Überquerung der Cordillera Darwin. Wenn auch die Berge hier von bescheidener Höhe sind, unser heutiger hat gerade mal eintausendvierhundert Meter, übertreffen sie durch ihre Schönheit eine ganze Anzahl von Gipfeln, die ich in meinem Leben schon bezwungen habe. Sie sind wie kleine Perlen, die am Ende der Welt zurückgelassen wurden.

Der Hielo Sur, das Ende eines Traumes

El Campo de Hielo Sur (oder: die Eisfelder des Südens) ist der letzte Akt unseres andischen Abenteuers. Dank der Schriften von Walter Bonatti, einem italienischen Alpinisten, habe ich zum ersten Mal vom „Kontinental Gletscher" gehört. In seinen Büchern erzählt Bonatti, wie ein Ort von maßloser Schönheit, Stürmen von extremer Heftigkeit ausgesetzt ist. Er ist der größte Gletscher außerhalb der Pole, seine Eismassen ergießen sich über eine Strecke von mehr als dreihundert Kilometern in den Pazifischen Ozean. Von da an begann ich zu träumen von dieser einzigartigen Welt, die für mich durch den Hielo repräsentiert wurde. Ich dachte nicht, dass dieser Wunschtraum einen solchen zwanghaften Charakter annehmen würde.

Bereits während meines ersten Aufenthalts in Südamerika, als ich zufällig die Bekanntschaft von Fred machte, unternahmen wir eine Expedition auf den Hielo, wodurch ich versuchen konnte meinen Traum zu verwirklichen: Eine Skitour auf einen der Gipfel des Campo de Hielo Sur. Unglücklicherweise stieß unsere mangelnde Erfahrung mit einem verheerenden Wetterbericht zusammen und wir konnten nicht den kleinsten Gipfel erklimmen. Wir begnügten uns damit eine Tour um die Massive Fitz Roy/Chalten und Cerro Torre zu realisieren. Diese halb gescheiterte Expedition hat bei mir das Gefühl hinterlassen, die Sache nicht zu Ende gebracht zu haben, wodurch jedoch die Leidenschaft, die ich für diesen Ort empfinde, mitnichten geschwächt wurde, ganz im Gegenteil: Niemals habe ich einen so einzigartigen Ort gesehen. Ich habe in der Brutalität der Stürme und dem Kampf gegen die Elemente etwas Mitreißendes gefunden. Einige Wochen nach der Expedition habe ich die folgenden Zeilen geschrieben: „Schon träume ich davon, dorthin zurückzukehren, auf diesen Bergen Ski zu fahren, den Sturm und das Eis erneut zu erleben." Indem ich mir selbst das Versprechen gegeben habe zurückzukommen, organisierte ich während der nächsten vier Jahre unbewusst meine Existenz rund um dieses Projekt, wahrscheinlich mehr als die Umrundung der Welt. Als mir beispielsweise bewusst wurde, dass meine Beziehung zu Toni es „untersage", drei Jahre zu reisen, wie es anfangs vorgesehen war, war ich schnell damit einverstanden, das letzte Jahr aus freien Stücken zu streichen, um dafür zum Hielo zurückkehren zu können.

Ich war bereit, uns von neuem Monate der Trennung aufzuerlegen, wenn am Ende der Hielo auf mich wartet. Eine sehr egoistische Wahl, das gebe ich zu, aber nötig, um mich von dem Zwang zu befreien, den der Hielo vier Jahre lang auf mich ausgeübt hat.

Als Fred, Julien, Loïsyann und ich uns im Dorf El Chalten an diesem ersten Tag der Expedition treffen, habe ich den Eindruck, dass diese für mich vier Jahre zuvor begonnen hat, als wir von der ersten Expedition zurück gekommen sind.

Beladen wie die Maulesel begeben wir uns auf den Fußpfad, der nach Paso Marconi führt, dem Tor zum Hielo. Die drei Tage der harten Schlepperei überstehen wir gut. Nach zwei Tagen trostlosen Wetters empfängt uns der Morgen des dritten Tages unter besseren Vorzeichen. Die Wetterberuhigung ist jedoch nur von kurzer Dauer. Wir haben gerade noch Zeit, den Gletscher zu erreichen und den Paso Marconi zu überqueren, ehe sich ein heftiger Wind erhebt. Nichts-

Wir haben den Hielo erreicht

destotrotz haben wir das Gletscherplateau erreicht und es ist jetzt deutlich einfacher, unsere drei Schlitten, beladen mit einhundertfünfzig Kilogramm Ausrüstung und Lebensmitteln, über das Eisfeld zu ziehen. Es gelingt uns ebenso, die von uns ersehnte Schutzhütte von Gora Blanca zu erreichen, nicht weit von dem Berg gleichen Namens entfernt, den wir vorgesehen haben zu besteigen.

Die Schutzhütte verdankt man einer einzigartigen Tatsache in der Weltgeografie: Es gibt an diesem Ort der Welt keine Grenze. Chile und Argentinien sind übereingekommen, den Verlauf der Grenze später zu definieren. Deshalb landen hier jedes Jahr Militärs und Geografen beider Nationen mit Helikoptern und vermessen das Eisfeld, um sich über den Verlauf der neuen Grenze einigen zu können. Die Schutzhütte dient ihnen als Basislager.

Wir sind nicht allein auf der Hütte, da drei Kanadier einige Stunden vor uns angekommen sind. Während der nachfolgenden zwei Tage gedulden wir uns in der Hütte, die unter den Attacken des Windes und des Sturmes, der draußen wütet, dröhnt.

In der Nacht vom fünften auf den sechsten Tag ist der atmosphärische Druck auf spektakuläre Weise angestiegen. Am Morgen strahlt die Sonne zaghaft, aber es hängen noch viele Wolken an den Gipfeln.

Der Wind ist immer noch ungestüm, aber wir brechen trotzdem auf, um eine Tour in Richtung des Gora Blanca zu unternehmen. Dann das Wunder: Als wir am Fuße des Berges ankommen, schläft der Wind ein und sein Gipfel entschleiert sich. Wir steigen die oft vereisten Hänge des Gora Blanca hinauf, bis wir die Gipfelzone erreichen. Sie ist übersät mit Eisblumen, Meisterwerke der fauchenden Winde des Pazifiks. Nachdem wir den Gipfeleispilz erklommen haben, befinden wir uns endlich auf dem höchsten Punkt des Gora Blanca. Der Wind hat bereits wieder zugenommen, aber das kümmert uns nicht, denn wir können das halluzinierende Panorama des Campo de Hielo Sur bewundern: Im Süden das Schauspiel der großartigen Nadeln aus rotem Granit, einbetoniert in die unvergänglichen Eismassen des Hielo. Im Norden die Gletscher, die sich allmählich in die Seen ergießen. Im Westen erheben sich unzählige Berge trotz des enormen Gewichts ihrer Gletscher. Überall, wohin das Auge reicht, sieht man die unermessliche Weite des Eisfeldes, ein Traum. Dieser alte Traum, einen Gipfel des Campo de Hielo Sur auf Skiern zu besteigen, geht für mich somit endlich in Erfüllung.

Aber hier sind Wunder von kurzer Dauer, das werden wir während dieser Expedition noch am eigenen Leibe spüren. Kaum sind wir die Eishänge des Gipfels hinab gefahren, als der Gora Blanca seinen Hut wieder aufsetzt. Wir bleiben eine weitere Nacht in der Schutzhütte. Am nächsten Tag fassen wir trotz eines Nebels, so dicht, dass man die Hand nicht vor den Augen sieht, unser zweites Objekt ins Auge: den Vulkan Lautaro. Es handelt sich um den höchsten Punkt des Hielo Sur. Da er mitten im Zentrum liegt, verspricht sein Aufstieg einen Blick auf die Gletscher, die sich in den Ozean werfen.

Im Verlauf eines langen und anstrengenden Tages schaffen wir mit Hilfe von GPS und Kompass, dreißig Kilometer durch den dichten Nebel. Es ist beunruhigend zu erkennen, dass man ohne Kompass in dem Whiteout niemals die richtige Richtung finden könnte. Derjenige, der unsere Karawane anführt, glaubt immer, völlig geradeaus voranzuschreiten. In Wirklichkeit würde der Erste aber bereits innerhalb einiger hundert Meter im Kreis gehen, ohne sich dessen bewusst

Unser Lager am Fuße des Lautaros

zu sein, überzeugt davon, immer noch in die richtige Richtung zu gehen, wenn derjenige, der ihm in circa zehn Metern mit dem Kompass folgt, nicht mehrere Male pro Minute korrigieren würde.

Am Ende des Tages hebt sich der Nebel teilweise und wir errichten ein Lager nicht weit von den Hängen des Lautaros entfernt. Wir vertrauen auf unseren guten Stern und legen uns voller Hoffnung schlafen. Als wir am nächsten Morgen das Zelt öffnen, entdecken wir einen kleinen Flecken blauen Himmels. Wie am Tag des Aufstiegs auf den Gora Blanca ist es sehr windig und ziemlich viele Wolken segeln am Himmel, aber die Sonne lässt uns ein ähnliches Szenario erhoffen.

Wir brechen guter Dinge auf und steigen über einen flachen Gletscher zum Kar, welches auf den Lautaro führt. Aber nach einer knappen Stunde werfen wir das Handtuch: Die Wolken rasen mit solcher Geschwindigkeit heran und der Wind ist viel zu stark, als dass wir eine andere Lösung ins Auge fassen könnten, als die zum Lager umzukehren. Als wir bei den Zelten ankommen, stellen wir mit Erstaunen fest, dass zwei große Wildgänse unser Lager überfliegen. Man findet diese majestätischen Vögel überall in den Anden. Je nach Jahreszeit unternehmen sie große Migrationen, um ein Klima zu finden, das ihnen zusagt. Während des Südsommers fliegen sie nach Patagonien, um den Sommer des Südens zu genießen. Dennoch beschäftigt uns ihre Anwesenheit hier. Haben sie sich verflogen? Wollen sie von den heftigen Winden des Hielo profitieren, um schnellstmöglich zu ihrem Zielort zu kommen? Vielleicht machen sie ja einen Umweg, da sie wie wir für den Zauber des weißen Paradieses empfindlich sind.

Es ist erst der achte Tag unserer Expedition. Es bleibt uns also theoretisch noch eine Woche, um den Gipfel zu bewältigen und wir wollen an ein neues meteorologisches Wunder glauben. Es wird niemals eintreffen: Sechs Tage im Zelt bringen uns zur Verzweiflung. Draußen entfesseln sich die Elemente, Wind, Schnee und Regen zerstören die riesigen Schneewände, die wir rund um unsere Zelte errichtet haben.

Die Konditionen verschlechtern sich während der letzten beiden Tage. Der Luftdruck, ohnehin nicht sehr hoch, sinkt auf eine Tiefe, die kaum vorstellbar scheint. Draußen sind die Bedingungen apokalyptisch. Wir müssen zweimal mitten in der Nacht aufstehen, um die Wände wieder aufzubauen und das Camp, das von einem Meter

Schnee zugedeckt wurde, wieder freizuschaufeln. Es bleibt uns bestenfalls noch ein Tag der Hoffnung, um den Lautaro zu bezwingen, aber wir sind des vergeblichen Wartens müde. Mit Hilfe des Satellitentelefons von Loïsyann erfragen wir den Wetterbericht. Die Prognose ist niederschmetternd: drei Tage schlechtes Wetter.

Nachdem unsere letzte Hoffnung auf den Gipfel vernichtet wurde, entscheiden wir uns, das Lager abzubauen. Kaum haben wir unseren Schneebunker verlassen, als uns ein jäher Windstoß mit einer unglaublichen Heftigkeit fast zu Boden wirft und unsere Schlitten, die schwer beladen sind, umherwirbeln, sodass sich die Seile, die uns mit ihnen verbinden, verheddern. Gerade, als wir alles entwirrt haben, richtet eine zweite Windböe das gleiche Durcheinander an. Einen Augenblick lang zweifeln wir, ob wir die richtige Entscheidung getroffen haben. Aber die Perspektive auf eine neue Nacht in dieser Hölle beflügelt uns darin weiterzumachen.

In einem kompletten Whiteout sind wir einen weiteren Tag unterwegs, bevor wir die Schutzhütte von Gora Blanca erreichen. Der Wind, der alles mit Raureif überzieht, legt schnell einen Panzer aus Eis über unsere Kleidung, und wie Zombies schreiten wir inmitten der Windstöße voran. Wir sind angeseilt, nicht so sehr um uns gegen Gletscherspalten zu schützen, sondern eher, um sicher zu sein, dass wir beieinander bleiben. Mit einer Sichtweite von etwa zwanzig Metern und dadurch, dass wir auf diese Distanz nicht kommunizieren können, ist es das einzige Mittel, das garantiert, dass sich nicht einer von uns im Sturm verirrt. Glücklicherweise haben wir den Wind im Rücken.

Es ist schwierig, den Hielo nicht zu personifizieren. Auf die gleiche Art und Weise, wie er unsere Entschlossenheit beim Verlassen unseres Bunkers testen wollte, scheint er uns nun mit Fußtritten in den Hintern verjagen zu wollen, indem er sagt: „Haut ab, ich habe Euch lange genug geduldet!" Wie beim Hinweg legen wir diese dreißig Kilometer zurück ohne irgendetwas von der fantastischen Landschaft zu sehen, die uns umgibt. Welch undankbares Schicksal nach all diesen geleisteten Anstrengungen! Um zur Schutzhütte zu gelangen, bleibt uns keine andere Wahl, als uns dieser von Südosten her zu nähern, das heißt gegen den Wind zu marschieren. Wir müssen nur ein oder zwei

Kilometer gegen den Wind zurücklegen, aber jede Sekunde dieses ungleichen Kampfes scheint mir eine Ewigkeit zu dauern. Ich glaube nicht, dass der Ausdruck „vom Winde verweht" eine bessere Illustration finden könnte.

Nach sieben Stunden äußerster Anstrengung erreichen wir endlich die Schutzhütte, einem Hafen des Friedens im Sturm. Vier andere Skifahrer und Alpinisten warten dort ebenso auf das nächste Wunder, auf ein ersehntes Wetterfenster, aber momentan lässt der Hielo nichts zu.

Am nächsten Tag verlassen wir den Hielo, verlassen das Eis, kommen auf den Weg des ersten Tages und erreichen den Wald, wo wir auf einer Lichtung schlafen. Am Morgen marschieren wir noch einmal zwei gute Stunden und Mathias, der Besitzer unserer Herberge, erwartet uns mit unserem Kombi am Rand der Straße, die nach El Chalten führt.

Es ist das Ende einer schönen Expedition, wir haben gekämpft und unser Bestes gegeben, selbst wenn ein Stachel der Enttäuschung das Bild ein wenig schwärzt. Die Enttäuschung darüber, nicht eine bessere Wetterlage erwischt zu haben, um mehr von den Wunderwerken dieses außergewöhnlichen Ortes zu profitieren.

Aber im Gebirge ist nicht alle Tage schönes Wetter und Pulverschnee und der Hielo würde ohne seine Stürme nicht der Hielo sein.

Wenn man die Zeit der Anreise, die der Vorbereitungen und der Expedition selbst zusammenzählt, sind es vier Wochen unserer Zeit, die wir in dieses Abenteuer investiert haben. Vier Wochen für einen einzigen Gipfel, das ist teuer bezahlt, so unvergesslich es sein mag. Und dennoch bedauere ich nichts. Ich musste zum Hielo zurück, um diesen Jugendtraum zu realisieren, um im Seelenfrieden nach las Boutière zurückkehren zu können. Ja, den Hielo habe ich hinter mir, jetzt muss ich nur noch nach Hause fahren.

Der Heimweg

Nach einer langen zweitägigen Busfahrt kommen Julien und ich in Buenos Aires an. Es ist der Anfang des Südsommers und wir genießen ein wenig die Wärme, bevor wir in die Kälte des europäischen Winters eintauchen. Von den paar Tagen, die wir in der argentinischen Hauptstadt verbracht haben, behalten wir vor allen Dingen das Fußballspiel zwischen den River Plates und den Huracáns im Gedächtnis. Die Argentinier leben und fiebern für den Fußball von ihrer Geburt an bis zum Tod. Während der Zeit eines Spiels, scheint diese Leidenschaft sie alle Alltagssorgen vergessen zu lassen. Als wir ins Stadion von River kommen, sind schon dreißigtausend Zuschauer da, die für ihre Mannschaft singen, obwohl die Partie erst in einer Stunde beginnt. Endlich betreten die Spieler den Platz und ihre Fans singen und klatschen noch begeisterter. Zum Unglück für die Mannschaft von River kassiert sie drei Tore in der ersten Halbzeit und man kann auf den Gesichtern der Fans ihre Enttäuschung ablesen. Aber in der zweiten Halbzeit kommt es zu einer unglaublichen Wende, River schießt ein Tor, dann ein zweites und noch ein drittes! Die Fans sind entfesselt und ein Chor von dreißigtausend Stimmen erhebt sich von den oberen Zuschauerrängen. Der Schiedsrichter pfeift die Partie ab, es steht Unentschieden, aber niemand will aufhören zu singen. Diese Gesänge begleiten uns bis in den Bus, der uns zum Stadtzentrum zurück bringt.

Am übernächsten Tag sind wir am Flughafen von Buenos Aires. Julien nimmt das Flugzeug nach Lyon, ich gehe an Bord nach Mailand, mit meinem Rad im Gepäck. Nach einer Zwischenlandung in Sao Paulo landet das Flugzeug in Mailand. Nun bin ich in Europa, das Ende der Reise scheint nun wirklich Realität zu werden.

Geduldig baue ich mein Rad in der Ankunftshalle zusammen, anschließend fahre ich unter dem kalten Nieselregen des Monats November los. Da ich heute auf meinem Weg an keinem einzigen Geschäft vorbei gekommen bin, habe ich als Verpflegung nichts als ein Päckchen Kekse.

Als die Nacht hereinbricht, beginne ich mit der Suche nach einer freundlichen Seele, bei der ich die Nacht verbringen könnte. Nach

Vor dem Dorf la Boutière

mehreren fehlgeschlagenen Versuchen komme ich schließlich zur Familie Aldera. Nach einem Augenblick des Misstrauens und der Überraschung, lädt man mich zum Abendessen ein. Dieses italienische Paar staunt über meine Geschichte: zwei Jahre rund um die Welt!

Es ist immer ein Schock, wenn man nach Europa zurückkommt, alles scheint geregelt, unter Kontrolle, perfekt: große und schöne Häuser, neue Autos, Straßen im besten Zustand, Tausende von Schildern, die einem den Weg weisen. Aber es ist vor allem die Tatsache, überall Leute zu sehen, das historische und architektonische Gewicht der Jahrtausende menschlicher Präsenz zu fühlen, die einem bewusst machen, dass man einen radikalen Wechsel durch diesen brüsken Teletransport erlebt hat. Es ist vor allem das fast komplette Fehlen des natürlichen, unberührten Milieus, das man bemerkt.

Fast, denn glücklicherweise gibt es noch die Alpen, die ich aufs Neue durchquere, aber diesmal Richtung Westen. Sie funkeln unter der zurückgekehrten Sonne, welche die Täler in ihre warmen Herbstfarben gekleidet hat, die Berge sind in einen Schneemantel gehüllt. Bald erreiche ich die ersten Kehren des Col de Mongenèvre, mein Rad scheint eine Tonne zu wiegen. Mühselig fahre ich das Susatal hinauf und ich frage mich, woher ich die Kraft genommen habe, all diese Kilometer zurückzulegen. Vielleicht ist es dank meiner unersättlichen Neugier, die ich „die Lust hinter den Berg zu schauen" nenne. Oder vielleicht ist es dank des unbändigen Verlangens, eines Tages wieder nach Hause zu kommen.

Nach und nach werden die Orte vertrauter, es besteht kein Zweifel mehr, bald bin ich wirklich zuhause. Gedanklich spule ich zum Beginn meiner Reise zurück. Vor zwei Jahren besuchte ich Greg und Estelle in Briançon, aber seit meinem letzten Besuch sind ihre zwei kleinen Töchter geboren worden. Die Erde dreht sich und die Welt schreitet voran und Anne und Maïa sind wie Beweise des Glücks in diesem kosmischen Ballett.

Tags darauf begleitet mich Greg bis zum Col de Lautaret. Unterhalb des Passes blicke ich voller Trauer auf den Berg, wo zwei meiner Freunde in einer Lawine ihr Leben verloren haben, während ich in der Türkei war. Mögen ihre Seelen in Frieden ruhen!

Gegen Ende des Nachmittags treffe ich bei Alain ein, um bei ihm die letzte Nacht meiner Reise zu verbringen. Ein wenig ungläubig notiere ich in meinem Tagebuch: Sonntag, 16. November, 743. Tag der Reise ...

Es ist lange her, seit ich nach Osten aufgebrochen bin, und diese beiden Jahre waren von einer solchen Fülle der Begegnungen und Entdeckungen, dass ich das Gefühl habe wesentlich länger unterwegs gewesen zu sein. Wie viele Überraschungen, Tücken und Freuden entlang des Weges! Bald kommt die letzte Steigung. Ich erkenne jedes Detail wieder, jeden Baum, jedes Haus. Eine Vielzahl von Erinnerungen überflutet mich und bewegt mich im Innersten meines Herzens.

Augenblicklich radle ich die Walnussallee entlang, die zum Friedhof führt. Als Kind, sammelte ich dort im Herbst immer mit meinen Großeltern zusammen die Walnüsse. Während ich die Gittertür öffne und mich auf das Familiengrab zu bewege, zieht mir ein stechender Schmerz das Herz zusammen.

Unterhalb des Namens meiner Großmutter ist jetzt auch der meines Großvaters eingraviert. Es ist also wahr, er wird nicht mehr mit lachenden Augen am Ofen sitzen, so wie ich ihn kannte. Nein, der Pépé wird nicht mehr da sein, der Pépé, dem ich nicht Adieu sagen konnte. Oberhalb des Waldes sehe ich den Grand Replomb und den Ferrouillet, die beiden Berge, welche er so sehr geliebt hat. Sie werden immer da sein, um in mir Erinnerungen an ihn wachzurufen.

Unaufhaltsam komme ich näher und bald taucht la Boutière hinter einer Kurve auf, eingerahmt von den Bergen, die unvergänglich scheinen. Meine Eltern erwarten mich schon vor dem Haus, die Gefühle sind überwältigend, wir umarmen uns und weinen heiße Tränen. Wie viele widersprüchliche und mächtige Gefühle anlässlich dieser Heimkehr. Niemals hätte ich gedacht, dass es möglich sei, Gefühle von derartiger Intensität zu erleben.

Als ich an diesem Ende der Erde ankomme, stelle ich fest, dass ich mehr bei mir selbst ankomme, als am geografischen Zielort. Der Raum und die Zeit scheinen sich um mich herum unter der Wirkung eines emotionalen Schocks verformt zu haben. War das gestern? War das morgen? Alles scheint vermischt zu sein, nur eine einzige Gewissheit bleibt mir, das ist dieser Satz am Ende meines Tagebuchs: „Als ich mein Dorf sehe, kann ich mir kein größeres Glück vorstellen, als mit Toni hier zu leben und unsere Kinder und Enkelkinder hier aufwachsen zu sehen!"

Epilog

Einige Tage später sitze ich im Zug zu Toni nach München. Während sich die Kilometer in der grauen Eintönigkeit des Monats Dezember aneinanderreihen, denke ich an all die Dinge, die ich auf dieser Reise erlebt habe. Ich erinnere mich an die Zeilen, die ich vor meiner Abreise geschrieben habe: „Mit dem Fahrrad in die Freiheit, das ist die Geschichte eines Traumes, der mich seit vielen Jahren in den Bann zieht, ein Traum, den ich durch Lektüren und Erfahrungen genährt habe. Diese Reise steht nicht im Zusammenhang mit der Suche nach einer Anerkennung irgendwelcher Art oder einer sportlichen Heldentat, sondern in der Verwirklichung eines Projekts, das geduldig gereift ist und aufgebaut wurde, gemäß der logischen Kontinuität meiner vorherigen Erlebnisse. Ich mache diese Reise vor allem deshalb, um frei zu sein, wegen einer Freiheit, die ich nirgendwo anders gefunden habe, als auf meinen Fahrradreisen. Ich mache diese Reise, weil ich ein einfaches Leben liebe, im Kontakt mit der Natur und ihren Launen. Ich mache diese Reise, denn sie wird mir die Freuden eines rauen, aber aufrichtigen Lebens, bringen, zusammengesetzt aus Veränderungen, Begegnungen und Lächeln.

Die Botschaft, die ich anlässlich dieser Reise auf den Weg bringen möchte, ist, dass man auf seine Träume hören muss. Oft genügen ein bisschen Motivation, Optimismus und die Entschlossenheit, um die größten Herausforderungen zu überwinden. Wenn man sich von dieser paralysierenden Furcht vor dem Ungewissen befreit, die dann zu Immobilismus führt, wenn man sich willig zeigt, dem widrigen Schicksal die Stirn zu bieten, ist nichts unmöglich!

Nun liegt der Traum hinter mir, denn er ist Realität geworden. Und es ist nicht ein Gefühl der Leere, das mir innewohnt, sondern ein Gefühl der Fülle. Ich möchte keinem eine Lektion erteilen, aber ich würde mich einfach gerne an die Leute wenden, die sich die Mühe gemacht haben, dieses bescheidene Werk zu lesen. Wie auch immer Ihre Träume und Hoffnungen sein mögen, entscheiden Sie sich dafür, dass sie eine vorherrschende Linie in Ihrem Dasein einnehmen mögen. Sie werden Sie nicht immer dorthin führen, wohin Sie es vorgesehen haben, aber sie werden Ihnen Wunderwerke und

Überraschungen bringen, die Sie sich anfangs niemals hätten vorstellen können.

Ich sitze im TGV zwischen Straßburg und München. Die Bäume erscheinen und verschwinden mit rasender Geschwindigkeit vor meinem Gesichtsfeld und jeder dieser „flashs" erinnert mich an die eintausendundeins Gesichter der Menschen, denen ich im Verlauf meines Vagabunden-Daseins begegnet bin. Was habe ich aus ihnen gelernt? Zweifelsohne die Tatsache, dass es oft reicht, ein Lächeln zu schenken, um eines zurückzubekommen, dass es reicht, eine Hand auszustrecken, damit man mit offenen Armen aufgenommen wird. Mehr als die Entfernungen jeglicher Art, die uns voneinander trennen, glaube ich, dass jene, die nicht vergessen haben, Männer und Frauen zu sein, einen universellen Wunsch nach Frieden und Brüderlichkeit teilen. Diese Frauen und diese Männer repräsentieren die überwältigende Mehrheit der Personen, die wir getroffen haben. Trotz der Enttäuschungen, die eine Analyse der Menschheitsgeschichte zutage fördert, glaube ich, dass alle Gesten der Großzügigkeit und des Willkommenheißens, die wir erfahren durften, offenkundiger Beweis dafür sind, dass der universale Pazifismus latent vorhanden ist und dass es keiner großen Sache bedürfte, damit dieser Traum aus den ersten Stunden der Geschichte der Menschheit Realität werden könnte. Trotz all dieser Schwächen weist die Menschheit mir gute Gründe dafür auf, sich ein besseres Morgen zu erhoffen, wenn jeder seinen kleinen Beitrag dazu leistet und fortfährt, alles in eine gute Richtung zu entwickeln.

Endlich stoppt der Zug unter quietschenden Bremsen am Bahnhof in München. Ich springe auf den Bahnsteig. Toni ist da, ich umarme sie mit all meinen Kräften. Auch unsere Liebe hat die Reise überlebt. Ein neues Leben beginnt.

Danksagung

Zuallererst möchte ich all denen danken, die uns geholfen und uns während der Reise aufgenommen haben, denn sie haben es so getan, als ob wir ihre Freunde, ihre Kinder, ihre Geschwister wären. Einen großen Dank an unsere gesamte Familie und an all unsere Freunde für ihre moralische und materielle Unterstützung! Ebenso bedanke ich mich bei Guillaume Pellissier, der sich um die Internetseiten gekümmert hat, und bei all jenen oft anonymen Internetsurfern, die uns ermutigende Nachrichten geschickt haben. Großen Dank auch an alle, die einen Teil der Reise mit uns gemacht haben, danke für die schönen gemeinsam erlebten Momente. Für die Realisierung dieses Buches möchte ich mich bei meiner Mutter und Jacqueline Renet für ihre unentbehrlichen Korrekturlesungen, ebenso wie bei Gaëlle Putelat und Thierry Souchard für ihre guten Ratschläge bedanken. Für die deutsche Ausgabe geht mein besonderer Dank an Ingrid und Dieter Hohenadl, francophon und francophil, ohne die es diese Übersetzung sicher nie gegeben hätte. Danke auch an das traveldiary Verlagsteam fürs Vertrauen und die Professionalität. Schließlich geht mein sehr persönliches Dankeschön an Toni für ihre Unterstützung bei all diesen Herausforderungen.

Mit dem Fahrrad in die Freiheit im Internet
Sie können uns im Internet unter folgender Adresse besuchen:
http://en.roues.libres.free.fr

Sie können mehr als eintausend Fotos, die während der Reise geschriebenen Texte und eine Menge anderer Informationen dort finden.

Karte

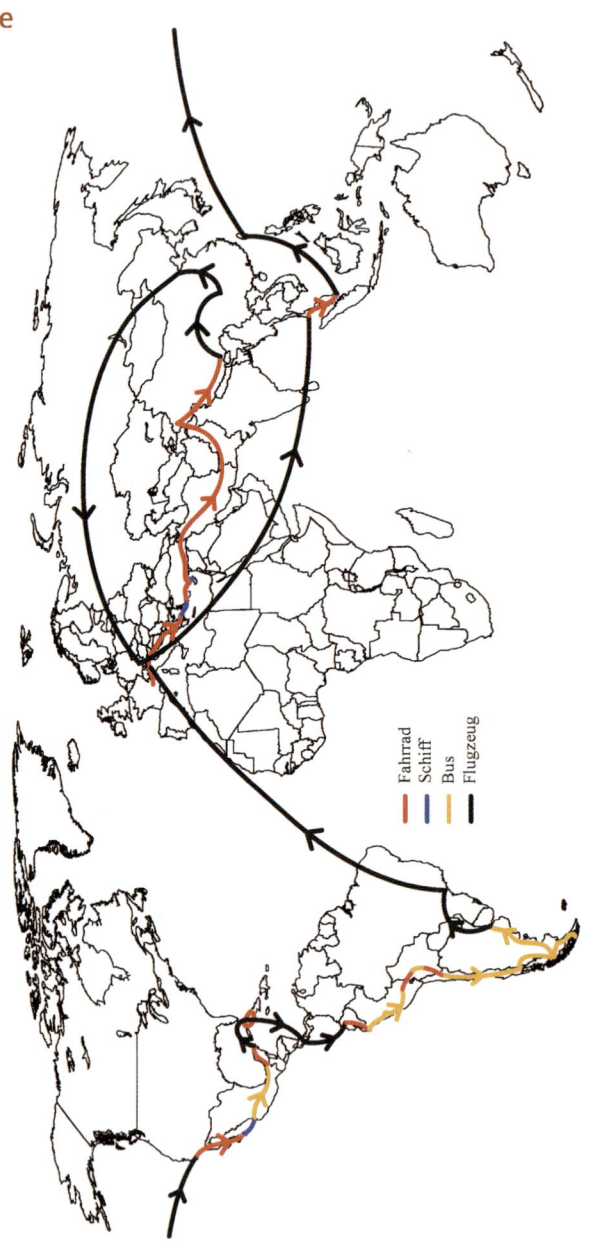

Über den Reisenden ... Elie Truc-Vallet

Elie Truc-Vallet wurde als Sohn von Bergbauern im Jahr 1983 in einem kleinen Dorf in den französischen Alpen geboren. Der Ingenieur ist mit einer Deutschen, Antonia Truc-Vallet, verheiratet und mittlerweile glücklicher Vater zweier Kinder. Momentan lebt er mit seiner Familie in Traunstein, in den Chiemgauer Alpen.

Die vergangenen fünfzehn Lebensjahre hat er seinen drei Leidenschaften, dem Reisen, dem Bergsteigen und dem Radfahren gewidmet. Dabei ging es ihm nicht nur um die sportliche Herausforderung, sondern vielmehr darum, andere Menschen und Kulturen kennen zu lernen.

Neben zahlreichen Radreisen und Expeditionen ist die Tour, von der er in diesem Buch berichtet, seine bisher größte Unternehmung. Eine unglaubliche Reise, zu der er seine Leserinnen und Leser einlädt.

Außerdem im Verlag erschienen ...

An einem Wintertag schwingt sich Dorothee Fleck auf ihr Fahrrad und beginnt eine spektakuläre Weltreise. Die alleinreisende Frau radelt innerhalb von 127 Wochen durch 26 Länder und legt dabei stolze 61.140 Kilometer zurück.

Erhältlich im Buchhandel und auf http://shop.traveldiary.de/